浙江省习近平新时代中国特色社会主义思想研究中心课题成果

"八八战略"
二十周年研究丛书

台 州

潮起台州湾
再创新辉煌

盛跃明 等 著

ZHEJIANG UNIVERSITY PRESS
浙江大学出版社
·杭州·

图书在版编目(CIP)数据

台州:潮起台州湾 再创新辉煌 / 盛跃明等著. —
杭州:浙江大学出版社,2023.9
("八八战略"二十周年研究丛书)
ISBN 978-7-308-24109-0

Ⅰ.①台… Ⅱ.①盛… Ⅲ.①社会主义建设－研究－
台州 Ⅳ.①D619.553

中国国家版本馆 CIP 数据核字(2023)第 151924 号

台　州:潮起台州湾　再创新辉煌
TAIZHOU:CHAO QI TAIZHOUWAN　ZAI CHUANG XIN HUIHUANG

盛跃明　等　著

出 品 人	褚超孚
策划编辑	张　琛　吴伟伟　陈佩钰
责任编辑	陈　翩
责任校对	汪　潇
责任印制	范洪法
封面设计	周　灵
出版发行	浙江大学出版社
	(杭州天目山路 148 号　邮政编码 310007)
	(网址:http://www.zjupress.com)
排　　版	浙江大千时代文化传媒有限公司
印　　刷	浙江新华数码印务有限公司
开　　本	710mm×1000mm　1/16
印　　张	15.5
字　　数	210 千
版 印 次	2023 年 9 月第 1 版　2023 年 9 月第 1 次印刷
书　　号	ISBN 978-7-308-24109-0
定　　价	78.00 元

浙江大学出版社市场运营中心联系方式:(0571)88925591;http://zjdxcbs.tmall.com

编写说明

20年前,习近平同志担任浙江省委书记期间,经过深入调查研究和系统谋划,为浙江量身打造了"八八战略"这一总纲领总方略,并为浙江发展倾注了大量心血、汗水和智慧,在之江大地书写了波澜壮阔的奋斗篇章,给浙江留下了宝贵的思想财富、精神财富和实践成果。20年来,"八八战略"引领浙江在省域层面率先开启了中国式现代化先行实践之路,推动浙江大地发生了全方位、系统性、深层次的精彩蝶变,实现了从资源小省向经济大省、外贸大省向开放大省、环境整治向美丽浙江、总体小康到高水平全面小康的历史性跃迁。

在"八八战略"实施20周年的重要时间节点,浙江省习近平新时代中国特色社会主义思想研究中心和浙江省社会科学界联合会共同组织力量编写"'八八战略'二十周年研究丛书",并将之纳入"浙江文化研究工程"。丛书重点论述了"八八战略"在浙江省11个地市(杭州、宁波、温州、湖州、嘉兴、绍兴、金华、衢州、舟山、台州、丽水)深入落实的全过程,以及所带来的深刻影响。我们希望,通过这套丛书,能让读者用心感悟习近平总书记的关心关怀和殷殷重托,学深悟透、感恩奋进、实干争先,持续推动"八八战略"走深走实,坚定不移沿着习近平总书记指引的道路奋勇前进;推动浙江在新时代新征程上奋力谱写共同富裕和中国式现代化先行的靓丽篇章。

目　录

导　论

　　台州市地处浙江省沿海中部，东濒东海，南邻温州，西连丽水、金华，北接绍兴、宁波。陆地总面积 9411 平方公里，领海和内水面积约 6910 平方公里。台州市的地理位置得天独厚，居山面海，平原、丘陵相间，形成"七山一水二分田"的格局。大陆海岸线长约 740 公里，岛屿 928 个，海岛岸线长约 941 公里，岛陆域面积约 273.76 平方公里，主要有台州列岛和东矶列岛等，最大岛屿为玉环岛，现与大陆相连。截至 2021 年 11 月 30 日，全市户籍总人口 605.94 万人，其中市区户籍人口 164.27 万人。市区由椒江、黄岩、路桥 3 个区组成，辖临海、温岭、玉环 3 个县级市和天台、仙居、三门 3 个县。作为中国民营经济发祥地、股份合作经济发源地、市场经济先发地、长三角制造业基地、基层民主政治探索先行地、和合文化发源地、垦荒精神实践地、中国最具幸福感城市，台州的实践也为忠实践行"八八战略"提供了台州经验。

一、习近平同志的台州行

　　勤下基层，是习近平同志对自己的要求，也是对浙江领导干部的要求。他是这么倡导的，也是带头这么做的。在浙江工作期间，习近平同志坚持调研开局、调研开路，每年用 1/3 以上时间深入基层和部门调查研究，并在实践中逐渐跑透了浙江的省情市情县情。[①] 他走遍

---

　　① 习近平：《干在实处　走在前列——推进浙江新发展的思考与实践》，中共中央党校出版社 2006 年版，第 3 页。

了台州的 9 个县市区，既了解了台州的山山水水，更与台州的人民群众建立起深厚的感情。①

习近平同志多次到台州考察调研，围绕民营经济发展、制造业发展、基层治理、防台工作、垦荒精神弘扬、党建等方面为台州把脉定向，给予了台州关心关爱和殷切嘱托，也赋予了台州干部群众重要的政治使命：一是大力推进台州民营经济再创新辉煌，再上新台阶；二是加快先进制造业基地建设；三是走出一条以城带乡、以工促农、城乡一体化发展的新路子；四是推动山海协作再上新台阶；五是发扬大陈岛垦荒精神，大陈岛开发大有可为；六是以执政能力建设为重点全面推进党的建设。

二、台州贯彻落实重要指示精神的举措

习近平同志在浙江工作期间对浙江、对台州的一系列重要指示批示，是他留给浙江和台州的宝贵理论财富、实践财富和精神财富，是台州改革发展取之不尽、用之不竭的动力和源泉。"八八战略"实施以来，台州以最鲜明的政治态度、最有力的政治担当，贯彻落实相关指示批示精神，忠实践行"八八战略"，推动了各项事业的发展。

（一）推进民营经济转型升级，坚定不移再创民营经济新辉煌

2005 年，台州市三届一次党代会提出把台州建设成中国民营经济创新示范区。2008 年，台州市三届五次党代会提出了实施"三个台州"战略，其中之一即以民营经济为主体，走"内生台州"集约发展路径。面对金融危机带来的经济发展结构性变革，台州民营经济走上了探索转型升级的发展道路。2015 年，台州市四届四次党代会提出实施"一都三城"战略，推进民营经济扎根实体经济，实现转型创新发展。2016 年，台州市四届五次党代会提出争做全省发展民营经济排头兵

---

① 中央党校采访实录编辑室：《习近平在浙江》（上），中共中央党校出版社 2021 年版，第 266 页。

的战略。2018 年,台州市五届二次党代会提出了再创民营经济新辉煌发展目标,努力续写民营经济创新发展这篇大文章。2020 年,台州提出"民营经济立市"的命题:突出民营经济立市,扛起台州作为中国民营经济发祥地、股份合作经济发源地、市场经济先发地的历史担当,争当浙江乃至全国民营经济发展的"风向标",再创民营经济新辉煌。2021 年,台州市五届五次党代会提出建设新时代民营经济高质量发展强市的总体目标和努力打造中国民营经济示范城市的战略,强调实现"十四五"发展目标,必须坚定不移再创民营经济新辉煌。2022 年,要坚持把民营经济创新转型作为推动高质量发展的主战场,加快质量变革、效率变革、动力变革,全面释放民营经济发展的灵性和活力,构建支撑长远发展的优势胜势,再创民营经济新辉煌。

近年来,台州推进传统产业优化升级,培育发展全市"七大千亿"产业集群,建设大湾区,育强大企业,提供"妈妈式"服务,打造最优营商环境,推进小微金改持续创新,培育弘扬企业家精神,这一系列的组合拳,唱响了台州民营经济再创新辉煌的乐章。台州市作出了建设新时代民营经济高质量发展强市"三步走"的部署,着力将台州民营经济体制机制活的特点和优势进一步放大、激活,在体制机制改革、市场主体培育、发展模式创新等关键领域走在前列,使台州在全国全省打上"民营经济发展排头兵、先行者"的鲜明印记。

(二)深耕先进制造业发展,擦亮"制造之都"的鲜明底色

2005 年,台州市三届一次党代会提出建设长三角地区的先进制造业基地的战略。2015 年,台州市四届四次党代会提出打造"国际智造名城"。2017 年,台州市五届一次党代会提出打造"制造之都"。2017 年,台州市委、市政府出台《关于建设"制造之都"实施先进制造业"十大行动"的若干意见》,提出"打造高新高端、智能智慧、集聚集群的产业高地,打响中国制造的台州品牌、全球制造的台州产品,创建'中国制造 2025'示范城市"的奋斗目标。2019 年 12 月,《台州市制造

业高质量发展行动计划（2020—2025年）》应运而生，"全国先进制造业集群发展示范区""传统产业优化升级示范区""民营制造业机制创新示范区"成为新的目标。2020年，台州提出"制造之都立业"的命题，加快建设具有国际影响力的制造之都。2022年，台州市六届一次党代会提出，要重塑现代化产业体系，跻身全国制造业城市第一方阵。

推进产业从低端向高端转型，实现从一般制造业向装备制造业的转型，是新时期台州民营制造业的主攻方向。经过这些年的努力，台州蝶变成制造大市，产生了汽车及零部件、通用航空、模具与塑料、医药医化、智能马桶、缝制设备、泵与电机等"七大千亿"产业。当前，台州"跳出制造业抓制造业"，正着力打造若干个世界级的产业集群，比如汽车和医药产业要向世界级产业集群迈进；着力培育国内先进产业集群，比如泵与电机、模具与塑料、智能家居等产业，努力成为在国内具备领先优势的产业；着力培育战略性新兴产业，比如以5G为引领的新一代信息技术、新材料、海洋科技等产业，作为支撑长远发展的未来产业来打造；着力培育与台州制造业相适应的现代服务业，比如现代物流、现代金融、软件和信息服务、总部经济；等等。作为浙江的制造业重镇，台州正在向中国工业4.0标杆城市迈进。

（三）弘扬大陈岛垦荒精神，以奋斗之姿引领台州高质量发展

习近平同志"一次登岛、两次回信"，殷切嘱托台州传承和弘扬大陈岛垦荒精神。2019年，台州市五届三次党代会提出，将大陈岛垦荒精神升华为台州城市精神。2020年，台州市委提出"垦荒精神立心"的重要命题。2022年，台州市六届一次党代会强调，深入实施垦荒精神立心工程，打造中国红色精神传承弘扬高地。

垦荒精神已成为台州城市发展中的不可或缺的软实力。2006年以来，尤其是习近平总书记给垦荒队员后代回信以来，台州市委、市政府和台州人民始终牢记习近平同志的深情嘱托，将大陈岛垦荒精神熔铸于台州精神，升华为台州城市精神，融入台州人的血脉，根植于台州

的山海水城,传承于台州社会经济发展的伟大事业之中,大陈岛垦荒精神已成为台州高质量发展和"重要窗口"建设的强大精神支撑。台州孕育的大陈岛垦荒精神,闪耀着社会主义核心价值观的光芒,在中国革命精神谱系中具有重要地位,在浙江更是有着"红船精神永存,垦荒精神不老"的政治意义。台州持续挖掘好这座精神的"宝库",让垦荒精神在人人心底散发光芒,打造台州城市精神的"新坐标",彰显台州城市发展的"软实力",在中国精神谱系中不断放大垦荒精神的亮度。有着垦荒精神基因的台州人民,必能成为践行伟大建党精神的引领者、实践者、奋斗者,在新征程上永立垦荒之志,接续垦荒之力,以实干实绩"争口气、争荣誉",奋力实现"十四五"开门红,努力绘就现代化新画卷。

(四)秉持新发展理念,经济社会各项事业发展取得巨大成就

创新发展驱动高质量发展。2010 年,台州市三届七次党代会提出"实施自主创新战略"。台州的民营企业家敢于在新科技革命和新产业革命中积极有为、主动作为,通过产品创新、技术创新和管理创新,积极发展新技术、新产业、新业态、新模式,主动将企业发展与社会发展融为一体,以经济发展促进社会发展,并在社会发展中获取新动能。当前,台州坚持创新首位战略,矢志不移走好"科技新长征",高水平建设国家创新型城市。

协调发展引领城乡一体和山海协作。台州积极贯彻习近平同志"按照统筹城乡经济社会发展的要求,率先走出一条以城带乡、以工促农、城乡一体化发展的新路子"[①]的重要指示,立足区域特色,坚持城乡统筹,探索城乡联动,有力地推进了城市化和城乡一体化。当下,台州又以"二次城市化"为抓手,建设长三角"双循环"节点城市和省域开放型高能级中心城市,努力打破"县域经济"格局,向着建设高能级"都市

---

① 《习近平在宁波台州调研时强调按照统筹城乡经济社会发展的要求全面推进"千村示范、万村整治"工程》,《浙江日报》2003 年 9 月 25 日。

区"，向着全面融入长三角世界级城市群迈进。台州主动念好"山海经"，2004 年，台州针对南北部经济不平衡启动实施"南北协作工程"，推动市内外联动，结好对、联起手，市内主要推动路桥与天台、玉环与仙居、温岭与三门的结对，黄岩、临海主要针对各自西部山区，椒江主要针对大陈岛开展结对帮扶，市外推动温岭与景宁结对。"八八战略"实施以来，台州探索走出一条项目共建、资源共享、南北共荣的协同发展之路。

绿色发展开启生态宜居的"美丽台州"建设。2010 年，台州市三届七次党代会提出"实施城市群构建战略，建设生态宜居家园"。2012 年，台州市四届一次党代会提出建设"山海秀丽、富裕和谐"新台州。2015 年，台州市四届四次党代会提出打造"山海宜居美城"。2018 年 4 月，台州市委召开"弘扬大陈岛垦荒精神 建设新时代美丽台州"大会，提出以更高的站位、更高的标准建设美丽台州，打造美丽中国的先行城市和美丽浙江的示范样本。2022 年，台州市六届一次党代会提出，建设升级版美丽台州，打造践行"绿水青山就是金山银山"理念标杆地。多年来，台州全市上下牢固树立"绿水青山就是金山银山"的理念，加快调整产业结构和空间布局，深入实施节能减排，强化创新驱动，着力打造生态经济。以改善环境质量为突破，狠抓"五水共治"，狠抓大气污染防治，狠抓土壤污染防治，打好治水治气治土攻坚战。以优化人居环境为目标，深化美丽乡村和美丽城镇建设，深化"三改一拆"和"四边三化"行动，切实提升城乡环境质量。以深化制度创新为抓手，强化源头严管，完善过程严控，严厉打击违法，强化全过程的管控。在建设美丽台州过程中，全市上下深入挖掘生态人文资源，大力弘扬生态文化，把台州现代城市美和历史文化美有机结合起来，使美丽台州兼具外在美和内在美。

开放发展加速融入长三角一体化进程。台州按照习近平同志擘画的长三角一体化发展蓝图，积极参与长三角地区合作与交流，从融入宁波都市圈，到接轨上海、融入长三角，再到深度参与"一带一路"和全方位拓展国际合作空间,逐层递进,全面构建由内到外、依次递进的开放新格局,逐圈打通内外联动、连接世界的开放通道,逐渐形成了全方位、多层次的台州开放大格局。2020 年,台州市推进长三角区域一体化发展行动计划正式公布,"在开放接轨上突围"作为三个"突围"之一,已成为台州新时代发展的重要路径。

共享发展赋能幸福城市建设。21 世纪之初,台州进入了全面建设小康社会的阶段,民生建设也开始更着眼于发展型、享受型民生需求的实现。在党中央提出"社会建设"这一重大理论命题之后,台州市坚持以人为本和民生优先的发展观,以群众需求为导向,以普惠共享为目标,不断回应与群众利益密切相关的现实诉求。近年来,台州与长三角城市群公共服务领域合作范围和深度不断拓展,以实现基本公共服务均等化为目标,全面提升非基本公共服务供给能力和供给质量。通过促进优质教育资源合作共享、深化医疗健康资源协作联动、推动就业与社会保障有序衔接等,极大提升了老百姓的获得感和幸福感。2021 年,台州第六次获评"中国最具幸福感城市"。2022 年,台州市六届一次党代会提出,要把"高水平"体现在人的全面发展上,推动高质量发展与高品质生活螺旋上升,打造群众获得感、幸福感、安全感和认可度全面跃升的幸福之城。

三、台州践行"八八战略"的基本经验

改革开放以来,特别是台州建市以来,台州从省内落后地区发展成为沿海发达城市,应该说得益于一个"民"字,根本的经验就是坚持以人为本。"得益于民"和"长处在民",作为台州贯彻实施"八八战略"的总纲,贯穿台州经济社会发展的方方面面和每时每刻。

(一)民营·民资

民营经济发达是台州这座城市给人们最深刻的印象之一。民营经济成就了今天的台州,没有民营经济就没有台州的辉煌,抓住了民

营经济就抓住了台州发展的关键。首先，台州起步于"民"。台州是我国民营经济的发祥地之一，体制机制的先发使台州人民的创业热情得到充分的激发。其次，台州兴盛靠"民"。民营经济的突飞猛进使台州经济迅猛发展，制造业飞速发展特别是产业集群优势凸显，经济社会各个领域不断涌现新的亮点。最后，台州潜力在"民"，今后的发展还要坚持民营经济的优势。

正是这个"民"的机制，使台州更好地发挥既有资源的作用，使台州人敢为天下先，抓住了发展机遇，并能很好适应国际竞争和融入国际市场。台州"七山一水二分田"，人多地少，人地矛盾突出，但台州人民立足自身实际，因地制宜，尊重规律，充分挖掘地方资源要素、禀赋优势，激发人民群众的生产积极性，大力发展民营经济，实现跨越式发展。台州民营经济善于抢抓改革发展机遇，与时俱进地拓宽思路，及时创造并时刻保持着体制机制优势。台州民营企业放眼世界，接轨国际，主动接受全球化的洗礼，参与国际市场竞争，一大批适应国际规则的企业在国际竞争中脱颖而出，成长为全国性的乃至世界级的产业"隐形冠军"。

盘活民资并最大限度地发挥其效用是民营经济保持发展活力的重要保障。台州积极推动股权改革，以股权为纽带，将利益方连接起来，使企业股权由一元转变为多元，通过"股权上市，直接融资""股权投资，对外让渡"等方式，壮大企业发展力量。作为全国唯一的民间投资创新综合改革试点，台州市探索"三破三加"①改革行动，通过构建"资本库对接项目库"，优化"小资本对接大项目，大资本服务小企业"的发展模式，为全国民间投资体制机制改革提供可复制、可推广的经验和模式。通过发展专营化金融机构和互联网金融服务新模式、支持小微企业在境内外直接融资、完善信用体系等举措，探索缓解小微企

---

① "三破"指破除"旋转门""玻璃门""弹簧门"；"三加"指"＋小微金改""＋信用保障""＋审批提速"。

业融资难题,创出了小微金融发展的"台州模式"。台州积极创新政府与社会资本合作,接力融资之路,"PPP台九条"[①]的提出,进一步发挥了民营经济先发优势,以供给侧结构性改革引领民间投资,在基础设施和公共服务项目上探索形成了项目融资的"台州经验"。

(二)民智·民力

凝聚民心、集中民智、激发民力,发挥广大人民群众的积极性和创造性,是各项事业成功的重要法宝。台州的两张名片,无论是民营经济还是基层民主政治,都是民智所驱、民力所为。

台州在没有依靠国家大规模投资的情况下,实现民营经济大发展,就是因为解放思想、改革创新,充分尊重人民群众的首创精神。人民群众是台州改革开放的实践者和推动者。台州在经济发展中有许多开全国先河并产生巨大影响的创举,涌现了一大批企业家,谱写了可歌可泣的艰苦创业史,这些都是源于人民群众的实践创造。在忠实践行"八八战略"的过程中,要坚持依靠人民群众,继续充分发挥人民群众参与改革开放的积极性、主动性、创造性,尊重人民群众的首创精神,最广泛地动员和组织人民群众投身改革创新的实践,依靠人民群众的巨大力量和无穷智慧,不断推进民营经济的高质量发展。

除了"草根经济"之外,台州还孕育了独具魅力的"草根民主"。台州是基层民主政治探索的先行地,基层"民主恳谈"的做法曾经荣获"中国地方政府创新奖"。

从1988年椒江党代会常任制试点到2005年路桥区党代表直选和市县乡三级党代会常任制试点的全面铺开,从1999年温岭市松门镇开展"农业农村现代化建设论坛"活动到2001年全市开展"民主恳

---

① 2017年,台州出台了《台州市鼓励民间资本参与PPP项目的若干意见(试行)》(简称"PPP台九条"),为台州民间资本参与重大项目建设打开了新局面,寓示着台州政府与社会资本合作模式(PPP模式)迎来发展的黄金时代。作为支持民营经济创新发展的台州实践,该项政策从基本原则、市场准入、民间资本发起、项目融资、政策优惠、风险管控、资本退出等九个方面,提出了民资参与PPP项目的建议与意见。

谈"活动,从 20 世纪 90 年代初乡间村寨的村规民约到 2005 年《台州市村级组织工作规则(试行)》的出台,台州基层民主参与有序化在不断探索实践中规范完善和深化拓展,亮点纷呈。发端于温岭并在台州农村全面开展的"民主恳谈",是台州的一个创举。通过基层干部与群众民主对话、双向交流,公开基层事务,商量重大事项,解决群众实际问题,对加强思想政治工作、推进基层民主政治发展、密切党群关系与干群关系、巩固基层政权、促进社会稳定和全面发展,起到了积极的作用。温岭通过推进基层民主政治建设,进一步调动群众的积极性、创造性,以此来推动"八八战略"的实施,充分体现了以民为本的重要思想,抓住了根本,抓住了关键。

当下,台州的协商民主已经进入一种新常态,即建立了一种群众事前参与基层公共事务决策、事中进行民主监督、事后进行民主评议的比较完整的民主形式,形成了集民主决策、民主管理、民主监督等多种形式于一体,以对话、协商为特征的新型民主治理模式。台州将继续深化运用好"三化十二制""民主恳谈"等基层群众自治制度,创新基层自治的实现形式和载体,形成民事民议、民事民办、民事民管的良好局面,推动台州在善治的道路上大步前行。

(三)民生·民享

台州历届市委、市政府一直秉持以人民为中心的发展思想。台州市委主要负责同志在接受媒体采访时指出:台州的"幸福密码"就是以人民为中心,用民本善治提升城市温度,连接每个人的幸福,让居住在这里的所有人共治共管、共建共享"幸福家园"。

"八八战略"实施以来,台州历届市委、市政府在各个民生领域创新工作方法,始终践行发展成果由人民共享的初衷:着力强化政府在民生领域的供给职能,大力发展民办社会事业,提高社会保障能力,通过民生工程的提质提速,让人民群众学有所教、劳有所得、病有所医、老有所养。积极回应群众对生态品质的诉求,建设新时代美丽台州,创成全国首批无黑臭水体城市,空气质量稳居全国重点城市前列,"台州蓝"成为城市金名片。

根据转型期经济社会发展的特点,台州始终坚持基层党组织的领导地位和人民群众的主体地位,坚持问题导向,不断积极创新基层社会治理模式,努力推进社会治理精细化,积极构建全民共建共治共享的社会治理格局。以现代政府建设推进地方政府治理能力现代化,持续推进政府自身改革,加快建设服务型政府、法治政府和廉洁政府,不断增强政府执行力和公信力,着力健全形成共享的服务体系,更好为人民服务。"最多跑一次"改革和"妈妈式"服务,显示了政府自身的担当,也充分体现了政府的使命感,政府从群众最期盼、企业最闹心的事件中找到切入点,让人民群众体会到实实在在的获得感,这也为打造责任政府、服务政府、为民政府提供了鲜活的经验。

针对群众对平安稳定的诉求,台州提出建设"更高质量、更高水平"的平安台州的目标,深入创建"无盗抢"城市,深入创新"民转刑"防控,有效保障了社会安定、百姓安宁。而面对台风等自然灾害、"非典"和新冠等重大疫情的挑战,台州把人民生命健康放在首位,打好了一场又一场人民战争。

人民城市人民建,人民城市为人民。近些年来,台州始终坚持人民至上的理念,奋力推进民营创富,尊重人民创造、集中群众智慧,顺应人民群众对美好生活的向往,千方百计办好民生实事,彰显了起步于"民"、兴盛于"民"、潜力在"民"的发展历程。党的二十大报告强调:"优化民营企业发展环境,依法保护民营企业产权和企业家权益,促进民营经济发展壮大";"全面建设社会主义现代化国家,必须充分发挥亿万人民的创造伟力";"必须坚持在发展中保障和改善民生,鼓励共同奋斗创造美好生活,不断实现人民对美好生活的向往"。台州长期发展过程中形成的"民营·民资""民智·民力""民生·民享"经验,与党的二十大报告的这些表述相互映照,为台州全面贯彻落实党的二十大精神提供了深厚的实践土壤。

　　2017 年至今，台州连续 6 年获得"中国最具幸福感城市"荣誉，这是人民对这座城市的最高褒奖。在奋力推进中国式现代化市域实践的新征程上，台州正以奋斗者的姿态奋勇挺进"三十而立"之年，以"三高三新"书写"两个先行"的台州篇章，继续驰骋在走向复兴、探寻幸福、再创辉煌的新时代垦荒路上，不断打造共建共治共享的"幸福高地"。

第一章　推进民营经济发展再创新辉煌

习近平同志 2002 年 12 月 21 日在台州考察调研时指出："推进民营经济加快发展,是充分发挥台州体制机制优势的一个着力点,也是实现台州经济再次腾飞的一个重点。我们要认真贯彻十六大精神,毫不动摇地鼓励、支持和引导民营经济的发展,大力推进台州民营经济发展再创新辉煌,再上新台阶。"①2003 年 7 月,"进一步发挥浙江的体制机制优势,大力推动以公有制为主体的多种所有制经济共同发展,不断完善社会主义市场经济体制"作为"八八战略"的第一条被正式提出,为浙江经济尤其是浙江民营经济发展确定了方向。

"八八战略"实施以来,台州历届市委、市政府牢记习近平同志的嘱托,始终贯彻落实"两个毫不动摇",一任接着一任干,一张蓝图绘到底。台州是长三角地区先进制造业基地,正是台州制造业的强势崛起,成就了台州民营经济的辉煌过去。当前,台州始终紧紧围绕"制造之都"建设战略目标,全力推动制造业高质量发展,推进民营经济发展再创新辉煌。

第一节　背景与内涵:"起步于民"与"兴盛靠民"

台州起步于"民",兴盛靠"民",潜力在"民",民营经济是台州发展

---

① 习近平:《干在实处　走在前列——推进浙江新发展的思考与实践》,中共中央党校出版社2006 年版,第 513—514 页。

的成功之路。台州是中国民营经济发祥地、股份合作经济发源地和市场经济先发地，民营经济成为台州发展的强市之基、富民之本、活力之源、制造之根，是台州最大的发展优势、最亮的发展特色和最重的发展底牌。

改革开放以来，台州民营经济快速崛起，创造了"台州现象"。相关数据显示，截至 2021 年底，民营企业占台州企业比重达 99.5%，民营经济创造了台州约 92% 的税收，百亿级产业集群 21 个，国家级产业基地 68 个。在经历了先发优势弱化、转型重蓄力量之后，台州民营经济坚守实业，在逆势冬泳、迎难而上中打开了发展新天地，呈现出以下三个重大变化：一是从家族企业走向现代化企业；二是从小、散、弱和块状经济走向"七大千亿"级产业集群；三是从自我积累的内生发展走向了海外并购裂变式发展。

进入 21 世纪的第三个 10 年，习近平总书记对浙江提出新的期望：努力成为新时代全面展示中国特色社会主义制度优越性的重要窗口。党的二十大报告指出："构建高水平社会主义市场经济体制。坚持和完善社会主义基本经济制度，毫不动摇巩固和发展公有制经济，毫不动摇鼓励、支持、引导非公有制经济发展，充分发挥市场在资源配置中的决定性作用，更好发挥政府作用。"同时，报告第一次明确提出"促进民营经济发展壮大"，"完善中国特色现代企业制度，弘扬企业家精神，加快建设世界一流企业"，"支持中小微企业发展"，表明了党中央大力促进民营经济发展壮大的坚定决心。台州市委、市政府提出，以"新时代民营经济高质量发展强市建设"为浙江展示社会主义基本经济制度优势做贡献，使台州成为浙江乃至全国民营经济发展的"风向标"和展示中国特色社会主义经济制度优越性的"窗口"城市，成为民营经济发展排头兵、先行者。"十四五"规划开局之年，台州政府工作报告提出：要深化市场化改革，建设中国民营经济示范城市；培育现代产业体系，建设工业 4.0 标杆城市。

一、"台州现象"的人文渊源

习近平总书记曾在 2005 年 8 月 16 日的《之江新语》专栏中指出："我们的祖先曾创造了无与伦比的文化,而'和合'文化正是这其中的精髓之一。'和'指的是和谐、和平、中和等,'合'指的是汇合、融合、联合等。这种'贵和尚中、善解能容,厚德载物、和而不同'的宽容品格,是我们民族所追求的一种文化理念。"[①]剖析台州民营经济的属性,我们不难发现其包含了习近平总书记所指出的"和""合"特质。

在台州,自然地理禀赋内生"和合"底色。台州依山傍海,丘陵平原相融,"七山一水二分田",山林文明与海洋文明在这里奇异交汇,是美丽浙江、美丽中国的"浓缩版"。台州又是移民社会,六朝和隋唐时期开始有大规模人口迁移,来自四面八方的移民和谐共处、相互交融,让民间文化具有多元交流、汇合融合的底色,成为和合文化浩海中的一支源流。在台州,儒释道圆融共生集成"和合"精神。天台山和合文化成为中华"和合圆融"精神的大脉源头。

受天台山和合文化的浸润,在台州大地,悠久商贸传统催生了"和合"经济活动。从经济思想看,我国古代经济思想史上,天台山儒家文化代表人物、北宋天台县令郑至道最早提出"四民皆本"论,这比一般认为的由明代黄宗羲开创的"工商皆本"论要早 500 多年。从商贸行为看,台州人民素有浓厚的崇商意识,具有"敢冒险、有硬气、善创造、不张扬"的台州特征。三国时期沈莹所著的《临海水土异物志》和南朝孙诜所著的《临海记》,对台州商品经济萌芽已有相应的记载和研究。南宋时,"洛学""关学"传到浙江,金华学派和永嘉学派与朱熹的"理学"围绕"理与气""义与利"等命题展开了激烈的论战,争论的核心便是商品经济。以临海陈耆卿、吴子良等为代表的事功学派参与双方论

---

① 习近平:《之江新语》,浙江人民出版社 2007 年版,第 150 页。

战,强调"注重实学、经世致用""崇实厌虚"的实学思想,培养了台州人"崇利养义""以利兴义""融义于利"的务实精神。这可谓台州经济领域的"和合"思想,是台州务实进取、开放包容经济模式的雏形和源头。

改革开放以来,在缺煤少油没资源的情况下,台州穷则思变,不等不靠,敢闯敢为;不拣肥瘦、不顾昼夜,创业创新、自力更生;不分内外、不论官民,平等参与、通力合作。从"一穷二白"的农业社会到"村村点火、户户冒烟",从"打硬股""股份制"到民营经济名扬天下,发展出了多元融合的台州经济。2008 年,中国社科院政治学研究所所长房宁等专家学者这样概括"台州模式":在改革开放实践中,探索、创造出通过内生型工业化道路实现经济社会发展,通过社会主义民主政治建设保障和实现人民权利,经济政治协调发展的现代化发展模式。

台州民营经济和"台州模式"的文化根源,可以概括为"有事好商量、合作天地广、大步走四方、台州当自强、亲清政与商"这五组词,其内在动力是和合文化浸润下的台州人"海的大气、山的硬气、水的灵气、人的和气"的精神品质。正是这种千百年历史积淀下来的和合文化,使台州人成为"敢冒险、有硬气、善创造、不张扬"的坚韧群体,从最初的修鞋、弹棉花、鸡毛换糖、贩运、建筑等利润微小的行业做起,做别人不愿做的事,做别人不敢做的事,做别人做不了的事,一心一意干实业,踏踏实实谋发展,走出了一条聚焦实体、坚守实业的区域发展路子,造就了自强不息、独具韧性的"台州现象"。

二、"推进民营经济发展再创新辉煌"

在浙江工作期间,习近平同志在宁波、台州、温州等地先后走访了吉利集团、飞跃集团、星星集团、德力西集团、夏梦服饰有限公司、康奈集团等。他在调研考察中多次指出:"民营经济是浙江活力所在,是浙江的品牌,是改革开放的先行者,是市场经济发展的佼佼者。民营经济的大发展,支持了浙江经济的高速增长,促进了市场体系的发育和完善,推动了城市化进程,拓宽了就业渠道,促进了一批新兴产业和新兴行业的发展。作为社会主义市场经济的重要组成部分,发展民营经济对增强经济活力、调动人民群众和社会各方面积极性,加快生产力发展,具有极为重要的意义。"①

2002年12月,习近平同志到台州调研,作出了"大力推进台州民营经济发展再创新辉煌,再上新台阶"②的重要指示。他在高度肯定台州民营经济取得的成绩的同时,就民营经济的发展提出了指导性的意见:要持之以恒地推进创新;要坚定不移地支持企业做大做强;要坚持不懈地推进工业园区建设;要始终不渝地为民营经济发展营造良好的环境。③

习近平同志强调,国有企业和民营企业都要发展。对个体私营经济,他要求在实际工作中要做到"四个不限、四个有":"四个不限"就是不限制个体私营经济的发展比例、发展速度、经营方法、经营规模;"四个有"就是使个体私营者在政治上有荣誉,社会上有地位,经济上有实惠,事业上有作为。④

2003年3月,习近平同志在《政策瞭望》发表《民营经济是浙江活力之所在》。文章指出:"民营经济是浙江的品牌,是改革开放的先行者,是市场经济发展的佼佼者。民营经济比重大,老百姓唱主角,区域块状经济优势明显,是浙江经济的一大特色。民营经济是浙江活力之所在,活力就是潜力,潜力就是实力。在社会主义初级阶段,大力发展民营经济,绝不是权宜之计。推进民营经济加快发展,是充分发挥体制机制优势的一个着力点,也是实现经济再次腾飞的一个重点。我们

---

① 中央党校采访实录编辑室:《习近平在浙江》(下),中共中央党校出版社2021年版,第275页。

② 习近平:《干在实处 走在前列——推进浙江新发展的思考与实践》,中共中央党校出版社2006年版,第514页。

③ 习近平:《干在实处 走在前列——推进浙江新发展的思考与实践》,中共中央党校出版社2006年版,第513—515页。

④ 习近平:《干在实处 走在前列——推进浙江新发展的思考与实践》,中共中央党校出版社2006年版,第92页。

过去创造了体制机制的先发优势，但现在全国都这样做了，我们的优势正在相对减弱，而过去存在的问题则更加凸现了出来。……要再接再厉，乘势而上，发展的步伐力求更快些；要允许闯、允许试，敢于闯、敢于试，善于闯、善于试，继续保持不争论，通过发展，不辩自消，不争自明。"①

2003 年 7 月，中共浙江省委举行的第十一届四次全体（扩大）会议提出：浙江要进一步发挥八个方面的优势、推进八个方面的战略举措，即"八八战略"，其中第一条是"进一步发挥浙江的体制机制优势，大力推动以公有制为主体的多种所有制经济共同发展，不断完善社会主义市场经济体制"。浙江的体制机制优势，一是民营先行，二是市场先发，三是国资优化。这为浙江进一步发挥多种所有制经济共同发展的优势，加快建立和完善社会主义市场经济体制，提供了良好条件。

为深入贯彻"八八战略"，发挥体制机制新优势，推动民营经济新发展，2003 年 12 月，中共浙江省委十一届五次全会制定《关于推动民营经济新飞跃的若干意见》（浙委〔2004〕4 号）（以下简称《意见》）。《意见》提出了"五转变五提高"要求：一是从浙江实际出发，积极推动民营经济从主要依靠先发性的机制优势，向主要依靠制度科技管理文化的全面创新转变，提高民营经济综合实力和国际竞争力；二是从主要集中在传统制造业和商贸业，向全面进入高技术高附加值先进制造业、基础产业和新兴服务业转变，提高民营经济产业层次和发展水平；三是从主要依靠国内资源和国内市场，向充分利用国际国内两种资源、两个市场转变，提高民营经济外向发展水平；四是从现有特色产业、小规模经营逐步向更高层次的集群化、规模经营转变，提高民营经济组织化和规模化水平；五是从比较粗放的经营方式向更加注重集约发展的经营方式转变，提高民营经济整体素质和可持续发展水平。《意见》还提出了"四个进一步"工作举措：一是进一步优化民营经济结

---

① 习近平：《民营经济是浙江活力之所在》，《政策瞭望》2003 年第 3 期。

构,提升民营经济产业层次,推动民营经济集聚发展,提高民营经济组织化程度,推动民营经济外向拓展;二是进一步推进民营企业创新,引导企业制度创新,加快企业科技创新,推进企业管理创新,促进企业文化创新;三是进一步改善民营经济发展环境,放宽市场准入,简化企业注册登记,控制商务成本,加强财政支持,优化金融服务,完善人才支撑,健全法制保障;四是进一步加强对民营企业服务和监管,加强对民营企业宏观指导和服务,改进对民营企业监督和管理,规范和发展社会中介组织,加强民营企业党建工作,推动民营经济新飞跃。

2004 年 2 月 3 日,习近平同志在全省民营经济工作会议上的讲话中指出:推动民营经济新飞跃,是基于对重要战略机遇期宏观背景的认识和把握,是基于对浙江省加快全面建设小康社会、提前基本实现现代化战略目标的认识和把握,是基于对浙江省民营经济发展阶段变化趋势的认识和把握。他强调,我们一定要正确分析国内外形势,科学判断发展阶段变化,进一步增强民营经济新飞跃的紧迫感和责任感。①

2004 年 10 月,习近平同志在《政策瞭望》发表《坚持"两个毫不动摇" 推动民营经济发展实现新飞跃》。文章指出:"党的十六大提出,坚持和完善公有制为主体、多种所有制经济共同发展的基本经济制度,毫不动摇地巩固和发展公有制经济,毫不动摇地鼓励、支持和引导非公有制经济发展。这'两个毫不动摇',进一步丰富和发展了社会主义初级阶段的所有制理论,是对人民群众改革探索的充分肯定。从改革开放以来浙江的实践看,大力发展包括个体私营、集体和国有民营等在内的民营经济,对充分调动人民群众和社会各方面的积极性,建立和完善社会主义市场经济体制,推动经济社会快速发展,提高城乡居民就业和生活水平,具有十分重要的作用。当前,牢固树立和认真

---

① 习近平:《干在实处　走在前列——推进浙江新发展的思考与实践》,中共中央党校出版社 2006 年版,第 89—92 页。

落实科学发展观，积极贯彻中央宏观调控政策，很重要的一个方面，就是鼓励和引导民营经济加快体制、科技和管理创新，加快转变增长方式，不断营造新优势，努力实现新飞跃。"[①]

2004年6月，习近平到台州指导工作，就"八八战略"实施情况开展调研，在调研时指出，在面临生产要素制约、市场竞争日趋激烈的大环境下，民营企业必须"化压力为动力，变挑战为机遇，依靠科技创新，走新型工业化道路，努力促进企业更快更好地发展"[②]。

三、"加快建设先进制造业基地"

2003年2月，习近平同志在台州、绍兴等地就加快先进制造业基地建设专题调研时强调，围绕省第十一次党代会和省委十一届二次全会提出的目标任务，大力发展高新技术产业和高附加值加工制造业，进一步提高制造业的国际化水平，加快建设先进制造业基地，走出一条有浙江特色的新型工业化路子。[③]

2003年6月24日，中共浙江省委召开改革开放后第一次全省工业大会。大会强调，必须从现代化建设全局出发，把制造业作为富民强省之本，把发展经济的积极性聚焦到建设先进制造业基地上来。大会对建设先进制造业基地作出全面部署，标志着建设先进制造业基地进入实质性的实施阶段。

2003年7月，中共浙江省委十一届四次全体（扩大）会议提出了"八八战略"，其中第三大战略就是要"进一步发挥浙江的块状特色产业优势，加快先进制造业基地建设，走新型工业化道路"。在之后实施

---

① 习近平：《坚持"两个毫不动摇"推动民营经济发展实现新飞跃》，《政策瞭望》2004年第10期。

② 《习近平在台州调研时强调以执政能力建设为重点全面推进党的建设》，《浙江日报》2004年6月10日。

③ 《习近平在台州绍兴考察调研时强调发挥优势　突出重点　加快建设先进制造业基地》，《浙江日报》2003年2月17日。

"八八战略"的过程中,习近平同志针对浙江发展环境、发展阶段和发展条件的深刻变化,着眼于先进制造业基地建设,创造性提出"腾笼换鸟、凤凰涅槃"的理念。这一理念成为浙江省建设科技强省,打造先进制造业基地,走新型工业化道路等实践的"指南针"。

第二节　实践与成效:聚焦先进制造与打造最优环境

改革开放 40 多年来,台州民营经济的发展历程和取得的辉煌成就无不体现"有效市场＋政府推动"和"有为政府＋亲清关系"的良好政治生态。作为浙江省制造业大市的台州,近年来始终将发挥市场有效作用和政府有为作用紧密结合,形成市场与政府之间良性互动的机制优势,为民营经济发展营造了良好环境,有效克服了金融危机带来的深度影响,区域发展态势良好,制造业脊梁仍然坚挺,历经磨砺的台州实体经济实现"凤凰涅槃",发展保持中高速,质量迈向中高端。台州坚持把发展经济的着力点放在实体经济上,推进新型工业化,推动制造业高端化、智能化、绿色化发展。

一、工业立市,聚焦先进制造

建设先进制造业基地,是习近平同志担任浙江省委书记时确定的全局性任务,是"八八战略"的重要组成部分。习近平同志在全面把握国际国内经济发展形势的基础上,紧密结合浙江实际,就打造先进制造业基地作出了一系列重大决策部署。在"八八战略"指引下,台州市委、市政府高瞻远瞩,求真务实,以目标为导向,先后作出"三个台州"

"主攻沿海""自主创新""三进三立三突围"①等战略部署,奋力打造制造大市。

(一)发展空间拓展提升,产业集聚发展态势凸显

台州湾循环经济产业集聚区核心区块基本建成,编制完成台州湾、三门湾、乐清湾区域统筹发展规划,"三湾联动"格局加速形成,沿海开发大平台效应逐步显现。以台州湾循环经济产业集聚区为核心,以沿海产业带为主阵地,以各县市经济开发区为支点的制造业空间布局基本形成。积极融入长三角,联动大湾区建设,产业合作不断加强,发展链条有效延伸。紧密对接"一带一路"建设,大量企业"走出去",成功开展跨国经营,有效拓展了海外发展空间。启动全域改造产业升级试验区建设,综合整治传统产业"低、散、乱"问题,破解无序空间,推进工业园区建设,促进产业集聚集群发展,"腾笼换鸟""凤凰涅槃"效应凸显。

台州的产业规模进一步扩大。汽车、医药、泵与电机等产业入围国家新型工业化产业示范基地,汽车及零部件产值迈上千亿元台阶,工业增加值突破2000亿元大关。人民币存贷款余额分别达到1.2万亿元、1.17万亿元,年均分别增长11.3%、14.9%。获批5个省级服务业强县培育试点、4个国家级电子商务进农村综合示范县,网络零售额年均增长11.5%。实施科技强农、机械强农行动,推出"台九鲜"区域公用品牌,建成国家农业产业强镇2个、省级现代农业园区6个、省级渔业转型发展示范区5个,黄岩获评国家农产品质量安全县。

(二)产业升级持续推进,制造业新体系快速构建

台州立足产业基础和比较优势,以发展先进制造业为导向,推动低层次产业向高技术含量、高加工度、高附加值产业升级,装备制造业

① "三立"是立足点,即民营经济、制造业和垦荒精神,立足的是台州的特色优势;"三进"是着眼点,即向二次城市化、两业并举、两智融合迈进,着眼的是新时代发展的新趋势;"三突围"是发力点,即在思想理念上、项目攻坚上、开放接轨上突围,发力的是体现当前现实举措上的强势破局。

规模不断扩大。2021年,全年新增制造业单项冠军企业2家,19家企业入围第三批国家"小巨人"企业,9家企业入围国家重点"小巨人"企业,7家企业入选2021年中国制造业民营企业500强。编制《台州市工业二氧化碳排放达峰行动方案》及其5大重点行业子方案,积极推进绿色制造体系建设,全市入选国家级绿色园区1个、绿色工厂2家、绿色设计产品5个、绿色供应链1个、绿色设计示范企业4家,入选省级绿色园区1个、绿色工厂11家。深化企业管理星级评价工作,全市完成线上线下管理创新专项培训超5万人次,新增验收通过和星级参评企业1065家,成功获批管理现代化提升工作试点市。高端制造布局落子,彩虹无人机产业园、台州无人机航空小镇建设顺利推进,航空航天、轨道交通和新能源等战略性新兴产业不断壮大。"腾笼换鸟"力度加大,淘汰大量过剩落后产能,推进传统产业实现价值链提升,附加值较高产品保持较快增长。

台州全力推进制造业数字化转型,构建"1812"工业互联网体系。截至2021年底,已建成企业级工业互联网平台35个,对1200家规模以上(简称"规上")企业进行数字化改造评价。台州机床行业互联网平台入围《2021年工信部新一代信息技术与制造业融合发展试点示范名单》,12家企业入围省级试点示范名单。全面推动5G基站建设"一件事"集成改革,目前已建成5G基站12000个,基本实现各县(市、区)主城区全覆盖。已引进西门子(中国)建设台州制造数字化赋能中心,打造集数字化体验、项目转化实施、人才培训推广功能于一体的数字化赋能平台。先进制造业与现代服务业"双轮"驱动,有效助推产业升级。新兴金融、服务外包、文化创意、"互联网＋"等新产业、新模式、新业态不断涌现且蓬勃发展。2021年,全市实现工业增加值2162.34亿元,比上年增长11.5%。全市规模以上工业增加值1453.90亿元,增长12.4%;其中,通用设备制造业增加值233.51亿元,增长19.5%;电力热力生产和供应业实现增加值153.90亿元,增长19.7%;医药制造业实现增加值149.85亿元,增长3.2%;橡胶和塑料制品制造业实现增加值133.96亿元,增长11.7%;汽车制造业实现增加值139.21亿元,下降2.0%。

(三)创新驱动不断强化,产业内生发展动能增强

台州坚持把科技创新摆在全市发展全局的核心位置,聚焦发力科技创新这一短板,着力增强区域经济发展新动能。积极开启"科技新长征",大力推进"一城一区一廊"①创新大平台建设,台州高新区入选国家创业创新特色基地,争创国家高新区。台州湾科创走廊建设加快推进,2021年4月,浙江省人民政府办公厅复函同意将台州湾科创走廊纳入省级科创走廊体系。成立台州湾科创走廊工作专班,创新走廊"首聚地""首建区"建设,全市"首聚地"建筑面积达52万平方米。温岭高端装备高新技术产业园区成功列入省级创建名单。制定实施《市级科创平台绩效评价办法(试行)》,与复旦大学张江研究院签订合作协议。新增省级及以上科技企业孵化器、众创空间10家。

台州持续提升企业创新能力。2021年实施新一轮科技企业"双倍增"和高新技术企业"育苗造林"计划,新增国家高新技术企业383家、省级科技型中小企业1518家,均创历年新高。开展企业R&D活动和企业研发机构"双提升"攻坚行动,深入推进规上企业"R&D清零"行动,相关做法获得省领导批示肯定。新增省重点企业研究院3家、省企业研究院12家,新增省级高新技术企业研究开发中心66家,认定市级高新技术企业研发机构207家。强化关键核心技术攻关,1个项目获国家科技进步奖,20个项目入选2022年度"尖兵""领雁"等省级重点研发计划项目。创新产出数量提升,有效打造创新链、产业链、资金链"三链一体融合"的产业创新服务综合体,为企业提供"互联网+""机器人+""标准化+""企业上云"等产业公共服务,服务科技创新的综合能力进一步提升。

---

① "一城"即建设台州科技城,"一区"即创建国家级高新技术开发区,"一廊"即打造环台州湾科创走廊。

（四）市场主体不断升级，产业组织结构持续优化

台州持续推进民营经济创新发展综合配套改革，全面深化行政审批制度改革，充分激发了台州人民创业创新的激情。坚持抓大放小，积极推动"小升规、规改股、股上市"，出台《台州市"128"股改上市三年行动计划》《台州市股改新政10条》，大幅降低企业股改成本，扩充上市后备资源，激励企业争相上市。加强小微企业培育，重点推进小微企业园建设，引导小微企业集中入园，促进产业配套协同，实现抱团发展。"十三五"期间，共建成投运小微企业园159个，建筑面积1354万平方米；在建小微企业园77个，建筑面积983.25万平方米。持续实施扶优扶强等战略举措，围绕打造"七大千亿"产业集群，重点实施"2211"企业培育工程，培育行业龙头企业，谋划打造全市制造业龙头骨干企业方阵，带动技术、品牌、市场的整合，提高行业集中度和市场竞争力。

（五）高端要素供给扩张，产业区域支撑能力提升

高端要素匮乏是台州民营经济发展面临的主要挑战。为此，台州市委、市政府先后做出了实施民营企业"回归工程"、建设台州市沿海产业带、小微金改、人才新政、"科技新长征"等一系列决策部署，出台了一系列文件，系统集成破解高端要素瓶颈。围绕"打造人才生态最优市"的目标，聚焦台州"七大千亿"产业集群，以市场为导向，大力实施新一轮科技企业"双倍增"计划和高新技术企业"育苗造林"计划，2021年度新增国家高新技术企业383家、省级科技型中小企业1518家，均创历年新高。小微企业金融服务改革创新试验区和国家民间投资创新综合改革试点城市建设全力推进；科技金融快速发展，政策性科技金融发展支撑体系初步形成，金融服务实体经济能力快速提升。启动"薪火传承"计划，培育经营人才，打造台州新生代企业家。产学研协同创新全面推进，军民科技要素有效融合、区域开放合作创新有效拓展。深入推进体制机制创新、集聚创新资源，加快打造"产学研用

金、才政介美云"十联动的创业创新生态系统，即把产业、学术界、科研、成果转化、金融、人才、政策、中介、环境、服务等十方面因素融合提升，打造一个创新创业的生态系统。

（六）发展方式快速转变，产业综合实力显著增强

台州创新发展、高端发展实现较大进步，企业技术创新能力增强，转型升级成效显著。转型升级已成为多数企业的共识，转型升级的主要方式正由过去的改进装备和工艺向产品创新、技术创新以及资源整合转变。创新步伐不断加快，入选国家创新型城市和"科创中国"试点城市建设名单，创成省级高新区 3 家，引进建设各类创新载体 68 个，建成省级产业创新服务综合体 13 家。新增国家级高新技术企业 1084家，高新技术产业增加值占规上工业增加值比重从 42.3％提升至63.8％。建设国家知识产权运营服务体系重点城市，有效发明专利拥有量年均增长 21％，知识产权质押融资规模居全国设区市第一。出台招才引智系列政策，引进陈十一等 7 位院士创业项目，与吴志强等 40位院士团队签订 43 个合作项目，引进省领军型创新创业团队 7 个、省级以上领军人才 247 人，2021 年新引进大学生 10.2 万人、新增高技能人才 3.9 万人，温岭、黄岩创成省级人才创业园。

二、转型升级，推动产业优化

台州坚持把民营经济作为富民增收和推动经济发展的关键措施，紧紧围绕转方式、调结构、上水平、增效益这条主线，按照"集群化、规模化、科学化"的发展思路，加快民营经济转型升级，提升科学发展水平，有效推动了经济健康有序发展。

（一）转型发展，民营经济提质升级

民营企业对于台州经济发展有着重要的作用，并且为城镇居民提供了大量就业岗位，更是台州经济发展当中不可或缺的一部分。随着改革开放的深入，民营企业机制灵活的制度优势正在逐步消失。台州

市委、市政府积极发挥有为政府的作用,针对民营企业"低、小、散"的弊端,重点进行规划引导,淘汰落后产能,实施"一厂一策",定向培育、扶优扶强,促进集聚发展,打造先进制造业基地,谋求高质量发展。

台州充分发挥资源禀赋,大力度启动民智、齐聚民力、借助外力,着力优化提升传统产业集群。台州民营经济实现了由小到大、由大到强的转变,产业集群集聚效应、规模效应日益显现。从医化行业入手,逐步淘汰"低、小、散",走集聚规模化发展之路。华海药业、伟星股份等民营企业顺利登陆资本市场,打开直接融资渠道,掀起台州民营企业上市高潮。到 2008 年底,共有 13 家上市公司,在资本市场初步形成了"台州板块"。2007 年,华海药业通过美国 FDA(美国食品药品管理局)认证,成为国内首家药品制剂的企业。2009 年以来,通过加快民营经济创新发展综合配套改革,落实国务院民营经济"新 36 条",加快台州市民营经济转型升级。将台州民营经济创新发展列入新时代台州三大历史任务,通过"拉高标杆、争先进位",实施"科技新长征",再创民营经济新辉煌。以路桥峰江"铅污染事件"为契机,台州深入开展"三改一拆"与"五水共治"活动,全面开启重污染、高能耗产业整治工作,淘汰落后产能,狠抓化工恶臭防治,大力推进医药化工行业转型升级。引进国内高校、科研院所共建了各类科技创新平台,把人才优势、科技优势与台州本地产业相结合,转化为产业优势和经济优势,较好地解决了台州市科教资源不足的问题。从功能定位看,台州市引进的平台大体分三类:产业技术创新平台,如浙江大学台州研究院,侧重于产业高端前瞻技术研发;创业创新服务平台,包括科技园、众创空间、孵化器等,以孵化高科技企业和高层次人才为目的;技术成果转移转化平台,如浙江省高校产学研联盟台州中心,侧重于推进高校成熟技术到台州企业转化。

(二)一乡一品,民营经济高度集聚发展

台州沿线(省道、国道)、沿海、沿江集聚,形成带状分布的九大产业集群。依次包括：分布在路桥、温岭、玉环的汽摩配产业，分布在椒江、黄岩、临海的医药化工产业，分布在黄岩、路桥的模具塑料产业，分布在椒江、路桥、温岭、玉环的家用电器产业，分布在椒江、路桥、玉环的服装机械产业，分布在温岭、玉环的水泵阀门产业，分布在黄岩、临海、天台、仙居的工艺礼品产业，分布在黄岩、天台的食品加工产业，分布在温岭、玉环、椒江、临海的鞋帽服装产业。台州市政府坚持以产业的大聚集，促进产业的大发展，全面提升产业集群的区域竞争力。同时，有效延伸产业链，拓宽产业领域，细化产业分工，推动产业链横向拉宽、纵向延伸，促进产业结构进一步优化升级。

（三）集约经营，乡村经济做大做强

党的十九大报告提出，实施乡村振兴战略，坚持农业农村优先发展。乡村振兴战略的实施，为民营企业进入农业农村提供了更有利的政策环境和更广阔的发展空间。民营企业参与农业农村发展最直接的方式就是设立农业类企业，农业企业参与到农业产前、产中和产后各阶段，在规模种植、农业机械化服务、农产品加工及流通等方面加快农业现代化进程。2003 年，台州市政府出台相应的政策，以农民专业合作社为载体，做强乡村经济。2007 年，商标"三门青蟹"经国家商标局核准注册，成为全国首个获地理标志证明商标保护的海水养殖产品。2005 年，小城镇综合发展指数测评报告首次出炉，台州市 20 个强镇入围全国综合实力千强镇。

三、培育企业，做强做优做大

台州民营企业面广量大，只有加快推进企业资源有效整合，才能从根本上扭转民营经济"低、小、散"的发展格局。近年来，台州坚持一切从实际出发，坚持深入突破的原则，企业主动有为，政府推动有力，以市场化为导向，通过推进行业整合，优化股权结构，努力打造现代产业集群，不断提升产业集聚度和竞争力。

（一）打造先进制造基地

2005 年,台州市委、市政府提出"工业立市,走新型工业化道路",推进先进制造业基地建设,打响"台州制造"品牌。2006 年,又继续实施"513"工程,聚焦发展汽摩及零部件、医药化工、缝制设备、家用电器、塑料模具等五大主导行业。聚焦建设"制造之都",深入实施"2211"企业培育工程,加快培育 20 家产值百亿元以上的"航母企业"、20 家产值达 50 亿—100 亿元的"旗舰企业"、100 家上市企业和 100 家"瞪羚企业"(截至 2017 年)。通过精准发力,对汽车及零部件、通用航空、模具与塑料、医药医化、智能马桶、缝制设备、泵与电机等"七大千亿"产业重点加以培育扶持,制定时间表,明确路线图,形成"五个一"工作格局,推动主导产业裂变发展。

（二）提速行业整合

"宁为鸡头,不为凤尾"是众多民营企业家的共同心态,但产品雷同、无序竞争又使众多企业难以实现规模经济。内外部环境的诸多变化,成了台州民营企业对自身发展方式作出重新选择的催化剂。台州市政府适时出台了相关扶持政策,对行业龙头企业整合兼并中小企业明确实行税费、工商注册、房地产过户等相关政策优惠。近年来,在各级党委、政府的推动下,加速行业整合、促进民营资本融合发展取得了显著成效,一批优质民营企业在激烈的市场竞争中脱颖而出。利欧股份作为中国最大的微小型水泵制造商,成功收购了行业内优质企业浙江大农机械有限公司 70％的股权,实现了强强联合。温岭市宏大船舶修造有限公司兼并丰源船务有限公司,在行业内实现了快速扩张。浙江环洲供应链集团股份有限公司与中捷控股集团公司实现重组,为企业跨越式发展奠定了基础。浙江海之梦水产有限公司并购黄罐集团,两年实现产值翻番。通宇控股集团与巨科集团、永源集团联合组建浙江鑫鼎铝业股份有限公司,在行业内实现了跨越发展。

（三）鼓励集团化交叉持股

当前，台州大多数民营企业仍需进一步扩大规模。组建企业集团，以资本为纽带形成紧密型、半紧密型、松散型等多层次的企业横向联合体，实现外延式扩张，有效提升了企业的竞争力和抗风险能力。台州积极鼓励、支持重点行业龙头企业组建集团公司，适时兼并产业链上下游中小企业，整合提升价值链，提高产业集中度，促进经济结构的调整和产业结构的升级。中国新世纪控股集团（成立于1997年，原名中国新世纪进出口集团有限公司）通过集团化交叉持股，优化了企业股权结构，成功实现了从产品经营到品牌经营，再到资本经营的跨越。目前，台州的汽车摩托车、医药化工、缝制设备、家用电器等支柱产业中，涌现了吉利集团、星星集团、伟星集团、海正集团、公元集团等一大批行业龙头企业集团，为构筑台州先进制造业基地和形成产业集群打下了坚实的基础。股份合作机制灵活，为民营经济发展带来先发优势，但存在"一年合伙、二年红火、三年散伙"的弊端。台州通过产权制度改革，促进股份合作向现代企业制度演进，为民营经济可持续发展奠定了制度基础。

（四）推动股改上市

台州以股改上市为抓手，走出一条以股改上市促企业裂变扩张、推动传统产业优化升级的路子。台州抓住资本市场向民营企业开放的契机，通过定向培育、主动服务，形成民营企业股票上市的高潮，有效拓展了民营企业直接融资渠道。截至2021年底，台州上市公司总数达到65家，其中境内上市公司60家，占全省（606家）的10.07%，居全国地级市第4位。A股上市企业数和中小板上市企业数均位居全国地级市前列，行业集聚度高，板块特色鲜明，形成了资本市场的"台州板块"。

四、优化环境,构建亲清关系

营商环境是一个国家、一个地区的软实力、生产力和竞争力。营商环境的好坏,一定程度上是经济发展的风向标。党的二十大报告明确提出,要"完善产权保护、市场准入、公平竞争、社会信用等市场经济基础制度","营造市场化、法治化、国际化一流营商环境","优化民营企业发展环境,依法保护民营企业产权和企业家权益"。这对于广大民营企业家放心投资、安心经营、专心创新、用心发展,无疑有着极大的激励作用。

(一)优化政府服务环境

营商环境是一个地区综合竞争力、经济软实力的重要体现。消除民营企业家焦虑、提振民营企业家信心、提升民营经济发展质量,需要政府制度创新,改革现实中存在的不利于民营经济发展的因素,营造良好的营商环境。为进一步提升服务能力,持续优化服务环境,台州历届政府进行了一系列的有效改革。

率先实施"最多跑一次"改革。"最多跑一次"改革是浙江省委、省政府着眼于经济社会发展大局做出的重大战略决策,台州第一时间响应号召,在台州市委经济工作会议、全市干部大会等重要会议上做出具体部署,在全省率先公布"最多跑一次"事项清单,在全省率先试行"多证合一、证照联办",除试点地区外省内最早完成"一窗受理、集成服务",自觉以政府权力的"减法",换取群众满意度的"加法",激发市场活力的"乘法",全力以赴打造营商环境最优市,不断提升广大企业和人民群众的改革获得感。时任中共浙江省委主要负责同志在《台州市率先公布2491项"最多跑一次"改革事项清单》上批示肯定:"台州市'最多跑一次'改革力度大、范围广、数量多,且在各市率先公布。希望抓好落实,让群众和企业真正有获得感。"

扩权强县与行政审批改革。全面推进扩权强县改革,进一步扩大县级政府社会管理和公共服务管理权限,扩大中心镇经济管理权限,推动行政管理权限下移。2013 年,台州启动行政审批制度改革,打造"审批最快、服务最优"城市,实施行政审批改革"1＋7"政策①,市本级共 46 个部门 766 个审批事项中,727 个审批事项达到"省内最短"目标。

深入推进政府服务创新。台州市委、市政府大力推进简政放权,创造最优营商环境,制定推进经济高质量发展的一系列新政策、新举措,不断改善民营经济发展环境。在有效市场的基础上,重点围绕"更大力度简政、减税、减费"和"加快打造市场化、法治化、国际化营商环境",更好发挥有为政府的作用。推进落实"妈妈式"服务,强化精准扶持,加快清理、精简涉企行政审批事项和收费项目,更大力度减轻企业负担,让企业更有"获得感"。

(二)优化金融生态环境

发达的民营经济为台州金融创新发展提供了沃土,金融活水的浇灌又使得民营经济百花齐放。台州是国家小微企业金融服务改革创新试验区,有些大银行不愿做的小微信贷,由台州 3 家城市商业银行来承接。台州建立了 5 亿元规模的信保基金,专门为没有抵押物、担保人的小企业解忧纾困。近年来,台州银行业不断深化全国小微金改试验区建设,形成了以"专注实体、深耕小微、精准供给、稳健运行"为主要特征的小微企业金融服务。

开展小微企业金融服务创新改革。小微企业是保证国民经济平稳运行的重要基础,对提高国内生产总值、增加财政收入、促进创业创

---

① "1＋7"政策中的"1"是指《关于进一步优化服务发展环境的意见》,其主要内容是对优化服务、提供保障、加强监督等提出了要求;"7"是指《台州市人民政府关于实施商事登记制度改革推动民营经济发展的若干意见(试行)》《台州市政府投资项目联合审批办法(试行)》《台州市企业投资项目联合审批办法(试行)》《台州市行政审批中介机构服务管理办法(试行)》《台州市行政审批标准化建设实施方案(试行)》《台州市网上行政审批实施办法》和《关于建立市及椒江区联动机制实行工业企业投资项目提速审批的实施意见》等 7 个政策文件,其主要内容是关于行政审批的实体性、程序性、时限性等改革创新的做法和要求。

新等都具有非常重要的作用。为提高小微企业"成活率"和生存质量，2012年12月，浙江省委、省政府决定在台州设立浙江省小微企业金融服务改革创新试验区；国务院于2014年10月印发《关于扶持小型微型企业健康发展的意见》，浙江省也已连续启动三轮"小微企业三年成长计划"（2015—2017年，2018—2020年，2021—2023年）。2015年12月，国务院常务会议决定建设浙江省台州市小微企业金融服务改革创新试验区，创建特色鲜明、影响广泛的"台州小微金融品牌"。

深化民间资本投资体制机制改革创新。民间金融服务体系建设是国家或地区金融市场建设的重要组成部分，也是不断完善社会经济产业布局和促进转型升级的重要支撑。2015年12月，国家发改委批准台州民间投资创新综合改革试点，创新"小资本对接大项目，大资本服务小企业"发展模式，以"投资便利化、创业便利化、贸易自由化"的总体思路，推进PPP模式，把社会资金引入公共产品投资领域，增加公共产品供给。

金融创新拓展民企融资渠道。台州城市商业银行（以下简称"城商行"）通过整理、整顿，保留了台州银行、浙江泰隆商业银行、浙江民泰商业银行3家城商行，台州成为全国唯一拥有3家城商行的地级市。2005年，台州银行引进德国IPC（德国国际项目咨询公司）小本贷款业务，开启小微金融实践探索之旅。2006年，浙江泰隆商业银行、浙江民泰商业银行相继改制开业，成为中小企业的伙伴银行。经过城商行、农合行（农村合作银行）的实践与探索，小微金融的服务对象、业务流程、信贷管理、风险控制逐步明确与规范。在全国城商行"清理整顿"政策环境下，台州市委、市政府的努力卓有成效。台州市委、市政府"参股不控股""参与不干预"等做法，充分发挥了城商行作为独立市场主体的作用和能动性。通过引进国际"微贷"技术，结合台州实践经验，提升了小微金融理念层次和高度，实现了金融业与实体经济的耦合共赢。

小微金改畅通融资渠道。从微观层面来看，台州有效构建了以城商行、农商行为主体，以国有银行和股份制银行为两翼，以村镇银行、民资管理、小额贷款为补充的立体式小微金融服务体系。从宏观层面来看，台州围绕省级、国家级"小微金改"试验区建设，于 2014 年首创构建了金融服务信用信息共享平台、小微企业信用保证基金，有效破解了信息不对称难题，并有效为小微企业提供了增信服务，切实解决了小微企业"融资难、融资贵、担保难、担保累"等问题。2015 年设立的小微金融研究院，构建了"借智"平台，营造了良好的区域金融生态环境。通过国家级小微金改，台州市探索了"政府有为、市场有效、企业有利"的小微金融服务模式。在制度环境层面，主动作为、强势推进，营造优良金融生态环境。金融业通过"圈链结合、点面结合"，实现客户下沉、机构下沉、服务下沉，深度服务民营企业。

（三）优化创新创业环境

党的二十大报告指出："强化企业科技创新主体地位，发挥科技型骨干企业引领支撑作用，营造有利于科技型中小微企业成长的良好环境，推动创新链产业链资金链人才链深度融合。"创新创业环境是创新资源和要素互动的网络与系统，是发展地方产业所必需的社会文化环境，是区域经济发展的"土壤"。台州持续优化创新创业环境，聚集创新资源与要素，促进区域经济可持续发展。

民营经济创新发展综合配套改革。台州积极落实省级民营经济创新发展综合配套改革试点。2008 年 10 月，台州市委、市政府开展民营企业市场准入"五放宽"①、区域共性技术服务平台建设、排污权指标调剂和交易改革试点，探索建立民营经济融资保障机制和龙头企业资产并购重组机制等。2009 年 7 月，中共台州市委三届十二次全会作出《关于加快民营经济创新发展综合配套改革的决定》，健全增强民营经济主体活力的体制机制，深化资源要素配置市场化改革，完善促进和

---

①　"五放宽"：放宽企业设立登记审批，放宽企业注册资本限制，放宽经营范围核准，放宽投资者出资方式，放宽企业集团登记条件。

谐创业的体制机制,推进行政管理体制改革,营造良好氛围。

审批制度创新。近年来,台州不断深化商事登记制度改革,积极推动"大众创业、万众创新",不断激发民营经济投资创业活力。为有效落实简政放权措施,台州市委、市政府勇于改革创新,不断深化全区行政审批制度改革,有效提高了行政审批效率,促进了政府服务职能的快速转变。作为浙江省商事登记制度改革唯一试点市,台州紧紧围绕"民营经济创新发展综合配套改革试点和国家民间投资改革创新示范区建设",于2013年率先推出"先照后证""实缴改认缴"等商事登记制度改革,2015年推出基于"三证合一""五证合一"的简易注销改革,2016年推出手机商事登记App、民宿登记管理办法,2017年推出外贸企业"十一证合一"、各部门"多证合一、证照联办"改革,2018年出台《台州市人民政府关于进一步深化商事登记制度改革的若干意见(试行)》,出台十项商事登记制度改革意见。台州商事制度改革领跑全省,有效地促进了民营经济的发展。

发展产业基金创新。台州积极创新财政支持经济发展方式,探索实行市场化运作模式设立各种产业基金,发挥国有资本在项目攻坚中"四两拨千斤"的杠杆和引导作用,引入更多社会资本助推民营经济发展,支持台州经济社会发展。2018年,全市已设立母基金8只,总规模67.5亿元;子基金23只,总规模190.97亿元。这些基金的设立为促进台州企业转型升级、推动创业创新发挥了积极作用。台州以市金融投资公司为龙头,统筹各县(市、区)基金,加大盘活存量财政资金力度,扩大产业基金规模,放大资金使用效应,形成了覆盖企业初创期、成长期、成熟期和上市后再壮大等企业发展各阶段的产业基金体系。2018年,各类产业基金已投资项目32个,其中台州本地项目17个,总投资额1418.7亿元,撬动社会资本投资1361.5亿元。积极运作好已设立的产业基金,争取有意向的产业基金落地,加大盘活存量财政资金力度,扩大产业基金规模,放大资金使用效应,持续深入实施创新驱动产业升级行动。

第三节　经验与启示："有为"政府与"有效"市场

新时代是台州民营经济发展的新的春天。近年来，台州通过深化体制机制改革，制定系列精准政策培育壮大各类市场主体，建设产业发展平台，引进人才、资金等高端要素，实施科技创新计划，对接国内外资本市场，积极应对各种市场风险，开展"最多跑一次"改革，开展"妈妈式"服务营造最优营商环境，紧盯制造业，淘汰落后产能，大力推进先进制造业基地建设，最大限度打开政策空间、激发民营企业活力，促进民营经济创新发展，初步形成了民营经济高质量发展的台州经验。

一、做强实体产业，打造先进制造业基地

制造业是台州民营经济高质量发展的坚实基础。台州市委、市政府积极制定工业转型升级战略，做大实体产业体量，着力推进台州块状经济向现代产业集群转型提升，切实增强台州经济综合实力和国际竞争力。

（一）谋划重点产业布局

战略谋划的重要内容是做好产业发展布局。2003 年 6 月，浙江省委、省政府召开全省工业大会，部署先进制造业基地建设规划，专门阐述了淘汰落后产能的必要性和紧迫性，以及建设先进制造业基地的总要求和总目标。制定了"三大产业带"发展规划，即环杭州湾产业带、温台沿海产业带、金衢丽高速公路沿线产业带发展规划。在"八八战略"指导下，台州也谋划了甬台温临港产业带、"山海水城、和合圣地、制造之都"、"三区两市同城"、建设"两个高水平"台州等战略目标，奋力谱写台州新篇章。围绕台州"七大千亿"产业集群，通过提升、优化

传统产业,促进中高端制造业有效扩张。"十三五"期间,台州通过医药产业、头门港医化园区在新型工业化建设和循环化改造中发挥示范带头作用,大力推行清洁生产、绿色制造和管理,推进生态工业园区建设,实现绿色发展;同时,根据甬台温临港产业带高端制造湾区建设要求以及汽摩配、医药化工、家用电器等十大传统产业优化升级的技术需求,加大产业创新综合体建设,积极推进行业关键核心技术的研发突破,补齐了关键核心技术和重大自主装备短板,提升了台州制造品质,形成竞争新优势。

为深入实施自主品牌战略,台州加快推进"三强一制造"①建设,积极创建"全国质量强市示范城市",推进智能马桶、机电及机械零部件产品国家质检中心建设,积极培育"浙江制造"品牌培育企业和"浙江制造"品牌认证企业;积极开展工业标准化试点,引导产业集群制定和实施先进团体标准,引导企业参与制定(修订)国际、国家、行业标准,牵头制定"浙江制造"标准;同时加快了千亿级主导产业和百亿级新兴产业标准研制,积极构建覆盖各产业主要产品以及与国际接轨的先进标准体系。

(二)培育战略性新兴产业

集聚高端创新资源,向产业链上游突围,破解新兴产业的核心技术、关键问题。台州在产业链中下游的应用技术研发和市场拓展环节已有良好基础,亟待向产业链上游的核心技术环节寻求突破。在这一关键时期最需要政府加强产业政策引导,应围绕新一代信息技术、高端装备制造、生物医药等战略性新兴产业发展需求,实施"全产业链"布局,遴选一批"卡脖子"、示范带动性强的关键技术,整合"政产学研资"资源,组建协同创新联盟,打通基础科学研究、前沿技术创新、关键核心技术攻关、科技成果转化、产业化发展等各环节,尽快解决"缺核

---

① "三强一制造":"质量强市、标准强市、品牌强市"和"浙江制造"。

少芯"问题,扭转核心技术、关键零部件、重大装备受制于人的局面。

　　培育壮大战略性新兴产业则是构建高端高质高新的现代产业体系,进而引领带动现代化经济体系建设的关键。"十四五"时期,中央政府提出要加快发展现代产业体系,发展战略性新兴产业。2020 年 6 月 28 日,浙江省委十四届七次全会作出决议,把"做优做强数字经济、生命健康、新材料等战略性新兴产业、未来产业"作为建设"重要窗口"的 13 项重大标志性成果之一。台州依托沿海产业带优势,围绕生物医药、航空航天等"七大千亿"产业,积极谋划、建设了一批对产业整体水平提升和产业链完善具有关键性作用的"大、好、高"项目,推动全市战略性新兴产业上规模、上水平。通过执行《中国制造 2025》规划,大力推进智能制造产业发展,促进工业化与信息化深度融合。长期围绕加快数字与技术对实体经济的提升改造,有效延长产业链,推进制造服务转型。同时,台州大力发展云计算、物联网、大数据和人工智能等信息产业,争创省级"两化"深度融合示范区;实施"云—网—端"协调发展战略,推进网络基础工程、云计算公共服务平台和智能终端感知系统建设;积极筹建新一代信息网络与人工智能产业研究院,启动规划建设未来信息、网络产业小镇,引进和培育一批创新型信息研发与人工智能企业。

（三）突出工匠精神

　　建设高标准市场体系是实现经济高质量发展、构建新发展格局的重要环节,党的十九届五中全会指出,经济、社会、文化、生态等各领域都要体现高质量发展的要求。台州深入推进创新驱动,强化高质量发展战略支撑,深入实施创新驱动战略,扎实推进"科技新长征",争创国家创新型试点城市,大力推进产业创新大平台、科技创新公共服务平台、科技孵化器等各类科技创新平台建设。

　　制造业的发展要坚持以供给侧结构性改革为主线,将精品战略理念融入工业和信息化发展各领域、各层面、全过程,大力弘扬工匠精神,提升供给体系质量。台州加强与名院名校共建创新载体,建成了浙大工程师学院台州分院、南科大台州研究院、浙工大台州研究院,推进了北航研究院建设,构建了一批高能级创新平台和高水平产业合作平台。同时,台州还加快构建以企业为主体,以制造业创新中心、企业研发机构和公共技术服务平台为支撑,以"万众创新"为基础的制造业协同创新体系,围绕传统产业升级和战略性新兴产业发展的前沿技术需求,加强协同攻关,形成创新成果,加快转化应用。

坚持做强增量和调优存量并举,既聚焦关系国计民生和产业命脉的领域,加快发展先进制造业,培育世界级先进制造业集群,又瞄准国际标准,大力推进企业技术改造,发展现代生产性服务业,推动先进制造业和现代服务业深度融合,实现高质量发展。落实"科技新长征",跻身浙东南国家自主创新示范区,引进培育科技服务机构,促进科技成果转化。充分发挥创新载体和资源优势,加快集聚创新要素,下大力气补链、强链、延链,形成创新驱动"聚能环"。加强知识产权强市建设,加大专利保护和商业秘密保护力度。深化人才新政,引育一批带技术、带项目、带资金的领军型创新创业人才团队,加强企业家、科技人才、高技能工匠等人才队伍建设,加大跨境人才和项目引进力度,进一步完善创新创业环境。

(四)优化制造业组织基础

企业是先进制造业基地建设的主体,大企业是一个地方经济实力和区域形象的代表。按照市场经济要求和制度创新规律,引导企业瞄准国际同行业一流企业寻找差距,明确赶超目标和措施,围绕主业突出、拥有自主知识产权和培育国际竞争力的目标做大做强,充分发挥规模效应,成为参与国际产业分工竞争的主力军。进一步加大扶优扶强力度,壮大企业规模。台州通过加强梯次培育,全力打造"小微企业三年成长计划"浙江样本台州模式,推动企业"个转企、小升规、规改股、股上市",完善"市级高新技术企业—省级科技型企业—高新技术企业—创新示范企业"的阶梯式培育机制,不断壮大创新主体队伍。积极贯彻落实"凤凰行动",大力推进"128"股改上市三年行动计划,完成股份制企业改造目标。建立高新技术企业培育备选库和上市企业培育库,加快形成一批"专、特、精、强"的高新技术企业和科技型企业。实施"2211"企业培育工程,培育一批"航母企业""旗舰企业""瞪羚企业",打造一批在细分行业能够在全国乃至世界占据领先地位的"单打冠军"企业和"隐形冠军"企业。

坚持以信息化带动工业化,充分发挥信息化的倍增和催化作用,推动互联网信息技术和实体经济特别是制造业的深度融合。台州顺应第四次工业革命发展趋势,积极探索新技术、新业态、新模式,探寻新的增长动能和发展路径。坚持以数字化、网络化、智能化为主攻方向,发挥制造大国和网络大国的双重优势,推动互联网、大数据、人工智能等信息网络技术与制造业深度融合,促进工业经济向数据驱动型创新体系和发展模式转变。前瞻性布局工业互联网,打造一批具有生态控制力的平台型企业,加快发展数字经济。积极推动小微企业与现代科技、现代金融对接,整合资源要素,带动小微企业实现创新、协调发展。鼓励和支持企业创建省级重点企业研究院(技术中心),加快院士专家工作站和博士后工作站建设步伐;支持培育企业通过组建产业技术创新战略联盟,重点解决产业链中共性关键技术难题;鼓励企业实施全球化战略,收购国外品牌营销网络,成长为具有较大影响力、国际化程度较高、在同行业中处于领先地位的知名企业。

二、注重科技创新,打造经济发展新动力

台州始终把科技创新作为民营经济裂变发展的第一动力,深入实施创新驱动发展战略,科技创新能力和实力不断提升,产品质量不断提高、产业档次不断提升。

(一)构建社会创新体系

针对民营企业长期存在的创新投入严重不足的问题,台州通过构

建全市创新服务体系,以科技创新为台州民营经济高质量发展赋能,促进产业迈向价值链中高端。一是搭建创新平台。打造科创服务平台,引导民营企业更加自主地把自主创新作为企业再创新辉煌的核心要素,全面提升企业产品的市场影响力,增强企业的核心竞争力;加快提升浙大工程师学院台州分院、浙工大台州研究院、浙江清华长三角研究院台州创新中心、南科大台州研究院等公共创新平台的科创能力;全力创成国家高新区,打造台州科技城,推进环台州湾创新走廊建设,形成"一区一城一廊"创新大平台,积极融入国家自主创新示范区,促进传统制造业的转型升级。二是加强创新保护。台州民营企业习惯于"拿来主义",大多数企业倚重于"低成本"复制和模仿,部分企业甚至没有研发预算。知识产权侵权现象比较普遍,而且维权成本过高、效率过低,导致龙头企业不敢在台州投入研发。对此,台州要高度重视创新保护,加大维权力度,营造良好的创新环境。三是认知创新规律。开展创新服务和创新教育,让民营企业认知创新基本规律和方法。逐步实现模仿创新向自主创新转型,通过创新积累,不断提升行业地位。四是增强创新激励。研究出台普惠制创新激励政策,鼓励民营企业加大 R&D 投入。引导龙头企业积极参与国际标准、国家标准和行业标准的制定。五是培育科创型企业。以产业创新服务综合体为载体,引导企业加大科创投入,培育一批核心技术能力突出的创新型企业。

(二)持续深化小微金改

紧抓国家级小微金改试验区建设的契机,借助国家级试点"一事一议"政策优势,在小微金改领域创造出新的经验、新的亮点,充分激发改革活力,更好地服务实体经济、服务乡村振兴。在巩固和深化信保基金、信用信息共享平台、专营化金融机构等做法的基础上,重点开展小微金融服务标准化、动产质押融资等全国试点工作。打造信保基金 2.0 和金融服务信用信息共享平台 3.0,推动信保基金增量扩面,深度开发信用信息共享平台大数据,实现小微企业融资需求和银行金融产品线上无缝对接。积极盘活企业无形"知产",深化商标专用权质押国家级试点,创新推进动产质押融资和专利权质押融资,提升小微企业申贷获得率和小微金融服务的覆盖面、满意率。建立公益性质的市县两级小微企业培育辅导机构,构建新型联合辅导体系,提升小微企业的规范化水平和竞争力。推进金融安全示范区建设,深化社会信用体系建设示范城市、全国小微企业信用体系试验区建设,持续优化金融生态环境。

（三）做强供应链

基于台州制造业的现实基础,从产业链视角,实施"强链工程",打造具有独特竞争优势的供应链。一是实时"补链"。绿色发展是新时代的重要特征。随着环境保护要求不断提高,以及深入实施"三改一拆"和老旧工业点改造,部分初级加工链被割裂。需要通过建设"小微工业园",促进小微企业集聚发展,弥补缺失的"加工链"。二是转型"强链"。利用新增"大湾区"空间,结合台州制造业原有的产业布局,通过增量发展牵引存量转型,全面优化"台州制造"的空间布局。充分发挥行业龙头企业在产业转型发展过程中的核心作用,倡导分工合作,积极培育供应链体系,按照"小而美"的要求孵化上下游合作企业,提升产业协作能力。

（四）优化服务链

立足于"两个健康"①,构建"亲清"政商关系,更好服务于民营经济,服务于"台州制造"。基于充分的实地调查研究,识别民营企业发展面对的困难和障碍,构建精准、高效的服务链。一是优化营商环境。倡导"公平、公开、公正"的市场经济秩序,构建有效的市场机制,市场化配置土地、资本、技术等关键资源。积极提升科学、教育、医疗、文化

---

① "两个健康"：非公有制经济的健康发展和非公有制经济人士的健康成长。

等软实力,营造更优越的社会环境,融合台州优美自然环境、浓厚文化底蕴,逐步增强吸纳人才的能力。二是规范市场准入。按照"法无禁止皆可为"原则,全面放开民营经济市场准入空间。按照"法无授权不可为"约束政府行为,国有资本在竞争性领域做到"不与民争利",在公共服务领域恪守"社会效益最大化"。三是完善制度安排。从顶层设计视角,研究民营经济促进政策,增强政策的引导性和有效性。在扶优扶强、产业政策制定方面,要由差异化、选择性向普惠化、功能性转变。

三、深化开放合作,融入全球创新网络

融入全球创新网络,就要统筹利用两种资源、两个市场,实行更加积极的开放战略,将"引进来"与"走出去"更好地结合,拓展新的开放领域和空间,提升国际合作的水平和层次,推动重点产业国际化布局,引导企业提高国际竞争力。精准定位台州在全球、全国的制造业产业分工角色,以开放合作推动制造业迈向高端化、国际化。以头门港经济开发区、台州湾循环经济产业集聚区等沿海重要产业园区为依托,瞄准世界 500 强企业、国际行业龙头企业,做好浙洽会(中国浙江投资贸易洽谈会)、厦洽会(厦门国际投资贸易洽谈会)和甬台舟港澳五市经贸活动、台州投资项目推介会等一系列招商工作;加强与长三角城市经济协调会联系对接,促进与上海、杭州、宁波等周边城市的交流合作,以合作项目为纽带,推动对接大湾区建设,融入长三角经济圈。

台州加大招商引资力度,突出企业引资、产业引资、园区引资,充分发挥企业在招商引资中的主体作用,加快引进资金、人才、先进的技术和管理理念。引导外资投向新一代信息技术、高端装备、新材料、生物医药等高端制造领域,鼓励境外企业和科研机构在台州设立全球研发机构。积极推进"一带一路"框架下的国际交流合作,加快推进与周边国家互联互通基础设施建设,建设"数字丝绸之路""创新丝绸之

路"，共建网络空间命运共同体。加强外贸综合服务平台建设，加快跨境电商发展，促进台州市跨境电子商务园区和产业集群建设，鼓励和支持有条件的企业设立海外仓和体验店，抓好广交会（中国进出口商品交易会）、华交会（中国华东进出口商品交易会）、德国汉诺威工业博览会等展会组展工作，促进"台州制造产品"行销全球。以台州湾循环经济产业集聚区中德（台州）国际产业合作园为主平台，积极引进一批德资和具有德国技术与资金背景的企业，重点发展汽车制造、航空装备、通用机械、智能制造、工业服务等产业，打造台州德资高端制造业集聚区。推进一批国别园区和浙江（玉环）对台经贸合作区等国际产业合作园建设，以东盟博览会、"国外机构走进台州说明会"等投资促进活动为重点，抓住"一带一路"发展契机，与境外经贸合作园区对接，推动更多企业"走出去"。鼓励有实力的企业参与建设境外工业园区，鼓励企业建立海外研发中心，创新利用海外资源，融入全球创新网络，培育先进制造业跨国企业，提高先进制造业国际化水平。

四、加强要素保障，优化公共服务供给

低效配置是行业发展"不平衡、不充分"的重要因素，也是生产关系不适应生产力发展的重要体现。实现经济高质量发展、构建新发展格局需要加强制度政策供给，优化先进制造业发展环境。注重发挥政策引领作用，落实产业发展支持政策，促进产业政策与财税支撑、金融服务良性互动，构建发展新格局。注重发挥人才支持作用，加大教育和人力资源开发，加快建设多层次产业人才队伍，激发人才创新热情。台州通过推动政策创新突破，提高政策措施的针对性和有效性。一是加强产业政策的制定。聚焦经济高质量发展，抓创新、促升级，从要素使用、平台建设、环境完善等角度，分门别类研究制定了精细化的政策措施。二是积极开展政策创新试点。如深化要素分配差异化机制、推进智能制造供给侧结构性改革、落实股改新政等，助力先进制造业发

展。三是加强政策落地确保实效。聚焦重点行业、重点地区、重点项目,精准发力、定向施策,在精准落地上下实功,注重释放改革红利。

台州通过落实切实有效的措施,激发了市场新活力。优化政务服务,以"最多跑一次"深化"放管服"改革,积极推进"五张清单一张网"建设,精简项目审批流程,严格按照行政权力清单进行审批,推进投资项目高效、分类审批,深化代理代办服务;探索实施行政审批全流程标准化建设,推进"互联网+政务服务"。落实降低实体经济企业成本行动方案,切实减轻企业税费负担。深化小微金融改革,深化国家级小微企业金融服务改革创新试验区建设,完善多层次金融组织体系,争创国家级小微企业金融服务标准化试点;推进"政银企保"合作,推进信保基金扩容,拓展信保基金覆盖面和受益面,开展创业保险试点和小微企业成长综合保险试点。强化用地保障,建立了以"亩均、人均效益"为导向的工业综合评价体系和要素资源差别化配置机制,大力推进空间换地、零地技改、旧厂区改造和"腾笼换鸟",引导企业提高亩均投资和亩均产值。加强公共服务体系建设,增加公共产品和服务供给,为创业者提供更多机会;规范企业信用信息发布制度,建立失信违法市场主体联合惩戒制度,探索运用信用手段加强事中事后监管,形成公平有序的竞争环境,激发了各类市场主体发展活力。

敢闯敢拼的台州人,乘着改革开放的东风,书写了一段民营经济迅速发展的辉煌历史。作为改革开放先行区、民营经济重要发祥地、股份合作经济发源地,在这里,99.5%的企业是民营企业。敢作敢为的台州人,抢抓转型升级的契机,描绘了中国民营经济凤凰涅槃的鲜活样本:从家族企业走向现代企业,从自我积累的内生发展走向海外并购的裂变式发展,从"低散弱"和块状经济走向"七大千亿"级产业集群,从立足国内到扬帆世界。改革开放以来,尤其是实施"八八战略"以来,台州民营经济从小到大、从弱到强,发展成为台州强市之基、富民之本、活力之源、制造之根。经历一次次的嬗变,眼下的台州再次奏响民营经济新辉煌的华章。

第二章 加快海洋经济发展

海洋经济是以海洋和海岸带为依托的经济活动的总称,几乎渗透到国民经济的各个领域。2003 年 5 月 13 日至 16 日,习近平同志在舟山、宁波、台州考察调研时强调,进一步加快浙江省海洋经济发展。[①]纵观世界经济发展的历史,一个明显的轨迹就是由内陆走向海洋,由海洋走向世界、走向强盛。21 世纪是海洋的世纪,海洋是经济社会发展重要的战略空间,是当今世界各国赢得竞争优势的战略制高点,是各国赖以生存的"第二疆土"和"蓝色粮仓",是孕育新产业、引领新增长的重要领域,在各国经济社会发展全局中的地位和作用日益突出。受惠于温和的气候、适量的降雨和运输的便利,世界人口向沿海集聚,沿海地区人口数量已超过世界人口总数的三分之一,沿海集聚的财富已超过世界财富总量的二分之一。海洋经济已成为我国特别是东部沿海地区经济发展的重要引擎和对外开放的重要抓手。

第一节 背景与内涵:发展海洋经济的系统思考

一、"发展海洋经济"纳入"八八战略"

浙江是名副其实的海洋大省,海岸线总长 6715 公里,占全国总长

---

① 《习近平在舟山宁波台州考察调研时强调以"三个代表"重要思想为指导进一步加快我省海洋经济发展》,《浙江日报》2003 年 5 月 17 日。

的 20.98%,居第一位,其中大陆岸线 2218 公里,海岛岸线 4497 公里;全省范围内的领海与内水面积为 4.44 万平方公里,连同可管辖的毗连区、专属经济区和大陆架,面积达 26 万平方公里;面积大于 500 平方米的岛屿 2878 个,占全国的 40%以上,居第一位。习近平同志在浙江工作期间,把发展海洋经济提到十分重要的战略位置和议事日程,先后用 4 个多月调研 18 个沿海县(市、区),11 个岛屿,并强调指出,做好海洋这篇大文章,是浙江的一项战略任务。[①]

2003 年初,浙江省委、省政府将"充分利用海洋资源,加快海洋经济发展"列入领导调研计划和年度重点工作。发展海洋经济有利于浙江省扬长避短,充分发挥资源优势,实施可持续发展战略,增强发展后劲;有利于浙江省抓住机遇,进一步拓展新的发展空间,拓宽经济领域,增强综合实力;有利于浙江省扩大开放,积极参与长江三角洲地区经济合作与发展,大力发展外向型经济,增强国际竞争力。2003 年 5 月 13 日至 16 日,习近平同志在舟山、宁波、台州调研时指出,要进一步加快浙江省海洋经济发展,以规划为先导,以科技进步和体制创新为动力,以港口城市和中心海岛为依托,以发展临港大工业为突破口,加快海洋资源综合开发,加快海洋基础设施建设和环境保护,进一步扩大海洋经济总量,优化海洋产业结构和布局,不断提升提高海洋经济综合实力和可持续发展能力,走出一条具有浙江特色的海洋经济与陆域经济联动发展的路子。[②] 2003 年 7 月 10 日,中共浙江省委十一届四次全体(扩大)会议提出"八八战略"并将"大力发展海洋经济"纳入其中。2003 年 8 月 18 日,浙江省海洋经济工作会议对发展海洋经济作出了全面部署。之后,《关于建设海洋经济强省的若干意见》《浙江海洋经济强省建设规划纲要》《浙江省海洋环境保护条例》等重要文件或法规陆续出台。

[①] 《争做建设海洋强国排头兵》,《浙江日报》2018 年 4 月 19 日。

[②] 《习近平在舟山宁波台州考察调研时强调　以"三个代表"重要思想为指导　进一步加快我省海洋经济发展》,《浙江日报》2003 年 5 月 17 日。

二、台州发展海洋经济充满机遇

台州是海洋大市，优势在海，希望在海，潜力在海。习近平同志关于经略海洋的重要论述，无疑为台州拓宽经济发展领域和空间、推进"港产城湾"一体化提供了理论指导和战略指引。

（一）发展海洋经济有利于拓展经济发展的新空间

台州陆地面积 9411 平方公里，人均耕地只有 0.41 亩，远低于联合国粮农组织确定的 0.8 亩警戒线。随着城市化、工业化的迅速推进，经济社会发展与土地资源、水资源的矛盾将更加尖锐。而从海洋来说，台州是一个资源和环境容量较大的地级市，岸线长度、滩涂面积、海岛数量均列浙江第 2 位。领海和内水面积约 6910 平方公里，相当于陆域面积的 73.4%，占浙江省的 16.3%；大陆海岸线长约 726 公里，占浙江省的三分之一；海岛 921 个（其中横仔屿与温州共管），有居民海岛 27 个，无居民海岛 894 个，海岛陆域面积约 273.76 平方公里；海洋能资源富集，可开发潮汐能理论容量 104.81 万千瓦，年可发电 26.81 亿千瓦·时；滩涂资源分布集中，以淤涨型为主，单片面积 5 万亩以上的有 6 处，总面积约 68.61 万亩，占全省的 20%。海岛和滨海地区不仅自然风光优美独特，汇聚着山岳、水体、海岸等多种景观，而且人文景观荟萃，古迹众多，具有很高的旅游开发价值。丰富的"港、涂、岛、能、渔、景"等资源，可以有效缓解台州陆域经济发展面临的资源、环境、人口压力，为台州经济社会发展提供新的空间和要素保障，优化陆海生产力布局，促进"港产城湾"一体化。

（二）发展海洋经济有利于扩大对外开放的新舞台

台州地处我国南北中心点、海陆交界处，处于长三角经济区、海峡西岸经济区的接合部，邻近太平洋、印度洋、大西洋三大国际航线交汇点，历来是我国南北海运的中枢地带。"三面环山、一面向海"的地域特点，使海洋自古以来就是台州走向世界的开放大通道，光绪二十四年(1898),海门港正式立埠通商,有"小上海"之称,台州堪称古代"海上丝绸之路"的策源地和东线的发祥地。现代港口是连接陆域经济与海洋经济的关键枢纽,台州港是浙江省沿海地区重要港口,是连接长三角港口群的"大通道",是国民经济变化的"晴雨表",在对外开放中扮演着重要角色。台州港口资源丰富,规划港口岸线总长达96.23公里,其中可建万吨级以上泊位的深水岸线30.75公里,设"一港六区多港点",头门、大麦屿、健跳等港区条件优良。丰富的港口资源和陆续开放的海港口岸,有助于台州发挥港口"硬核"力量和海上区位优势,深化对台运输和贸易合作,主动对接上海港、宁波舟山港强大的揽货能力和航线资源,深度融入长三角一体化和经济全球化,在更高层次上推动对外开放,打造高能级发展平台,最大限度释放海港对外开放的政策红利,服务"两头在外"的台州民营经济。

(三)发展海洋经济有利于培育发展新动能

海洋是新兴产业的"策源地",海洋经济既包括海洋渔业、海洋交通运输业、盐业等传统海洋产业,也涵盖海洋油气业、滨海旅游业、海水利用业、海洋生物医药业以及海洋船舶、海洋化工等临港工业,涉及整个国民经济的15个门类中的13个,其中相当一部分产业融合了现代科技成果,是知识、技术、资金密集型产业。改革开放以来,台州曾创造了以"民营主导+政府推动"为主要特征的"台州现象",助力台州经济跨越式发展,跻身全国发达城市行列。但台州民营经济总体上产业层次比较低,企业技术水平比较低,产品附加值比较低。在人均GDP达到2000美元后,迫切需要加快产业结构调整,实现台州经济和产业结构凤凰涅槃、腾笼换鸟。丰富的海洋资源不但是台州建设的空间资源,也是经济裂变发展和高质量发展的重要依托与蓝色引擎。台州在巩固海洋传统产业的同时,把发展海洋生物医药、海水淡化与综合利用、海洋可再生能源、海洋高端装备、海洋信息服务业等战略性新兴海洋产业作为重中之重,有利于推进经济结构战略性调整,构建起多元发展、多极支撑的现代海洋产业体系，形成一批有国际竞争力的优势企业和优势产品，促进台州产业链迈向全球价值链中高端，实现经济裂变扩张、赶超发展。

三、"加快海洋经济发展"的科学内涵

（一）陆海联动、海陆一体

海洋经济是陆海一体化经济。海洋经济横跨陆海，涉及海洋各类产业及相关经济活动，涵盖领域十分广泛。海洋的大规模开发，需要强大的陆域经济支持；陆域经济的进一步发展，必须依托于蓝色国土，发挥海洋优势。为此，要坚持陆海联动、海陆一体，将蓝色国土与陆地领土视为平等且不可分割的统一整体，实现陆海之间资源互补、产业互动、布局互联、设施互通，为浙江在新一轮竞争中继续保持领先地位拓宽思路、开阔视野。

（二）向海而生、依海而兴

海洋经济是可持续发展的经济。在人口膨胀、资源短缺、环境污染日益突出的今天，海洋已成为人类可持续发展的重要战略依托。习近平同志指出，按照"发挥优势、强化规划、突出创新、协调发展"的原则，进一步明确浙江省海洋经济发展目标，深入研究海洋渔业结构调整、港口建设、临港工业发展、海岛基础设施建设、海洋旅游开发、科技兴海、滩涂围垦、海洋环境保护和治理等重大问题。[①] 为此，要坚持向海而生、依海而兴，厘清浙江发展海洋经济思路，优化生产力布局主轴线，建立现代化海洋经济体系，促进海洋经济高质量发展。

（三）勇立潮头、奋楫争先

海洋经济是资金密集型经济，现代港口建设、临港工业发展都需

---

① 《习近平在舟山宁波台州考察调研时强调以"三个代表"重要思想为指导进一步加快我省海洋经济发展》，《浙江日报》2003年5月17日。

要大量的资金投入,加快发展海洋经济必须深化改革,加快体制机制创新,充分发挥市场配置资源的决定性作用和调动各方面开发海洋的积极性。浙江省第三次海洋经济工作会议提出,无论是企业发展还是项目建设,都要用改革的思路、市场经济的办法来推进。为此,要坚持勇立潮头、奋楫争先,推动加大利用外资,吸引民间资金参与海洋开发保护,形成多元化的投入机制和市场化的运作机制。

（四）以海引陆、区域一体

海洋经济是开放经济,自古以来,海洋就是开放的象征,人类的开放历程就是利用海洋、征服海洋的历程。浙江省第三次海洋经济工作会议提出,要发挥浙江省的区位优势和港口资源优势,大力发展"大进大出"经济,在更高层次上实现"两头在外",推动开放型经济再上新台阶。为此,要坚持以海引陆、区域一体,谋划推动长三角区域一体化国家战略、"一带一路"建设、省海港一体化、自贸区建设、义甬舟大通道、"义新欧"中欧班列开通运行等。

（五）科技兴海、创新发展

海洋经济是高附加值经济。海洋经济融合了现代科技成果,是知识、技术集中发力的经济。浙江省第三次海洋经济工作会议提出,加快发展海洋经济,使海洋产业发展成为浙江省国民经济的支柱产业,成为浙江省新的经济增长点,必须深入实施科技兴海战略。为此,要坚持科技兴海、创新发展,推动浙江海洋院校和重点学科建设,催生关键技术和共性技术研发,形成一批生物医药、海盐及海洋化工、海洋环保、海水综合利用、海洋能源开发等新技术和新产品,为加快发展海洋战略性新兴产业、推进经济结构的战略性调整提供不竭动力。

（六）依法治海、与海为善

海洋环境是人类生存环境的重要组成部分,是生态省建设的重要内容。浙江省第三次海洋经济工作会议提出,要树立全面的发展观,正确处理好发展海洋经济与保护海洋环境的关系,加快经济发展和社会全面进步的关系，坚持海洋经济发展规模、速度与资源环境承载能力相适应，坚持海洋资源开发利用与海洋生态环境保护相统一。为此，要坚持依法治海、与海为善，尊重自然、谋求人与自然和谐发展的价值理念和发展理念，建设美丽海洋、美丽浙江。

第二节　实践与成效：为台州经济高质量发展提供支撑性力量

台州历届市委、市政府始终将发挥台州海洋资源优势与建设海洋经济强省战略有机结合，积极推进重点区域和重点项目的建设，向海发展，蓝色崛起，向海洋要资源、要空间、要潜力、要增长点，推动了"八八战略"在台州海洋领域落地生根。

一、台州推进海洋经济发展的阶段与举措

从历史维度分析，台州海洋经济实践推进大致划分为四个阶段。

（一）贯彻海洋经济强省战略，开启探索海洋开发新征程（2003—2010 年）

浙江省第三次海洋经济工作会议提出，到 2010 年海洋经济总量、产业结构和布局、海洋经济强市强县、海洋生态环境等四大具体目标。2004 年，台州市委、市政府部署召开全市海洋经济工作会议，明确提出海洋经济强市目标任务，会后出台《关于建设海洋经济强市的若干意见》（台市委〔2004〕1 号），首次编制印发《台州市海洋经济发展规划》，开始将海洋经济发展引上快车道。2006 年，台州市委、市政府提出发展海洋经济的"以港兴工、海陆联动、拓展空间、合理开发"16 字方针，出台《关于加强海洋经济工作的若干意见》（台政发〔2006〕66号），要求加快形成"一港三湾六区"海洋经济区域格局，实现从海洋经

济大市向海洋经济强市转变。2008年,台州市委、市政府着眼于新一轮创业创新,明确提出"三个台州"战略,要遵循海陆整体性、港城互动性、海洋经济主导性、生态依赖性,建设海上台州,推动主攻沿海发展落细落实。

(二)建设海洋经济发展示范区,打造海洋经济发展新引擎(2011—2015年)

2011年,国务院批复《浙江省海洋经济发展示范区规划》,包括台州在内的海洋经济发展正式上升为国家战略举措。台州市委、市政府牢牢把握海洋经济发展示范区建设上升为国家战略的机遇,坚持海陆联动、江海联结、山海协作,以"主攻沿海、创新转型"和"一都三城"为发展主线,编制实施《浙江海洋经济发展示范区规划台州市实施方案》,出台《关于促进海洋经济科学发展的政策意见》(台市委〔2011〕5号),设立台州市海洋经济专项资金,以台州沿海产业带建设为主平台,打造大平台,开发大港口,构建大产业,建设大项目,不断优化沿海空间布局,推动"海上丝路港城"建设,构建"一港三湾诸岛"的海洋经济发展格局,建设全省乃至全国循环型临港产业示范基地、"三位一体"港航物流重要基地、民营经济促进海陆联动开发开放示范区、海洋海岛海湾生态保护提升发展示范区。

(三)全面建设湾区经济发展试验区,迎来台州大湾区建设新时代(2016—2020年)

2016年,浙江省政府工作报告明确指出,支持台州规划建设湾区经济发展试验区。台州市委、市政府深入贯彻大力发展湾区经济的决策部署,把发展海洋经济着力点放在大湾区上,以打造"山海水城、和合圣地、制造之都"为契机,以"五大发展理念"为引领,坚持生态优先、科技兴湾、陆海统筹、开发保护并举、港产城融合、区域协同等原则,出台《关于建设湾区经济发展试验区的实施意见》(台政办发〔2016〕93号)、《台州湾区经济发展试验区建设行动计划》(台市委发〔2018〕75

号），打造协同发展、创新创业、开放包容、绿色宜居的湾区，构建创新驱动的现代产业体系、"三生"融合的空间布局体系、生态优先的资源环境体系、功能完善的基础设施体系。随着浙江省大湾区大花园大通道大都市区"四大"建设的提出和深入推进，台州海洋经济发展迎来了大湾区建设的新时代，对新时代民营经济高质量发展强市建设的支撑作用愈发明显。

（四）贯彻海洋强省建设战略，开创海洋强市建设新辉煌（2021 年至今）

在迈入高水平全面建设社会主义现代化、高质量发展建设共同富裕示范区新征程上，浙江省第十五次党代会围绕"两个先行"，以"四大建设"能级整体提升为牵引，提出"建设世界级大湾区""建设国家经略海洋实践先行区""迭代建设温台沿海现代产业带"等经略海洋、向海图强的思路。浙江省委、省政府在 2021 年、2022 年连续召开海洋强省推进会，提出"进一步放大海洋优势、激发海洋价值，加快建设依海富民、向海图强、人海和谐、合作共赢的海洋强省"。台州市六届一次党代会聚焦"三高三新"，把发展海洋经济作为重塑现代化经济体系、培育高能级城市的重要内容，提出"坚持向海图强，推进科技兴海，以更大力度统筹岸线、港口与腹地，在全省临港产业带建设中勇当最具爆发力的新增长极"，"坚持'三湾联动、山海共兴'，全市域推进港产城湾一体发展"。台州市政府深入贯彻浙江省第十五次党代会和台州市六届一次党代会精神，召开海洋经济发展暨临港产业带建设大会，发布《台州市临港产业带发展规划》，提出"建设世界知名现代海洋城市、全球一流临港产业带"的总目标，印发实施《台州市支持临港产业带建设政策 20 条的通知》（台政办发〔2022〕46 号），吹响台州续绘"经略海洋、向海图强"新蓝图的冲锋号，海洋强市建设踏上了新征程。

二、台州海洋经济发展的主要成效

(一)海洋经济实力显著增强

2003 年以来,台州的海洋产业从单一的"舟楫之便、渔盐之利"的"小舢板"发展到集聚海洋渔业、港口海运、电力能源、海洋装备制造、滨海旅游等五大主导产业的"航空母舰",海洋经济总产出从 2002 年的 282.86 亿元上升到 2022 年的约 2630 亿元;海洋生产总值从 2002 年的 91.11 亿元上升到 2022 年的约 1024 亿元,占 GDP 比重从 2002 年的 10.61% 提高到 2022 年的 16.95%。2002 年水产品总产量 141.1 万吨、渔业产值 84.32 亿元、渔民人均收入 7059 元;2022 年分别为 145.68 万吨、329.58 亿元、34961 元,特别是在"十三五"期间国内海洋捕捞减量 23.5% 的前提下,海洋渔业发展更可持续。2022 年,台州港口货物吞吐量 6421 万吨、集装箱吞吐量 57.36 万标箱,与 2002 年相比分别增长 2.98 倍、13.56 倍;沿海船舶运力 381 艘、548.71 万载重吨,平均吨位达到 14402 载重吨,运力规模居全省第三、平均吨位居全省第二。2022 年,台州水路货物周转量 1774.24 亿吨公里,比 2002 年增长近 7 倍。临港能源实现从无到有再到各类电源齐全的历史性跨越,海洋风能、潮汐能装机容量 7.19 万千瓦,玉环华能、三门浙能大型火电、三门核电 AP1000 机组运行发电,装机容量 1530 万千瓦。台州成为我国华东地区重要的能源基地。海洋装备制造成果丰硕,"张謇"号、"沈括"号等一批国内一流科考船以及亚洲最大的重大件远洋特种甲板运输船"至宪之星"号成功试水,造船工艺实现新跨越。海洋生物医药优势集聚,椒江绿色药都小镇、临海国际医药小镇同时入选浙江省第三批特色小镇创建名单。

(二)沿海开发平台完成构建

2003 年以来,台州充分利用滩涂后备土地资源优势,科学开发海涂资源,保障了台州沿海重点区域发展的要素供给,促成沿海高速、台金铁路、三门核电、浙能台州第二发电厂等重大交通能源项目相继落地。充分发挥海洋空间优势，相继开展 12 个重点区块、760 平方公里的沿海产业带规划建设。特别是围绕浙江大湾区建设，全力推动湾区平台整合，形成"2+11"产业平台体系。统筹发展台州湾、三门湾、乐清湾区域，"三湾联动""一体两翼"发展格局基本形成。作为省级六大新区的台州湾新区正式成立，规划控制总面积约 138.46 平方公里，进一步完善大湾区"一环一带一通道"发展格局，着力打造长三角民营经济高质量发展引领区、大湾区临港产业带合作新高地、浙东南先进制造业引领区、台州湾港产城深度融合新城区。成功创建了国家级经济技术开发区、综合保税区、跨境电商综合试验区、浙江自贸试验区台州联动创新区等高能级开放平台，浙台（玉环）经贸合作区入选全省十佳开放平台，三湾六板块"万亩千亿"产业主平台加速构建，为建设制造之都、打造"工业 4.0 标杆城市"提供了广阔空间。

（三）陆海基础设施趋于完善

2003 年以来，台州陆海交通、水利、渔业等基础设施建设提速提档，发生了翻天覆地的变化。截至 2022 年，台州港已建成码头泊位 106 个，其中万吨级泊位 11 个。头门港区已建成 1 座 5 万吨级通用泊位和 2 座 5 万吨级兼靠 7 万吨级通用泊位；大麦屿港区已建成各类码头 17 座，投用万吨级以上码头 6 座，开辟内外贸集装箱航线 11 条，形成了以头门为核心港区，大麦屿、海门为重要港区，统筹发展健跳、龙门、黄岩港区和其他港点的功能布局。甬台温、上三、诸永、台金等高速公路和金台铁路、杭台高铁连接省内外腹地，甬台温高铁贯穿东南沿海，机场航线辐射全国主要城市，形成通达杭甬温都市区 1 小时、长三角重要城市 3 小时交通圈，海铁、海陆、海河等多式联运体系加快构建，初步形成了内畅外联、互联互通的沿海综合立体交通体系。沿海千里标准海塘建成投用，为沿海开发和产业布局筑起了坚实屏障。渔港防灾减灾设施显著改善，建成 13 座标准渔港锚地，有效避风面积

943 万平方米,基本满足 13 级台风下渔船避风需求。

(四)海洋生态建设成效显著

2003 年以来,台州在推进海洋开发和沿海建设的同时,高度重视海洋生态保护。率先发布地级市"三线一单"生态环境分区管控方案,全盘优化生态布局,自然岸线保有率 42.8%,为全省最高,台州湾入选全国首批三个美丽海湾典型案例。入海排污口和近海环境规范整治深入开展,海岸线整治修复扎实推进,椒江大陈岛、临海白沙等一批海岸海岛修复项目完成,重要湾口、岛屿、岸段初步实现了生态化、景观化、整体化治理。建成海洋保护区面积 328 平方公里,占管辖海域比例 4.7%。全面推进沿海 6 县(市、区)开展海洋生态建设示范区创建,玉环成为国家级海洋生态文明示范区,建成玉环国家级海洋公园,建成省级海洋特别保护区 2 处,椒江大陈岛成为浙江省首个省级海洋开发与保护示范岛,椒江大陈、临海东矶海域获批国家级海洋牧场示范区。三门蛇蟠、临海东矶、椒江大陈、玉环大鹿等四大海岛公园被列为浙江省十大海岛公园重点培育对象,海岛大花园建设走在全省前列。玉环漩门湾湿地公园成功申报为国家级湿地公园,获得"中国生态保护最佳湿地"称号。"一打三整治"实施以来,累计取缔涉渔"三无"船舶 9426 艘,整治"船证不符"渔船 837 艘,清缴违禁渔具 40 多万顶;建成人工鱼礁 25 万空立方米,累计放流海洋生物苗种超过 35 亿单位,沿海滩涂"脏乱差"现象有了明显改观,近岸海域水环境质量状况有所好转,渔业强、渔区美、渔民富的目标正在实现。

(五)海洋管理能力不断强化

2003 年以来,海洋执法、环境监测、海域动态监管、海洋预报从无到有,海上"大综合一体化"行政执法改革有序展开,海洋管理能力显著增强。全市配备海洋执法船艇 9 艘,规范配备执法记录仪、对讲机等执法装备。2016—2020 年,全市近岸海域环境监测站位增至 99 个,监测频次增至每年 4 次,监测指标增至 35 项,依法发布环境公报。建立健全市县两级海洋灾害应急指挥机构和应急预案，完成海洋灾害风险调查与隐患排查、防潮警戒水位核定等工作。全市各类海洋观测站点达 14 个，基本覆盖主要岸段、港口、海湾和重要海岛。与国家海洋局东海分局合作共建台州市海洋观测预报系统，建立台州市海洋预报台，在海洋防灾减灾中发挥了重要作用。2019 年，获海洋水环境质量工作"大禹鼎"。建成全市海岸带三维可视化基础数据体系，市级海域动态监视监测水平不断提升，县级海域动态监视监测能力建设基本完成。2021 年以来，以数字化改革为牵引，稳步提升海洋管理能力。"海洋云仓（渔省心）"入选浙江省数字化改革第一批"最佳应用"、浙江省农业农村数字化改革第一批"优秀应用"；"船港通"入选浙江省数字法治"一件事"改革。

第三节　经验与启示：必须坚持六个"不动摇"

海洋经济作为新的经济增长点，日益成为沿海地区加快发展的重大战略。"八八战略"实施以来，台州立足山海水城的自然优势，强化规划、突出创新、协调发展，取得了海洋经济发展的新成就，也形成了海洋经济发展的台州经验。

一、必须坚持陆海统筹不动摇

2003 年以来，台州始终贯彻陆海联动、海陆一体的国土观，坚持陆海统筹不动摇，加强陆海发展顶层设计，强化对陆海一体发展的统筹协调。建立陆海一体发展的体制机制，设立台州湾新区管理委员会和大陈岛开发建设管理委员会，以海洋功能区划和土地空间规划为依据，编制印发台州湾、三门湾、乐清湾区域统筹发展规划，探索编制海岸带功能区划，构建"一线管控、两域对接、三湾联动、多规融合"的海岸带保护与利用总体格局,初步形成海洋经济、环境保护、湾区建设、循环经济、特色基地等陆海一体发展的规划体系。以新一轮机构改革为契机,坚持从山顶到海洋的治理理念,着手编制国土空间规划,推动海陆国土资源供给的量化调控和用途管制,重点解决自然资源所有者不到位、空间规划重叠等问题。注重陆海一体、陆海衔接,探索以海定陆机制,以海洋环境容量决定沿海产业布局,促进陆海经济可持续发展。

二、必须坚持依海发展不动摇

海洋是资源富集的"聚宝盆",是台州发展最大优势、最大潜力,台州自古以"海上名山""东海之门"著称。2003 年以来,台州始终坚持向海而生、依海而兴的发展观,高度重视海洋开发和海洋战略,先后作出"海洋经济强市""海上台州""主攻沿海""海上丝路港城""发展湾区经济""山海水城""海洋强市"等发展战略,海洋发展战略日臻成熟,海洋发展路径更加特色鲜明。台州坚持完善海洋开发布局和规划体系,制定实施一系列政策意见,打造最优海洋营商环境,形成了海洋生产力布局、功能定位、发展机制等系列政策供给,吸引海洋高端要素集聚沿海,促进高端装备、汽车制造、清洁能源、健康医药和休闲旅游等千亿产业集群和海洋特色产业发展,推动海洋产业链迈向高端化、绿色化、智能化、融合化,区域海洋经济特色发展路子基本形成。

三、必须坚持深化改革不动摇

海洋是创新发展的"策源地",是一项开创性的事业。2003 年以来,台州始终坚持勇立潮头、奋楫争先的改革观,用改革办法解决海洋发展前进中的问题。争取中央和省级财政资金,主动对接央企和招商引资,充分发挥台州民资丰厚和机制灵活的优势,运用市场经济办法,引导社会资本进入海洋开发领域,初步形成海洋开发领域的多元投入机制,促进海洋传统产业转型升级和海洋战略性新兴产业快速发展。

随着改革进入攻坚期和深水区,台州以壮士断腕的勇气、凤凰涅槃的决心,将改革进行到底。借力台州小微金改试点和民间投资综合改革试点,加大对海洋开发的投入。率先开展海域使用权市场化配置,推进围填海计划指标差别化管理改革,争取国家"湾(滩)长制"和渔船渔港综合管理改革试点,成功举办全国现场会,实现了整体改革和单项改革同步推进。

四、必须坚持全面开放不动摇

海洋是连接五洲的"大通道",与开放有着深厚的历史渊源。2003年以来,台州始终坚持以海引陆、区域一体的开放观,在开放中谋求海洋合作共赢。口岸是台州现代化湾区建设和新时代民营经济高质量发展的海上门户,台州通过挂图作战、联席攻坚、主动出击,先后争取大麦屿和头门、健跳、龙门港区口岸扩大开放获国务院批复,共开放水陆域面积970平方公里,沿海各港区实现"全面开放"。主动对接"一带一路"倡议、长江经济带发展战略等,加快构建高能级开放平台,创成台州综合保税区,扎实推进玉环和大陈两大示范岛建设,积极打造玉环对台经贸合作金名片和创建国家级"海峡两岸交流基地"。围绕"五个全面对接",推进"十大行动",全域接轨上海,融入长三角一体化发展,与杨浦区、青浦区等上海市辖区开展区域协作,与上海大院名校共建高能级创新平台,借助浙江省海港集团推进头门港区建设和物流运输"弃陆走水",打造世界一流强港"金南翼"。

五、必须坚持科技创新不动摇

海洋是现代科技的"新战场",人类走向海洋的每一步,都与科技进步密不可分,科技创新是海洋事业发展的第一动力。2003年以来,台州始终坚持科技兴海、创新发展的驱动观,积极拥抱数字经济的春天,围绕海洋特色产业链部署海洋创新链,加快培育海洋发展新动能,以数字赋能推动海洋经济高质量发展。聚焦创新台州首位战略,突出创新制胜工作导向,按照高水平建设国家创新型城市目标,高标准规划建设台州湾科创走廊,推进"一区一谷一带一圈"的创新布局,大力推动"产学研用"协同创新,集中力量突破一批制约海洋产业发展的关键技术,提高了传统海洋产业的核心竞争力,海洋战略性新兴产业不断壮大,海洋产业结构不断优化。加快海洋科技转化应用,台州湾产业集聚区获批省级医药产业高新技术园区,浙大台州研究院新址建成投用,浙江省高校产学研联盟台州中心与浙江海味鲜海洋科技发展股份有限公司共建椒江区海洋与渔业研究所,设立院士工作站。浙江三门与宁波大学合作共建三门中国青蟹产业技术研究院。聚焦海洋生物、船海装备、海洋高技术服务三大领域,主营研发、服务、孵化、投资四大业务,谋划筹建"政产学研金服用"一体化的长三角(台州)海洋产业技术研究院。借力"人才新政2.0",向全国乃至海外搜集人才信息,建设"海洋人才储备库",发挥海洋智库在海洋资源保护与开发中的作用。

六、必须坚持生态保护不动摇

海洋是气候生态的"调节器",客观上要求处理好海洋经济发展和海洋生态保护的关系。2003年以来,台州始终坚持依法治海、与海为善的生态观,践行"绿水青山就是金山银山"理念,实现海洋经济与海洋环境协调发展。贯彻海洋法律法规,坚持生态优先、绿色发展,注重保护中开发、开发中保护,推进集约节约用海,发挥海洋空间和资源的最大效能,高标准完成中央生态环保督察和国家海洋督察反馈意见的整改任务,全面实施海湾海岛海岸带综合整治,着力提升陆海环境"治、管、护"水平。落实国家围填海新政和滨海湿地保护政策,在开展生态评估、生态修复的基础上,妥善处置围填海历史遗留问题,为台州湾新区等重点区块发展拓展海洋空间资源。建立差别化的海洋治理机制,2019年台州湾争取国家蓝色海湾3亿元补助,2021年玉环海洋

生态保护修复项目获中央财政补助资金 3 亿元,临海白沙湾、椒江大
陈岛、温岭石塘滨海绿道、玉环鸡山岛群等成为网红"打卡地","沉睡"
的无人居住石屋变为诗意栖居的海山民居,生态资源正在变成生态经
济。持续开展"海盾""碧海""护岛"等专项行动、渔场修复振兴暨"一
打三整治"专项行动、"中国渔政亮剑"专项执法,落实"打非治违"、减
船减产、生态修复、三产融合、科技推广、渔民保障等综合措施,违法造
船、滥捕偷捕、渔场纠纷等乱象得到根本遏制。"一打三整治"专项工
作 7 年考核中 5 年拔得全省头筹。

　　海洋强则国家强,海洋兴则民族兴。党的二十大报告擘画了以中
国式现代化全面推进中华民族伟大复兴的宏伟蓝图,明确提出"发展
海洋经济,保护海洋生态环境,加快建设海洋强国"。在统筹推进疫情
防控和经济社会发展的特殊时期,习近平总书记到宁波舟山港考察并
强调,"港口是基础性、枢纽性设施,是经济发展的重要支撑"[①]。中共
浙江省委十五届二次全会通过的决定把建设海洋强省作为高水平服
务和融入新发展格局、加快打造高质量发展高地的重要内容,明确提
出"建设一流海洋强省,培育海洋中心城市、国际航运综合服务枢纽,
打造国家经略海洋实践先行区"。台州要以党的二十大精神为指导,
深入贯彻浙江省第十五次、十五届二次党代会精神和台州市六届一
次、二次党代会精神,坚持科教兴海、产业强海、开放联海、生态美海的
发展方针,加快海洋供给侧结构性改革,创新海洋综合管理体制机制,
科学统筹海洋资源保护与开发,大力发展海洋生态经济,建设世界知
名现代海洋城市、全球一流临港产业带,突出五大城、台州 1 号公路、
新型基础设施、港口集疏运体系、科创走廊等建设,走依海富民、向海
图强、人海和谐、开放共赢的高质量发展道路,为以"三高三新"奋力推
进中国式现代化描绘亮丽风景线。

---

　　① 《习近平在浙江考察时强调:统筹推进疫情防控和经济社会发展工作　奋力实现今年经济
社会发展目标任务》,《人民日报》2020 年 4 月 2 日。

第三章 统筹区域协调发展

习近平同志在浙江工作期间,擘画了"主动对接上海,积极参与长江三角洲地区经济合作交流""推进城乡一体化""推动欠发达地区跨越式发展"等发展蓝图。党的十八大以来,以习近平同志为核心的党中央把逐步缩小区域发展差距、实现全体人民共同富裕摆在更加重要的位置。党的二十大报告擘画了中国式现代化的发展蓝图,进一步强调要促进区域协调发展,深入实施区域协调发展战略、区域重大战略、主体功能区战略、新型城镇化战略,优化重大生产力布局,构建优势互补、高质量发展的区域经济布局和国土空间体系,这为今后一个时期推动更高质量的区域协调发展提供了直接理论指引和根本实践遵循。台州历届市委、市政府深入贯彻习近平同志重要指示,全力推动"区域协同、城乡一体、山海协作",全域构建了合作互利共赢机制,全面建成了小康社会,取得了经济和社会的快速发展,夯实了共同富裕基础。未来,台州将奋力推进党的二十大精神在台州落地生根,奋力开创区域协调发展新局面。

第一节 背景与内涵:全面建设小康社会
与区域协调发展

区域经济是国民经济的基础,是实现国家战略与奋斗目标的重要支撑。区域协调发展,指各区域从比较优势实际出发,准确把握自身在区域分工中的定位,合理确定和调整区域产业结构,形成区域间生产要素有序流动、收益分配合理、发展差距适度,相互依存、相互适应、相互促进、错位发展的状态。浙江的区域协调发展布局有着鲜明的地域特色和创新价值,成为加快构建新发展格局、着力推动高质量发展、奋力推进中国式现代化的具体途径和生动实践。

一、"区域协调发展"提出的三大背景

(一)战略背景:全面建设小康社会提出新任务

加强长江三角洲地区的经济合作十分迫切。长三角处于长江经济带和沿海经济带交汇点,经济主体和各类要素高度集聚,在制度环境、创新环境、营商环境、人居环境等方面走在全国前列,比较优势明显,战略地位重要。"无论从国内区域经济发展格局的演进,还是从参与国际竞争的要求来看,加强长江三角洲地区的经济合作都显得十分紧迫。另一方面,长江三角洲地区雄厚的经济基础、独特的区位条件、良好的发展势头和不断扩大的合作成果,为进一步推进区域经济合作创造了有利条件。"①浙江要主动接轨上海,参与长三角经济合作。

城乡一体化关系到高质量全面小康的实现。党的十六大指出:"全面繁荣农村经济,加快城镇化进程。统筹城乡经济社会发展,建设现代农业,发展农村经济,增加农民收入,是全面建设小康社会的重大任务。"在浙江工作期间,习近平同志重视统筹城乡发展,提出了加快"推进城市化""以城带乡"和"城乡一体化"等构想,全面推进小康社会建设。

加快欠发达地区发展是全面建设小康社会的基本要求。2003 年12 月 3 日,习近平同志在山海协作工程情况汇报会上指出:"加快欠发达地区发展,让欠发达地区人民过上更加宽裕的小康生活,是全面建

---

① 习近平:《干在实处 走在前列——推进浙江新发展的思考与实践》,中共中央党校出版社2006 年版,第 106 页。

设小康社会的基本要求,也是提前基本实现现代化的重要任务。"①
2005 年 11 月 6 日,习近平同志在省委十一届九次全会第二次大会上
强调,"缩小地区发展差距,实现区域协调发展,根本途径是促进发达
地区加快发展、欠发达地区跨越式发展"②。让不同区域的城乡居民享
有基本同等的生活水平和质量,不断提高人民群众的生活水平和质
量,成为统筹区域发展的出发点和落脚点。

(二)现实背景:浙江区域协调发展开启新征程

参与长三角经济合作是浙江紧抓发展机遇的必然选择。21 世纪
初,浙江初步实现了从资源小省向经济大省、传统农业社会向工业社
会、基本温饱向总体小康的跨越,但与上海、江苏相比,还有一定差距。
上海作为国际经济、金融、贸易、航运的中心,可以给浙江带来无限商
机。2003 年 3 月 27 日,习近平同志在省委工作会议上强调,"通过加
强交流与合作,取长补短,互促共进,不断提高我省的综合实力和国际
竞争力"③。

率先走出一条城乡一体化发展新路子是浙江发展的主要任务。
21 世纪初,浙江在规划建设、产业发展、市场信息、政策措施、生态环
境保护、社会事业发展等领域,依然存在二元结构问题。2003 年 9 月,
习近平同志在宁波、台州调研时指出,"必须着眼于推进城乡一体化,
按照统筹城乡经济社会发展的要求,率先走出一条以城带乡、以工促
农、城乡一体化发展的新路子"④。2004 年,习近平同志主持制定和实
施了《浙江省统筹城乡发展推进城乡一体化纲要》,开启了浙江统筹城

---

① 习近平:《干在实处 走在前列——推进浙江新发展的思考与实践》,中共中央党校出版社
2006 年版,第 210 页。
② 习近平:《干在实处 走在前列——推进浙江新发展的思考与实践》,中共中央党校出版社
2006 年版,第 202 页。
③ 习近平:《干在实处 走在前列——推进浙江新发展的思考与实践》,中共中央党校出版社
2006 年版,第 107 页。
④ 《习近平在宁波台州调研时强调按照统筹城乡经济社会发展的要求全面推进"千村示范、万
村整治"工程》,《浙江日报》2003 年 9 月 25 日。

乡发展、推进城乡一体化的新征程。

加快欠发达地区发展是浙江统筹区域发展的大势所趋。2003年7月，习近平同志在省委十一届四次全会上作报告时强调，"应该看到丰富的山海资源优势，念好'山海经'"①，把欠发达地区和海洋经济的发展作为浙江省新的经济增长点。2003年12月，习近平同志在山海协作工程情况汇报会上的讲话中指出，"实践证明，实施'山海协作工程'，加强发达地区和欠发达地区联合与协作，是促进区域、城乡协调发展的有效载体，是缩小地区差距，加快推进欠发达地区跨越式发展的重要途径"②。

（三）实践背景：台州促进区域协调发展面临新方位

接轨上海、融入长三角是台州实现跨越发展的新机遇。以上海为龙头、苏浙皖为两翼的长江三角洲，已经成为中国经济、科技、文化最发达的地区之一。台州接轨上海、融入长三角，就是接轨历史发展的机遇，融入中国经济在世界崛起的机遇。参与长江三角洲地区的经济合作发展是台州为全省提前实现现代化作出新贡献的必然要求，更是抢占新一轮城市开放发展制高点的有力举措。

城乡融合发展是台州推进城乡一体化的重大实践课题。作为一个新兴城市，台州自1994年撤地建市以来，一直在快速发展城区，客观上存在"重城市轻乡镇"、城乡发展不平衡、城乡差距越来越大等问题。面对这个发展中的现实问题，台州迫切需要在高质量推进城市建设的同时探索一条符合区域实际的城乡发展一体化道路，使全域老百姓尽早过上全面小康的生活，共享现代城市文明

台州具备山海协作的良好实践条件。台州拥有"湾、港、渔、岛、涂、能、景"七大优势，形成各具特色的南北经济分工协作格局，扎实的

---

① 习近平：《干在实处 走在前列——推进浙江新发展的思考与实践》，中共中央党校出版社2006年版，第209页。

② 习近平：《干在实处 走在前列——推进浙江新发展的思考与实践》，中共中央党校出版社2006年版，第210页。

产业基础、丰富的自然资源为台州推动欠发达地区快速发展创造了良好条件。

二、"积极参与长江三角洲地区合作与交流"

长三角一体化发展是习近平同志亲自谋划、亲自部署、亲自推进的区域重大战略之一。2002 年 12 月,习近平同志在甬台温考察调研时指出,"主动对接上海,积极参与长江三角洲地区的经济合作与交流"[①]。2003 年 3 月 21 日,习近平同志在沪浙两省市经济社会发展情况交流会上提出,"要着眼于'虚心学习、主动接轨、真诚合作、互利共赢',以提高区域经济综合实力和国际竞争力为着力点,以市场机制为主导,注重发挥比较优势"[②];"真诚合作,就是要确立相合互融的联动发展理念,构筑新型的合作体制和机制,全面推进两地经济合作与发展;互利共赢,就是要借上海之势,扬各自所长,实现长江三角洲地区的共同繁荣"[③],包括"建设功能完善、高效畅通的综合交通运输网络""共同开发建设综合性或专门的共同信息交换平台""形成布局合理、协作关系紧密的生产体系""联手发展生态农业和优质高效农业""构建系统集成的技术创新体系""共同构建沪苏浙旅游经济圈""联合开发利用区域水资源"[④]等战略设想。2003 年 7 月,习近平同志创造性地提出了"八八战略",要求"进一步发挥浙江的区位优势,主动接轨上海、积极参与长江三角洲地区合作与交流,不断提高对内对外开放水平"。

---

① 《习近平在甬台温考察调研时强调艰苦奋斗 开拓创新 狠抓落实 努力开创我省各项工作新局面》,《浙江日报》2002 年 12 月 24 日。
② 习近平:《干在实处 走在前列——推进浙江新发展的思考与实践》,中共中央党校出版社 2006 年版,第 108 页。
③ 习近平:《干在实处 走在前列——推进浙江新发展的思考与实践》,中共中央党校出版社 2006 年版,第 109 页。
④ 习近平:《干在实处 走在前列——推进浙江新发展的思考与实践》,中共中央党校出版社 2006 年版,第 109 页。

三、"坚持城乡一体化统筹发展"

(一)坚定不移地走新型城市化道路

2002 年 12 月，习近平同志在甬台温考察调研时指出，"要继续积极推进城市化，提升中心城市功能，以更高的标准、更大的气魄、更宽的视野建设现代化都市"①。2006 年 8 月，习近平同志主持召开全省城市工作会议，首次提出"坚定不移地走新型城市化道路"②。

(二)实现全面小康一个乡镇也不能掉队

习近平同志一到浙江，就敏锐地觉察到区域统筹发展、城乡一体化发展尤其是推动欠发达乡镇脱贫致富对浙江全局发展的重要性，他多次到山区、海岛、乡村调研。2003 年 1 月 13 日，在全省农村工作会议上，省委、省政府承诺："现代化建设不能留盲区死角，实现全面小康一个乡镇也不能掉队。"③

(三)从全局高度统筹城乡发展

"统筹城乡经济社会发展，就是要打破城乡分割的传统体制"，"走以工业化和城市化带动农业农村现代化的新路子"。④ 改革开放以来，浙江的城市综合竞争力不断提升，辐射带动功能逐步呈现，初步具备了以城带乡的诸多条件。在浙江工作期间，习近平同志主持召开了"千村示范、万村整治"工作座谈会，要求今后在工作上必须着眼于推进城乡一体化，统筹城乡经济社会发展。⑤

---

① 《习近平在甬台温考察调研时强调艰苦奋斗　开拓创新　狠抓落实　努力开创我省各项工作新局面》，《浙江日报》2002 年 12 月 24 日。

② 《奏响全面小康协奏曲——"八八战略"实施 15 周年系列综述·城乡协调篇》，《浙江日报》2018 年 6 月 28 日。

③ 《奏响全面小康协奏曲——"八八战略"实施 15 周年系列综述·城乡协调篇》，《浙江日报》2018 年 6 月 28 日。

④ 《八八战略》编写组编著：《八八战略》，浙江人民出版社 2018 年版，第 177 页。

⑤ 《习近平在宁波台州调研时强调按照统筹城乡经济社会发展的要求全面推进"千村示范、万村整治"工程》，《浙江日报》2003 年 9 月 25 日。

四、"推动山海协作再上新台阶"

(一)把"山"的特色与"海"的优势有机结合

2003 年 12 月,习近平同志在山海协作工程情况汇报会上指出,实施山海协作工程,"是缩小地区差距,促进区域协调发展的有效载体","是培育新的经济增长点,不断提升我省综合实力的必然要求"。[①]2006 年,浙江省委、省政府在台州召开全省"山海协作"工程会议,习近平同志强调,推动山海协作再上新台阶,为全面建设小康社会、提前基本实现现代化做出新的贡献。山海协作必须坚持"四个结合",把山海协作与构建和谐社会结合起来,与加快新农村建设结合起来,与优化全省生产力布局结合起来,与提高欠发达地区自我发展能力结合起来。[②] 通过打开要素双向自由流动的通道,把"山"的特色与"海"的优势有机结合起来,推动山区经济更快转型升级。

(二)坚持走共同发展共同富裕之路

2003 年 12 月,习近平同志在山海协作工程情况汇报会上指出,"实施'山海协作工程',是促进共同富裕,实现人民群众根本利益的重要举措"[③]。共同富裕就是要实现互惠互利,山海协作工程的成果最终要体现在山区群众的获得感上,让更多群众在山海协作工程中得到更大实惠。2006 年 12 月,习近平同志在台州召开的全省"山海协作"工程会议上指出,"促进区域协调发展是实现全面小康社会的重要任务,是全省发展的大局,是各级各部门和社会各方面的共同责任"[④]。实施

---

① 习近平:《干在实处　走在前列——推进浙江新发展的思考与实践》,中共中央党校出版社 2006 年版,第 210 页。

② 《习近平在全省"山海协作"工程会议上强调不断推动山海协作再上新台阶》,《浙江日报》 2006 年 12 月 28 日。

③ 习近平:《干在实处　走在前列——推进浙江新发展的思考与实践》,中共中央党校出版社 2006 年版,第 211 页。

④ 《习近平在全省"山海协作"工程会议上强调不断推动山海协作再上新台阶》,《浙江日报》 2006 年 12 月 28 日。

山海协作工程，"就是要通过发达地区和欠发达地区之间经济、社会、劳务等全方位的协作，推动欠发达地区加快发展，使欠发达地区人民群众的就业机会不断增加，收入水平持续提高，生活条件明显改善，使他们真正得到实惠，真正享受到改革发展的成果"①。

第二节　实践与成效：区域互通、城乡互联、南北互助

"八八战略"实施以来，台州市深入学习贯彻习近平同志在台州调研考察时作出的"促进区域经济协调发展""主动对接上海，积极参与长江三角洲地区经济合作交流""推进城乡一体化""推动欠发达地区跨越式发展"等重要指示精神，上下一心、锐意进取、克难攻坚，立足区域特色，坚持区域经济协调发展，探索"区域互通、城乡互联、南北互助"，有力提升了台州区域经济参与度、推进了城乡一体化、缩小了"山""海"发展差距，走出了一条台州区域经济协调发展的特色之路。台州要在党的二十大精神指引下，为中国式现代化贡献更多区域协调发展的台州元素和样板。

一、融入长三角一体化，从"全面突破"向"全面跃升"迈进

台州历届市委、市政府主动接轨上海，积极参与长三角发展，加快构建了全方位、多层次、宽领域的区域经济协调发展新格局。2003年8月15日，在长三角城市经济协调会第四次会议上，台州被接纳为协调会的正式成员。2005年4月，国家发改委发布《长江三角洲地区区域规划方案》，台州被纳入规划范围，正式成为长三角城市群的一员。

---

① 习近平：《干在实处　走在前列——推进浙江新发展的思考与实践》，中共中央党校出版社2006年版，第211页。

台州紧扣"一体化"和"高质量"两个关键词,融入长三角一体化工作从"全面突破"向"全面跃升"迈进。

(一)大交通格局加快形成

交通互联互通是台州融入长三角一体化的基础性工作、支撑性要件,物流、人口、通勤的快速流动通达是密切联系、加强交流、深化合作的必然要求。台州着力打造"台州铁路门户"和"台州空中门户",高起点打造"海上丝路"台州门户,统筹铁路、轨道、公路、港航、航空、管道、邮政、枢纽、绿道等综合交通布局,构建安全、便捷、高效、绿色、经济的现代化综合交通体系,打造长三角南翼综合交通枢纽,大大拉近区域城市间的时空距离。

综合交通基础设施日益完善。2003 年以来,台州公路、铁路及轨道、沿海港口及内河水运、机场等交通建设多点发力、协同联动,初步形成"内通外畅、综合立体"的综合交通架构。"十三五"期间,基本形成3 小时可达除舟山以外的省内城市,5 小时可达除南通、盐城以外的16 座长三角城市,形成"四纵二横一连"高速公路路网格局。台州湾区公铁水多式联运工程列入国家示范工程项目,各港区至宁波舟山港内支线可快速通往全球,基本形成以头门港为核心港区的"一港六区十港点"全面开放空间格局。"十四五"开启新征程,台州全力打造长三角城市群南翼综合交通枢纽城市。2022 年初,杭绍台高铁正式建成通车,"义新欧"中欧班列"台州号"在台州临海头门港站首发,开通首条《区域全面经济伙伴关系协定》(RCEP)国家近洋集装箱班轮航线,全面打造北融宁波、南连温州、西承金义、联动杭州湾、接轨上海、面向世界的高能级交通圈。

(二)经济协同机制不断完善

台州持续推动政府间互访交流与干部交流、企业间合作交流与人才信息交流等,区域间合作越来越紧、越来越亲、越来越好。健全台州市政府产业基金管理办法,吸引长三角区域的社会资本进入,放大财政资金的杠杆效应。推动建立长三角区域统一的市场准入标准与民营企业退出机制，探索执法监管协同。积极配合长三角区域市场监管领域执法办案人才库建设，建立跨区域执法信息联络员制度。积极参与完善长三角城商行联席会议制度，支持城市商业银行跨区域设立分支机构，支持台州金融机构跨区域开展业务合作。积极推动台州参与长三角普惠金融经验交流，推介金融机构服务小微企业的台州模式。深化与上交所的战略合作，探索合作路径与载体建设，在上市推进、上市管理、债券融资、新型业务试点等层面形成有效运行的工作机制，推动更多台州企业对接资本市场，做强做优做大"台州板块"。深化台州上市公司与长三角各市上市公司之间的交流合作，建立定期互访交流机制，支持跨区域并购重组，实现了外商主体资格证明文件沪苏浙皖三省一市互认。加强长三角区域内土地要素协同，推进长三角区域人力资源市场一体化，推动人力资源协同发展，探索建立人才招引、培养流动机制，共建共享人才信息数据库。联合长三角区域城市建立信息互通共享机制平台，全力支持城市间市场监管领域基础库全共享和市场监管信息全覆盖。

甬台两市交流合作向纵深发展，建立两市工作交流沟通机制和专业部门交流协商制度，共同探索跨行政区新型协调管理机制。组织开展国家规划纲要赋予台州"探索民营经济跨区域发展政策协同试验"课题研究，从产业链、创新链、资金链跨区域协同三个维度，提出台州民营经济参与长三角一体化发展的主要路径。2021年，台州、温州两地政府签署了《温台民营经济协同发展战略合作协议》，成立温台技工院校（产业）联盟，吸引民营资本进入职教领域，为国家职业教育综合改革探索经验。

（三）区域协同发展空间不断拓展

台州主动对接上海城市非核心功能疏解，积极承接上海、杭州等地高端金融、人才、文化等各类资源溢出，加快台州市与上海市辖区的全面战略合作。建设台州上海产业合作园,突出开展高端设备制造、医药健康、电子信息等领域的合作和产业引进,采用利益分成机制,同步建立台沪人才合作产业园,推动形成"项目前期孵化在上海,中后期加速和产业化在台州"的模式。2003年,成功举办了"走进上海、走近台州"大型系列活动;截至2021年,已经成功举办多次"上海·台州周"活动,台州的知名度和美誉度不断提升。2017年,与宁波、舟山、绍兴、嘉兴共同签署了《浙东五市应急管理区域合作交流协议》。积极参与长三角品牌建设专业委员会、城镇化建设专业委员会、青年创业创新联盟和健康服务业专业委员会工作。

积极融入宁波都市圈。2014年,与宁波联合制定《三门湾区域统筹发展规划》;2017年,与宁波签订了《战略合作框架协议》,高规格举办首届三门湾合作与发展论坛,加快三门湾区域合作开发;2019年,印发实施《台州市推进三门湾合作开发行动计划》,并配合编制《宁波都市区建设行动方案》,开启了两地携手共进、融合发展新征程,三门湾甬台一体化合作先行区初步纳入省内长三角一体化合作先行区序列。

探索构建温台一体化合作先行区,启动谋划金台、绍台跨市域协作片区。当前,台州聚焦"建设长三角南翼充满活力的新兴增长极"的目标,按照"北融宁波、联动杭州湾、接轨大上海"三个开放圈层,深度融入长三角中心城市1小时经济圈,加快"沿海战略性新兴产业走廊、甬台温城市群连绵带、名山海岛大花园发展带"三条廊带建设,快速拓展融入长三角一体化的广阔天地。

(四)长三角产业合作载体打造成效显著

台州市贯彻落实国家《长三角区域一体化发展规划纲要》赋予台州"探索民营经济跨区域发展政策协同试验"的要求和《浙江省推进长三角区域一体化发展行动方案》赋予台州"建设民营经济协同发展高地"的任务,编制《台州民营经济跨区域发展实施方案》,以产业转型升级为导向，以提升产业创新的有效供给为核心，坚持"引进来""走出去"相结合，放大"实体经济＋小微金融＋五心服务"优势，探索跨区域政策协同试验，积极参与打造"数字长三角"，打造产业合作载体与协同发展平台。

积极开展与长三角区域国家自主创新示范区的互动交流，设立跨区域产业技术创新联盟，全面扩大"创新券"在长三角区域的适用范围和支持领域。充分利用上海、杭州人才优势，承接人才溢出，建设沪杭科创飞地。

依托台州制造业优势，以台州湾新区、头门港经济开发区、三门湾区等载体，加强与长三角城市群各大区域的产业园区的合作，深度参与长三角产业分工协作，形成与长三角中心城市产业梯度互补、与甬台温临港产业带深度融合的发展格局，打响"台州制造"区域品牌，建成国际制造业核心配套区，延长汽车零部件、模具与塑料、智能马桶、缝制设备、泵与电机等传统产业的产业链和价值链。2021年，台州市新引进5亿元以上长三角区域产业项目161个，协议总投资2266.69亿元。2022年，台州成功获批浙江省RCEP高水平开放合作示范区，成功举办"2022浙江（台州）RCEP经贸合作论坛暨海洋经济重大项目签约仪式"。

（五）长三角城市群公共服务领域合作持续深化

近年来，台州不断拓展与长三角城市群公共服务领域合作的范围和深度，积极建设"三湾联动、山海呼应"的湾区城市，打造长三角山海宜居美丽花园，分专题组与上海、南京、杭州、宁波、合肥等长三角城市开展合作，主动承接教育、科技、人才、医疗等优质资源，全面提升区域公共服务协同供给能力和供给质量。

加强区域文化交流。加强与长三角文创基地交流合作，联手打造一批数字文化产业合作载体，吸引更多长三角知名文创企业落户台州。弘扬大陈岛垦荒精神，打造面向长三角、辐射全国的红色教育阵地。依托中国和合文化传承基地,常态化举办和合文化论坛,推动和合文化融入长三角区域一体化各个领域。推动台州乱弹、台州刺绣、无骨花灯、玻璃雕刻、蓝印花布等台州文化精品"走出去",仙居针刺无骨花灯登上央视文化节目《非遗里的中国》。

促进优质教育资源合作共享。加强与长三角区域优质幼教机构、中小学校、高等教育学校等的合作办学,成功引入北京师范大学、华东师范大学、镇海中学等多个优质教育资源。积极融入长三角应用型本科高校联盟,加强跨区域校企合作共同体建设。参与长三角基础教育校长及教师联合培训,建立后备人才联合培养机制,推进校长、教师等优质教育资源跨区域流动和校际共享。

深化医疗健康资源协作联动。全面深化台州市医疗机构与长三角区域公立医院的合作机制,推进医疗卫生资源深度共享和卫生健康信息系统进一步对接。携手复旦大学公共卫生学院共建"台州市公共卫生研究院",共建"互联网+"医联体。加快推进长三角地区门诊异地就医直接结算,实现台州市民在江苏、安徽两省医院门诊直接刷卡结算。进一步加强与上海等长三角城市高等院校、医学院、医疗机构在医学教育、人才培养培训、远程医疗等方面的合作,引进和培养一批名医、学科带头人。

推动就业与社会保障有序衔接。台州构建有序开放的公共就业服务体系,建立就业信息共享机制,参与长三角公共创业服务联盟建设。2022年,正式启动"智汇台州"人才周活动,启用长三角人才服务"数字广场"。加强养老政策协同,探索建立长三角养老服务一体化机制,打造长三角区域养老服务标准化体系。提升异地就医、异地养老等公共服务便利化水平。研究建立养老服务补贴异地结算机制,推进养老信息的互联互通。建设森林康养基地、海岛康养基地、温泉康养基地等高端康养示范项目,打造长三角名山养生胜地、养老康体福地。2014年,宁波、绍兴、舟山、台州实行公交一卡通,台州与浙东经济合作区其他四市共同建立住房公积金异地贷款合作机制,在全省率先推进公积金异地贷款工作。2020 年 8 月 20 日，上海市、浙江省、江苏省、安徽省住建部门共同签署了《长三角住房公积金一体化战略合作框架协议》。

（六）长三角生态一体化向纵深发展

加强生态协同保护。2019 年 11 月，《长三角生态绿色一体化发展示范区总体方案》公布。台州市深入推进仙居国家公园、天台山生态修复区、括苍山生态保育区等建设，与长三角城市共建自然保护地体系。加强滩涂资源、海岸潮间带、自然岸线等海洋生态系统保护。

共建生态经济圈。2003 年，浙沪苏三地签署《长三角食用农产品标准化互认（合作）的协议》正式生效，台州市积极参与开展长三角区域农业标准研究，制定统一的基地建设、产地环境、农业投入品使用、生产技术、专业化防治等方面的标准或技术规程，提升长三角区域绿色农业的发展水平。加强"台九鲜"农产品区域公共品牌建设，在 2020 年浙江省农博会期间，以"台九鲜"为引领的全市农产品实现网上销售额 178 万元，居全省第一；19 个农产品入选省"百优名品"，数量居全省第一。引入在沪央企深化农业农村领域合作，引导支持农业产业化企业、新型农业经营主体、家庭农场等开展长三角区域产销对接，形成区域一体化的产销平台，积极抢占高端消费市场，"台九鲜"品牌影响力进一步扩大。

打造长三角重要旅游休闲地。融入长三角，文旅当先行。2003 年，"长江三角洲文化发展论坛"正式提出建立长三角文化圈合作机制，联合发表《长江三角洲旅游城市合作宣言》。台州着力推进区域生态旅游联盟协作，主动参加长三角城市经济协调会旅游专业委员会、浙东南旅游联合体等跨区域组织，合力打造佛道名山旅游带、浙东唐诗之路黄金旅游带、海湾海岛旅游带，加快推进全域旅游。2019 年，实施长三角山海旅游目的地、旅游休闲基地和山海生态养生后花园打造工程。2020 年，上海、台州两地的文旅部门、行业协会和企业建立了战略合作关系;同年 3 月,"追着阳光去台州"百天千万游客游台州活动在上海启动,台州 9 个县(市、区)携手向上海乃至长三角一带的市民发出邀请。台州还主动对接中国(上海)邮轮旅游发展示范区建设,积极发展邮轮旅游。2022 年,台州府城文化旅游景区获批国家 5A级旅游景区;2022 年、2023 年,央视连续两年将台州设为跨年晚会的主会场。

强化环境污染联防联治。积极参与并推进建设跨区域环保合作机制,推动建立长三角区域环境污染联防联治工作机制。2014 年,台州市与宁波市联合制定《三门湾区域污染综合整治方案》,共同开展三门湾海域综合治理,加强湾区生态环境保护合作,推进跨区域海洋污染防治。积极参与长三角地区跨界污染联合执法,协同处置应急事件。全面参与长三角区域大气污染防治协作,实现环境监测网络相互开放和共建共享。

二、走以城带乡、以工促农、城乡一体化发展的新路子

台州深入学习贯彻"必须着眼于推进城乡一体化,按照统筹城乡经济社会发展的要求,率先走出一条以城带乡、以工促农、城乡一体化发展的新路子"①的重要指示精神,上下一心、锐意进取、克难攻坚,立足区域特色,坚持城乡统筹,探索城乡联动,有力地推进了城市化和城乡一体化。

(一)以"更高的标准、更大的气魄、更宽的视野"建设现代都市

2002 年 12 月,习近平同志在台州调研时指出,"要继续积极推进城市化,提升中心城市功能,以更高的标准、更大的气魄、更宽的视野

① 《习近平在宁波台州调研时强调按照统筹城乡经济社会发展的要求全面推进"千村示范、万村整治"工程》,《浙江日报》2003 年 9 月 25 日。

建设现代化都市"①。之后,台州开始探索走新型城市化发展道路。当前,台州贯彻落实党的二十大精神,"坚持人民城市人民建、人民城市为人民,提高城市规划、建设、治理水平","实施城市更新行动,加强城市基础设施建设,打造宜居、韧性、智慧城市"。

优化中心城区空间结构。台州是一个新兴的滨海城市,自 1994 年撤地建市以来,按照"环绿心组合式城市"理念,高起点规划、高质量建设,坚持做大做强中心城市。近 20 平方公里的中心区域内,布置了行政办公区、东西商务区、金融业服务区、文教区、体育娱乐区。2002 年 12 月,习近平同志调研台州时,充分肯定了台州提出的城市化发展总体思路。之后,为了适应新型城市化发展的要求,台州市委、市政府于 2004 年制定出台了《台州市城市总体规划(2004—2020 年)》。2017 年,台州又基于城乡统筹发展的需要,修订了《台州市城市总体规划(2004—2020 年)》,并报国务院批复同意。根据此次规划,城市空间结构为"一心、一核、六脉、四组团"。"一心"为"绿心",是城市开敞空间体系的核心。"一核"指由台州行政文化商务区、商贸核心区、大学园区及创新总部共同构成的台州都市核。"六脉"为利用自然山体、水体、绿地(农田)等形成绿色开敞空间,并延伸至临海、温岭市域生态空间,构建组团之间的主要生态绿脉,分别是:椒江组团和路桥组团之间的心海生态绿脉、椒江组团和黄岩组团之间的三山生态绿脉、黄岩组团和路桥组团之间的五峰山—鉴洋湖生态绿脉、黄长复线南部的十里铺生态绿脉、黄岩城区和江口之间的双浦生态绿脉、路桥城区与桐屿之间的中央山生态绿脉。"绿心"及生态绿脉内以生态保育功能为主,内部实行建设项目类型准入限制,对开发总量、开发强度、建筑高度加强控制。"四组团"分别是椒江组团、黄岩组团、路桥组团和滨海组团。

优化市域城镇空间结构。台州是浙江沿海中部区域性中心城市,

---

① 《习近平在甬台温考察调研时强调艰苦奋斗　开拓创新　狠抓落实　努力开创我省各项工作新局面》,《浙江日报》2002 年 12 月 24 日。

一直以来重视城镇空间建设。在深刻理解习近平同志 2002 年到台州调研讲话精神的基础上,台州于 2004 年制定规划了市域城镇体系为"一核、两心、三带"的空间布局。2006 年 8 月,全省召开了城市工作会议,会上明确了"走城乡互促共进的新型城市化道路"。根据这一会议精神和区域实际,台州积极探索优化市域城镇体系。2008 年,修订《台州市域总体规划纲要(2007—2020)》,全面科学统筹了城乡经济以及社会与环境的发展,将市域城镇体系框架调整为"一核二圈、一带二轴、四副五级"。2017 年,修订《台州市城市总体规划(2004—2020年)》,最终形成了"一核、两副、四极,三带、三片、网络化"的市域城镇空间结构。"一核"即台州中心城市,指由椒江区、黄岩区、路桥区共同构成的市域中心。"两副"即临海中心城市和温岭中心城市两个市域副中心。"四极"即玉环市区、天台县城、仙居县城、三门县城四个县域发展极。"三带"即三条市域综合功能带,指沿海综合功能带、椒江流域综合功能带、沿山综合功能带。"三片"即三大市域发展功能片区,指由市区、临海市、温岭市组成的市域协同片,玉环市、三门县、天台县、仙居县组成的市域联动片,北联甬舟地区、南联温丽地区、西联浙中地区以及东向海洋形成的市域辐射片。"网络化"即构建宜居美丽城乡网、蓝绿交融生态网、全域多样游憩网、外通内畅交通网、共享优质设施网五大市域支撑网络。

不断提升中心城市功能。台州市委、市政府一直牢记习近平同志 2002 年考察台州时提出的关于推进城市化工作的指示,坚持把中心城市当作区域经济社会发展的"火车头"、台州二次腾飞的重要工程来抓。2002 年,中心城市十二大重点工程同时开建。2002—2014 年,台州聚焦提升中心城市功能,营造质优城市环境,加快产业、人口集聚,促进城市繁荣。在城市发展布局上,东面推进滨海区块开发,西面挖掘山区发展潜力,南面加快交通路网连接,北面积极建设一江两岸。在产业结构设置上,大力发展汽摩配件、缝纫设备、家用电器、新型材料、医药化工、船舶制造等,并重视发展与之相适应的物流、金融、中介等现代服务业。在城市综合配套改革上，以"全国文明城市""国家卫生城市"等多城同创为契机，开展市容市貌和公共秩序的专项整治，优化营商环境和人居环境，集聚更多市内外人口。在整体功能建设上，不断推进城市重点区块、重大公共设施、品质住宅小区等建设，打造共享市民广场、星星广场、和合公园等城市氧吧，建成开放博物馆、图书馆、科技馆等城市场馆，开辟落成中央商务区、商贸核心区等城市区块，提质升级老城区、城中村、背街小巷等城市村居。2010年，台州又提出"构建以中心城市为龙头，副中心城市、县域中心城市为依托"等为核心内容的"城市群建构战略"。2011年底，《台州城市群规划（2010年—2030年）》通过了省建设厅和市政府的联合评审。作为城市群建设的核心，台州坚持把加快中心城市建设发展和功能提升作为培育城市群的第一要务，全力以赴走深走实新型城市化道路。在2017年浙江省推出《小城市培育试点三年（2017—2019年）行动计划》后，台州又着力推进小城市培育和中心镇建设。时至今日，台州的中心城市首位度逐步凸显，城市化水平大大提高，现代化大都市雏形渐显。

（二）加快推进社会主义新农村建设

2005年1月，习近平同志先后在《浙江日报》的《之江新语》专栏发表《务必执政为民重"三农"》《务必以人为本谋"三农"》《务必统筹城乡兴"三农"》《务必改革开放促"三农"》《务必求真务实抓"三农"》《大力发展高效生态农业》等系列短论，为社会主义新农村建设把向定锚。台州牢记嘱托，在谋划发展、深化改革等方面把推进社会主义新农村建设作为重中之重的工作来部署。对照党的二十大报告提出的"坚持农业农村优先发展，坚持城乡融合发展，畅通城乡要素流动。加快建设农业强国，扎实推动乡村产业、人才、文化、生态、组织振兴"，台州不断拓展中国式现代化的"三农"道路。

大力发展现代农业。积极致力于传统农业产业深化改革和结构优化调整，大力扶持和发展具有持久市场竞争力以及能让农民持续致富的生态高效农业和农村二、三产业。在 2004 年颁发《关于统筹城乡发展,增加农民收入,促进农业农村现代化若干意见》、2005 年颁发《关于以工促农以城带乡若干政策的意见》的基础上,为落实中央和全省农村经济工作会议精神,加强对农业农村工作的宏观指导,2006 年 2 月 23 日,台州以市委 1 号文件的形式下发《关于统筹城乡协调发展加快社会主义新农村建设的若干意见》,明确了新农村建设的总体要求。2006 年 8 月 2 日,台州市委又下发《关于印发〈台州市统筹城乡发展建设社会主义新农村规划纲要(2006—2010 年)〉的通知》,进一步细化了"积极发展高效生态农业""加快发展农村二、三产业"的主要任务。根据市委、市政府的统一部署,台州着力引导农业分散经营向规模经营集中。通过实施"强龙兴农"工程,在财政、税收、信贷、用地、用电等方面加大对现代农业的扶持力度,对引进新品种新技术、设备更新改造、特色优势农产品基地建设等给予专项资金扶持,培育了一批具有一定规模档次、带动力强的各类种养专业大户、农民专业合作社和农业龙头企业,使得一大批农民从农田中摆脱出来转向二、三产业。积极为培育现代农业主体创造良好的发展空间,通过整合农业综合开发等项目资源、鼓励引导农业主体"走出去"、对农业龙头企业创办农业基地暂免征收企业所得税、鼓励发展农家乐等方式,激活现代农业发展增量,促进农业经济发展。不断调整优化农村工业结构,因地制宜发展农产品加工业、休闲观光农业,发展壮大村级集体经济,搞好"百镇连锁、千村放心店"工程,促进农村商贸流通业发展。

扎实推进新农村建设。2003 年 6 月,浙江省委、省政府召开专题会议研究部署"千村示范、万村整治"工程,台州市委、市政府积极响应,迅速启动实施了"百村示范、千村整治"工作。2006 年 5 月 25 日,台州市委三届五次全体(扩大)会议作出了"积极推进农村新社区建设"的工作部署,要求以"百村示范、千村整治"工程为载体,按照农村新社区建设标准,集中力量,全面推进。台州把新村建设作为台州社会主义新农村建设的六项重点任务之一加以扎实推进。从清理垃圾、清理河道和改水改厕入手,开展"垃圾革命",达到"三有二无"(有工作网络、有环卫设施、有保障机制,无暴露垃圾、无乱堆乱放)。抓好旧村改造,按照不同类别、不同风貌设计农民房通用图集,提高新村建设品位,建设风情小镇、特色村庄。在村庄整理和宅基地复垦上挖掘潜力,调整人宅比,推广农村住房"立改套"。注重加强集镇功能,带动周边农村发展。深入实施"乡村康庄工程""百万农民饮用水工程""千里清水河道工程",加强生态村建设,进一步改善农村基础条件。经过多年不懈努力和持续推进,全市农村面貌日新月异,新时代美丽乡村建设效果呈现。

加快欠发达乡镇奔小康步伐。台州始终践行习近平同志2003年5月考察调研台州三门时的讲话精神,坚持"欠发达地区应该走发展的特色之路",既注重发挥发达地区对欠发达地区的带动作用,又充分发挥欠发达乡镇各自的特点和优势,促进区域整体协调发展,努力加快走向全面小康。2006年5月25日,台州召开市委三届五次全体(扩大)会议,做出了构建"市区繁荣、城乡一体、区域协调的现代化大台州"的部署。按照市委、市政府的统一部署,台州大力推进产业化扶贫,积极鼓励与引导农民兴办特色民宿、农家乐,扶持一批扶贫龙头企业和扶贫示范性农民合作社,带动农户脱贫奔小康。同时,深化结对帮扶制度,把扶持发展经济项目和社会事业、解决劳动力就业、提高欠发达乡村农民收入等作为主要任务来抓实抓好。

(三)促进城乡统筹协调发展

推动三大板块协调发展。台州立足市情,坚持区域统筹、协调发展。2006年5月25日,台州市委做出了"推动'三大板块'协调发展"的战略部署。以椒江、黄岩、路桥为主体的中心城市板块以提高首位度为目标,主动进行产业转型升级,完善城市功能,强化内部整合,加快实现市区一体。椒江区发挥港口优势,坚持增量推动,打造为产业主要集聚区;黄岩区积极拓展空间,壮大特色产业,成长为中心城市的亮丽风景线;路桥区坚持工贸互动,扶持专业市场,发展为有活力的商贸之城;集聚区延伸滨海区块,引入高新技术,建设为新兴贸易区。临海、温岭、玉环等经济强县板块拉高标杆,大力发展块状经济和产业集群,当好经济发展排头兵,连续多年列入中国县域经济基本竞争力百强县。2017年,玉环撤县设市,迈入县级市阵营。天台、仙居、三门等新经济增长点板块发挥优势,大力培育生态经济、旅游经济、劳务经济等增长点,加速走向北部崛起。天台努力构建四大经济区块;仙居着力推进"两个基地、一个胜地"建设,全域旅游、生态旅游渐成县域特色;三门临海海滩面积大,养殖业有较好基础,可以培育规模养殖,发展水产品加工业。通过强化板块之间的战略协作和空间融合,台州区域统筹发展效果显现,坚实地走向全面小康。

促进社会事业协调发展。台州市委、市政府历来高度重视社会事业,并将此作为满足群众需要、回应群众期待的重要民生工程来抓。台州围绕中央提出的新农村建设要求和社会主义经济、政治、文化、社会建设和党的建设协调推进的总体思路,增强建设的紧迫感,加快工程建设进度。2006年,出台《台州市统筹城乡发展建设社会主义新农村规划纲要(2006—2010年)》,并同步编制了基础设施建设、公共服务与社会事业发展等一系列子规划。这些年来,台州通过深化乡镇机构、农村义务教育、县乡财政体制等农村综合配套改革,深化农村社区股份合作制改革、土地股份合作制改革、农村金融改革等,在一定程度上打破了束缚新农村建设的各种条条框框。在农村教育方面,着力改善办学条件,积极打造"城乡教育共同体",扩大优质教育资源供给,不断满足群众多层次、多样化、均衡化的教育需求。目前,台州全市域实现教育基本现代化。在农村卫生方面,抓好新型合作医疗制度的扩面和提高。2017年底,全市启动实施县域共同体建设,以群众就近"看得上病、看得起病、看得好病"为目标,试点先行、以点带面、分类推进。截至2020年12月,全市共组建医共体15个,覆盖所有乡镇卫生院(社区卫生服务中心)。在农村文化方面,重点打造农村文化礼堂、文明实践所等基层文化俱乐部，扩大农村广播、电视、网络的覆盖面，在润物无声中构筑群众心灵家园，沉淀最美乡风。注重对农民的科普宣传，通过各类宣讲、展示、培训等方式提升农民的科学素养，承办了多届中国浙江科普节。结合地方人文优势和特色，因地制宜，积极规划设计特色村庄和风情小镇。同时，着力推动城市资源与农村共享，推动公共设施向农村延伸。

三、推动"南北协作"，念好台州"山海经"

决定一只木桶装水量的不是木桶中最长的那块板，而是最短的那块，山海协作就是补上那块短板。① 山海协作已经成为项目孵化的摇篮、人才集聚的高地、成果转化的桥梁。台州市委、市政府基于对市情的分析，做出了"要提前基本实现现代化，关键要加快北边县市的现代化"的科学研判。遵循习近平同志在台州调研时的重要指示，台州适时提出要从"大台州"理念出发，从战略和全局的高度统筹南北发展，积极推进"南北协作"，致力于在产业梯度转移和要素配置方面取得更大进展。2004年，台州市启动实施"南北协作工程"，推动市内外联动，结好对、联起手，市内主要推动路桥与天台、玉环与仙居、温岭与三门的结对，黄岩、临海主要针对各自西部山区，椒江主要针对大陈岛开展结对帮扶，市外推动温岭与景宁结对。"八八战略"实施以来，台州深入学习贯彻习近平同志关于共同富裕的重要论述及浙江省山区26县高质量发展暨山海协作工程推进会的精神，探索走出了一条项目共建、资源共享、南北共荣的协同发展之路。党的二十大擘画了城乡融合和区域协调发展的中国式现代化实践蓝图，台州进一步推动区域经济实现了质的有效提升和量的合理增长。台州南北差距逐步缩小，北部三县生产总值占全市比重从2004年的12.58%上升至2022年的

---

① 习近平：《之江新语》，浙江人民出版社2007年版，第92页。

16.29%,城乡居民人均可支配收入比从 2006 年的 2.87∶1 缩小至 2022 年的 1.88∶1。

(一)台州"南北协作"一张蓝图绘到底

实施"南北协作工程",是台州市认真贯彻省委"八八战略"促进区域协调发展的重大举措,是坚持"大台州"实现区域协调发展的核心要求,是合理配置资源实现南北共赢的根本需要,是加快区域文化融合提升台州综合竞争力的关键途径。通过实施"南北协作工程",台州进一步统筹区域发展,缩小南北发展差距,实现优势互补。作为推进台州区域协调发展的重要载体,"南北协作工程"将欠发达地区培育为"大台州"新的经济增长点和生态示范区,有力推进了欠发达地区的跨越式发展。

"十五"时期开启"南北协作工程"。2002 年,市域内 9 县(市、区)中,南面 5 县(市、区)人均 GDP 为 21558 元,而北面 4 县(市)仅为 8303 元,南北之比 2.6∶1。北面诸县(市)经济发展缺少项目,而南部的发达县(市、区)经济发展又遭遇土地等要素资源短缺的制约。2004 年 7 月,台州市委二届十二次全会明确提出实施"南北协作工程",坚持"政府引导、企业唱戏、市场运作,实现双赢"方针,以拓展产业转移为主导,以加快劳动力转移为根本,以促进人口转移为重点,实施三大转移工程,建立三大协作经济区,落实三项保障措施。为实施"南北协作工程",北边县(市)和南边县(市、区)纷纷建立机构,主动出击,狠抓产业转移,促使成功对接。路桥区与天台县、玉环县(今玉环市)与仙居县、温岭市与三门县分别签订了区域合作协议。2005 年 11 月,台州市召开第二次"南北协作"大会,全市共签约项目 93 个,总投资 34.67 亿元。三门、仙居、天台等欠发达县的废盐田、沙滩地、坡地通过整理,变成了经济发展的宝贵资源。邻近的椒江、路桥、温岭、玉环等发达县(市、区)容纳不下的工业项目纷纷北上,仅玉环排队申报土地的企业就有 500 多家。

"十一五"时期构建南北联动发展格局。这一时期，台州进一步优化空间布局，加速中心城市崛起，加快形成南北联动的发展格局，重点依托各主要河谷平原和重点城镇，加快产业与人口集聚，带动山区脱贫致富。一是加强市区和沿海南北两翼的分工协作与互动发展，形成以市区为龙头、两翼齐飞的发展格局。二是着力强化沿江发展轴。临海大田平原、天台始丰溪河谷平原和仙居永安溪河谷平原是台州市沿江地区人口、城镇和产业布局的主要空间，是带动山区脱贫致富、共奔小康的重要依托。三是全力推进农村新社区建设，以"百村示范、千村整治"工程、"万户农民康居工程"、"乡村康庄工程"和"下山移民"等为载体，大力实施"社会主义新农村百亿工程"。四是继续实施"百万农民素质培训工程"，培育新型农民，提高农民收入。"十一五"期间，台州培训农村劳动力80万人，农业劳动力从115万人下降到90万人。五是协调发展"三大板块"，继续推进天台、仙居、三门"南北协作"，促进产业和劳动力转移，努力实现跨越式发展；加快黄岩西部等山区开发，鼓励和引导区域间要素流动，努力实现南北共赢；继续实施高山移民、生态移民，建立生态补偿机制，加大扶贫力度，大力实施"欠发达乡镇奔小康"工程，加快欠发达地区发展。临海、温岭、玉环县域综合实力不断增强，天台、仙居、三门呈现较快发展态势，产业扶贫取得新成效。

"十二五"时期推进南北联动再深化。台州按照优势互补、共同发展原则，进一步完善协作机制，鼓励和引导区域间要素流动，促进产业合理转移。一是深入推进"南北协作"基地建设。2013年制定出台《关于加强南北协作园区共建工作的意见》，明确临海东部区块、天台工业园区、天台白鹤基地、仙居工业园区、三门沿海工业城等5个南北协作园区为台州市"南北协作"共建园区，努力实现双赢发展。二是大力发展特色优势产业。依托当地资源优势，重点发展水果、茶叶、高山蔬菜、笋竹两用林、畜禽、水产等特色种养业。加快发展来料加工和农家乐等非农产业，拓宽农村劳动力转移就业和农民增收致富门路。三是加大对欠发达地区的支持力度。重点扶持革命老区、贫困山区、库区等经济社会发展,加快交通、水利、能源、公共服务等基础设施和防灾减灾体系建设。四是加大对困难群众的帮扶力度,大力实施"低收入农户奔小康工程",加强山海协作职业技能实训基地建设,加快下山移民步伐,鼓励和引导低收入农户集中村的农户向中心镇、工业园区集聚或外迁落户,帮助落实群众增收合作项目,实现下山移民"稳""富"同步。五是强化部门对口帮扶。2012年,组织市级机关、发达县与欠发达县的320个建制村建立帮扶对子,2013年继续与北部327个欠发达村开展结对帮扶活动。2013年,全市实现山海协作产业合作项目到位资金16.7亿元,完成年度省考核任务的167%;帮助欠发达地区培训转移劳动力11310人次,完成年度省考核任务的377%;实施群众增收、社会事业和新农村建设项目44个,到位资金3404.9万元;帮助欠发达地区企业实现扩销产品5.63亿元,完成年度省考核任务的281%。2014年,引进"南北协作"产业合作项目到位资金21.47亿元,帮助欠发达地区培训转移劳动力10900人次;实施群众增收、社会事业和新农村建设项目29个,到位资金2706万元;帮助欠发达地区企业实现扩销产品2.86亿元,完成年度省考核任务的143%;组织编制《南北协作工程特色优势产业及重点引进项目册》《台州市南北协作企业用工、劳务对接、就业推介项目册》,全市5个"南北协作"共建园区入驻企业500多家,年产值近300亿元,直接带动就业约15万人次。2015年,实现"南北协作"产业合作项目25个,落实到位资金32.02亿元,比2014年同期增长27.93%,帮助欠发达地区企业实现扩销产品39140万元,帮助欠发达地区实现培训就业9463人次,天台、仙居、三门等北三县实施"南北协作"产业合作项目21个,来自市内的"南北协作"项目比重达85.71%,地区生产总值(GDP)增速分别为9.0%、9.3%、9.2%,明显高于南部县(市、区)和全市平均数。经过5年努力,欠发达县成功"摘帽",连续3年在浙江省山海协作工程考核中获评优秀,有力促进了北部地区产业转型升级,有效促进了"南北协作工程"向纵深发展。

"十三五"时期开辟"南北协作"新局面。台州紧紧围绕"南北协作工程"发展目标,开辟了区域均衡发展的崭新局面,为开启高水平全面建设社会主义现代化国家新征程、推进共同富裕奠定了坚实基础。2018 年 6 月,台州市五届市委第三十五次常委会会议强调,聚力打造山海协作工程升级版,实现更高质量的区域协作发展,推动山海协作再上新台阶。台州在全国建立首家乡村振兴学院,积极引导工商资本"上山下乡",在全省率先出台鼓励工商资本下乡的政策文件。2018 年 7 月,三门—温岭山海协作生态旅游文化产业园项目正式启动。2020 年 7 月,天台—路桥召开山海协作联席会议暨山海协作升级版推进会,签订乡村振兴合作框架协议、"飞地抱团"联购项目合作协议等。2020 年 9 月,温岭—三门山海协作(南北协作)联席会议上签订了《温岭市人民政府—三门县人民政府进一步深化山海协作(南北协作)框架协议》《三门县亭旁镇—温岭市滨海镇结对协议》。2021 年,台州深入研究《浙江省山区 26 县跨越式高质量发展实施方案(2021—2025年)》,结合当地特色和实际,于 10 月 25 日在全省率先发布《关于贯彻落实〈浙江省山区 26 县跨越式高质量发展实施方案(2021—2025 年)〉的若干意见》,构建了"16N"的发展体系,加快推动山区县实现跨越式高质量发展,与全市齐步走向共同富裕。台州南北合作机制不断完善、项目建设增势明显、精准扶贫成效显著、社会事业合作更加紧密,形成了"山海并利、山海共赢"的良好发展局面。

(二)坚持念好台州"山海经"

产业协作重在发挥"山"的特色,借力"海"的优势。"南北协作"是一条"引水渠",沿海工业城是一个"蓄水库",台州大湾区建设是高质量协作发展的"桥头堡"。温岭—三门山海协作共同规划、共享招商,全力打造山海协作特色生态产业平台。三门湾充分发挥山海兼备的资源禀赋,释放湾区、港口、能源等发展优势,在盐碱地上建起了一座崭新的工业城,形成了以汽摩配、电机、洁具、橡胶等为主的产业格局,汇集海洋清洁能源、海洋装备、港口物流等三大临港产业集群,加速了台州沿海产业带发展壮大。台州大湾区建设脱胎于沿海产业带,坚持"港产城湾"一体化发展理念,统筹沿湾蓝色经济带和西部绿色增长带开发,把北三县作为融入长三角的前沿阵地,以台州湾区经济发展试验区建设为契机、以三门湾区域统筹开发为纽带、以头门港为龙头,打造浙江湾区经济发展示范区,推动台州发展从县域迈向市域、从传统迈向现代、从合作迈向协同,促进三湾联动发展、能级整体跃升。天台—路桥山海协作采取"订单合同＋服务协作"新模式,以农业龙头企业为农业产业融合发展的合作对象,通过龙头企业全过程参与农民专业合作社、家庭农场的农业生产服务,稳定供销合同关系,以农产品加工、市场销售保障农民农业生产的效益。仙居—玉环山海协作注重突出产业培育,突出产业帮扶,推进第一、二、三产业融合发展,变"输血"为"造血",充分激活乡村发展资源优势。依托产业园作为仙居生态农业、农旅、文旅等产业主平台的优势,以成功创建首批国家农村产业融合发展示范园和省级特色小镇为契机,融合"旅游＋""科技＋""互联网＋""文化＋""教育＋"多元化理念,打通农业向第二、三产业延伸的"任督二脉",拓宽产品销售渠道,推进产业深度融合发展。温岭—三门不断拓宽旅游发展思路,制定《三门—温岭山海协作生态旅游文化产业园总体规划(2018—2030)》,开展农业观光旅游,深入挖掘红色旅游资源。2020年,三门县岙楼村被列为山海协作乡村振兴示范点,岙楼村"岙楼红"红色主题村落建设初具规模,打造出有特色、高水平的"红色金名片",探索出一条"红色基因＋休闲旅游＋共同富裕"的乡村振兴之路。三门培育乡村振兴"土专家""引路人",组织红色旅游、民宿经营实用人才赴温岭市参加山海协作技能培训班,建立乡村振兴人才储备库。

项目合作激活发展内生动力。台州不断创新合作机制,深化合作内涵,以更高站位、更实举措推进南北全方位的项目合作,在产业发展、乡村振兴、民生事业等方面，大力推进特色优势产业合作，推动项目的资源共享、合作交流，全面提升合作的层次与水平，努力打造山海协作升级版，进一步念好"山海经"、唱响"协奏曲"，造福南北两地人民。台州针对南北产业特点，强化市级统筹，全力推进产业项目合作。路桥、玉环、温岭通过投资洽谈会、招商对接会等途径，与天台、仙居和三门开展实地对接合作，重点帮助北三县引进高科技、绿色、环保项目。台州加强对山海协作工程财政贴息（补助）项目的申报、督查和绩效评估，每年组织北三县申报省山海协作工程重点支持项目，积极争取补助资金，针对"多点"项目资金不足的现状，利用"政府小资金撬动社会大资本"的筹资模式，将省级补助资金同步投入"一园多点"项目建设中，以政府补助带动社会资本参与美丽乡村建设，发挥财政资金的放大作用，达到四两拨千斤的效果。其中，仙居引入台州弗迪新能源动力电池项目、健立化学新能源电解液项目两个特别重大产业项目，浙东唐诗之路目的地天台县石梁镇天台山四季冰雪乐园项目和雷峰乡石雕文化园项目分别吸引社会资本投入 2 亿元和 3.5 亿元，有效解决了项目建设资金不足的问题。以山海协作援建资金为杠杆，带动企业家、乡贤等社会资源，将帮扶重点瞄准经济薄弱村，以"人才＋资金"模式帮扶到"点"，以项目促发展。通过建设农村基础设施类、群众集体增收类、公益社会事业类项目，切实推动农村宜居环境建设，为农旅融合发展打好基础。针对偏远山区，挖掘乡村特色，与社会资本共建产业项目，带动乡村发展、农民增收。

园区合作构建"四共"合作机制。台州拓展山海协作新思路，着力打造能高效整合要素资源的山海协作产业园（示范区），破解山海协作自我发展能力难题，提升资源集约利用质量。按照"共建、共管、共招、共享"的合作机制，台州积极打造了一批生态旅游文化产业园、飞地园区，使山海协作产业有承载、项目落得下。2015—2017 年，台州共建 5 个南北协作产业园，实施南北协作产业合作项目 162 个，到位资金 104 亿元。2020 年，建设天台—路桥、仙居—玉环、三门—温岭山海协作生态旅游文化产业园,成功创建省级山海协作生态旅游文化产业园,实现县域产业园全覆盖。台州通过搭建形式多样的"造血帮扶"园区平台,有效激活了经济发展活力。仙居—玉环山海协作生态旅游文化产业园,以"旅游六要素——吃、住、行、游、购、娱"的相关产业为基础,与毗邻的仙居台湾农民创业园现有业态相互促进、互为补充,丰富的业态布局拉长了仙居旅游产业链,推动仙居加速形成集大健康、大文化、大旅游为一体的全域旅游发展格局,实现旅游产业转型升级,发挥"神仙大农""仙玉"品牌优势,打造了中国高端农业的仙居样板。天台—路桥山海协作生态旅游文化产业园谋划建设温泉度假区、高端民宿等 12 个子项目,群众在家门口卖起了农产品,经营起了民宿和农家乐,喜赚"生态钱"。山海协作产业园已成为功能布局合理、产业特色鲜明、集聚效应明显、生态环境优美的区域合作示范区,为产业升级发挥了很好的示范带动效应。

飞地经济创新多维合作模式。一是精准对接薄弱村,共建飞地。仙居—玉环缔结"仙玉良缘",不断创新机制,破解偏远地区收入难提高问题,防止低收入家庭脱贫后返贫,筛选 31 个集体经济薄弱村抱团,利用惠农性金融手段筹集村发展资金,结合省"消薄"专项资金,抱团在玉环市建立飞地园区。二是助销特色农产品,共设"飞柜"。玉环设立农特产品"飞柜"平台,探索"基地(农户)＋公司＋市场"模式,引入玉环农产品物流配送企业,收购仙居农特产品,"神仙大农"杭州展销馆正式营业,直供玉环、杭州等地的机关单位和大型企业食堂,架起产地与销售者的连接桥梁。同时,利用各类网络电商平台,实现线上线下互助营销。2020 年,在玉环市新建"妙鲜生"超市等"飞柜",260余种特色农产品进入玉环市场,并引入玉环通发食品有限公司在该市投资农产品物流配送中心项目,实现消费扶贫 1700 多万元,为农户增收 200 多万元。三是助推乡村振兴,共享"飞智"。台州设立"院士之家"开展招才引智工作,与清华大学、浙江大学、浙江农林大学等科研院校签订合作协议,与中国工程院、浙江省农科院等形成共建协议,组建精英人才团队。仙居—玉环实行两地科创资源共建共享机制,建立"科技特派员联盟""外联专家工作库",共享两地科技创新平台,利用众创空间等平台资源,服务两地乡村振兴、产业发展。仙居台湾农民创业园已被评为国家农村产业融合发展示范园,仙居神仙氧吧小镇被正式命名为第三批浙江省特色小镇和台州"院士之家",与玉环市政府结对帮扶的景东村已被评为市级美丽乡村精品村。三门—温岭突出"人才强村",举办多种形式的培训班。天台—路桥以白鹤远景袜业城为商贸交流合作平台,实现双方产业项目合作、旅游文化宣传、人才技术交流、经贸需求互补和特色产品销售等全域联动、互助互融。

携手共同富裕助推乡村振兴。一是建设基础设施,改善人文环境。台州把加大基础设施建设力度作为加快欠发达山区和海岛渔区发展的关键,整体推进欠发达地区的交通、水利、电力、通信、生态等工程建设,提高基础设施的共享性和综合效应。台州以山海协作援建资金为杠杆,综合利用援建资金和各专项资金,带动企业家、乡贤等社会资源,将帮扶重点放在经济薄弱村。二是开展乡村整治,建设美丽人居环境。天台县将和合文化浸润于美丽乡村建设全过程,玉环市援助仙居校园建设及设备添置,温岭—三门开展教育结对共享教育资源。三是龙头企业带动,农民入股分红。台州以企业为龙头,借助飞地产业园,打造一批合作平台,推动一批项目实施,建成一批重大项目,形成一批重大成果,实现优势互补,获得一笔"消薄"收益,促进低收入农户增收。仙居—玉环采取"保底租金+股金分红"方式让村集体入股,带动农户以土地入股参与分红,集中土地经营权进行集约化生产经营。创新"订单合同+服务协作"复合新模式,以农业龙头企业为合作对象,以农产品加工、市场销售保障农民农业生产的效益。四是实施村企结对,开展文旅合作。台州通过开展跨区域旅游合作推广活动,统筹协调旅游资源,针对经济薄弱的乡镇联合开发休闲农业和乡村旅游产品,充分发挥旅游企业的市场主体作用。仙居—玉环常态化举办山海年货文化节、非遗文化节等活动,展销两地特色农副产品和特色文化。天台县推行片区化组团式发展模式,各村通过差异化扶持和组团式发展,带动全域开启乡村旅游片区化发展新时代。其中,张思片区定位"历史文化村落＋天台大农场＋青年创业基地",做深农旅融合文化;后岸片区定位"片区组团＋大众创业＋两山通道转化",跻身全国美丽宜居村庄示范、国家4A级旅游景区行列。

第三节　经验与启示:全面小康与共同富裕的必由之路

台州市委、市政府一任接着一任干,忠实践行习近平同志在浙江工作期间的重大决策部署和在台州考察调研时的重要指示精神,以马克思主义中国化最新理论成果指导实践。台州的实践表明,在浙江全面建设小康社会、率先实现社会主义现代化的历史进程中,走区域经济协调发展、城乡融合发展的道路是行得通的、有成效的。未来,台州将以党的二十大精神为指引,奋力开创区域协调发展的中国式现代化新局面。

一、台州融入长三角发展的经验与启示

(一)必须坚持"进一步解放思想"

历史证明,最大的机遇总属于能看清趋势、敢于打破常规、"第一个吃螃蟹"的人。长三角一体化发展具有极大的区域带动性和示范作用,发挥龙头引领作用,能够带动整个长江经济带和华东地区发展,形成高质量发展的区域集群。长三角一体化发展,关键在于对原来区域内每个城市内生性自我碎片化发展模式进行整合,更好地集聚各种优质资源。长三角一体化发展之于浙江是历史性机遇、战略性风口,但"在思想观念上还存在一些模糊认识","无需接轨"的狭隘观念、"无法接轨"的消极态度、"无从接轨"的畏难情绪。一定要纠正和克服这些

模糊的思想认识，一定要认识到主动接轨上海、参与长江三角洲地区合作与交流的重要性和紧迫性。① "思想不解放，我们就很难看清各种利益固化的症结所在，很难找准突破的方向和着力点，很难拿出创造性的改革举措。"② 从区域经济发展全局的视域看，台州接轨上海，参与长江三角洲地区交流与合作，必须努力突破"区划经济"各自为政的格局，实现全方位、多层次、宽领域的合作，实现区域间资源要素的流动、融合、协同、叠加的一体化创新。台州的实践已经充分证明，只有深刻理解习近平同志重要讲话精神，深刻把握区域经济协调发展的内在规律，打破分割格局的思想禁锢，才能充分发挥台州的自然禀赋、文旅资源等优势，探索具有台州特色的一体化模式和路径，实现资源共享、优势互补，促进台州各项事业高质量发展。

（二）必须着眼于"虚心学习、主动接轨"

"虚心学习，就是要找自身之不足，学上海之所长，促浙江再发展。"③ 地处中国黄金海岸线中段的台州市，居山面海，山海兼利，是中国大陆太阳最早升起的地方，是中国民营经济发祥地、股份合作经济发源地、市场经济先发地，改革开放以来更是成为长三角地区先进制造业基地、浙江制造的重要板块。"但与沿海发达省份特别是沪苏两省市相比，在经济结构和产业竞争力、科技教育水平、吸引外资的总量、城市建设和基础设施建设水平、企业素质等方面，都有较大的差距。"④ 台州既要看到自身优势，也要找自身之不足，学上海之所长，促自身再发展。

---

① 习近平：《干在实处　走在前列——推进浙江新发展的思考与实践》，中共中央党校出版社2006年版，第107页。

② 《关于〈中共中央关于全面深化改革若干重大问题的决定〉的说明》，《人民日报》2013年11月16日。

③ 习近平：《干在实处　走在前列——推进浙江新发展的思考与实践》，中共中央党校出版社2006年版，第108页。

④ 习近平：《干在实处　走在前列——推进浙江新发展的思考与实践》，中共中央党校出版社2006年版，第108页。

"主动接轨,就是要明确定位,接轨上海的国际化、现代化,积极参与长江三角洲地区的发展。"①台州如果不主动对接、主动融入、主动合作,不在浙江加快推进长三角一体化的大棋局中占据更加重要的位置、担当更加重大的使命,就有被边缘化的危险。只有以更加积极的姿态,充分利用苏沪两省市的信息、金融、市场、组织管理、科技、人才等优势,发挥自身的比较优势,运用区域经济协调发展的思路和理念,不断创新融入长三角的协同方式、接轨路径,才能找准区域合作着力点,才能顺利实施这样一个庞大的社会系统工程。

(三)必须聚焦"真诚合作、互利共赢"

"真诚合作,就是要确立相合互融的联动发展理念,构筑新型的合作体制和机制,全面推进两地经济合作与发展。"②让友谊之树四季常青,需要推动更多领域的交流交往。一方面,台州的行政区划自中华人民共和国成立后历经数次调整,与温州、宁波的合作交流频繁,而与上海和江苏的交往相对薄弱,在市场、体制、资源、产业、交通、人才、信息等众多领域存在交流障碍与合作壁垒。只有建立良好的营商环境才能显著降低制度性交易成本,有效稳定投资者预期,广泛聚集经济资源要素,成为推动长三角其他城市"走"进台州的必要条件。另一方面,"互利共赢,就是要借上海之势,扬各自所长,实现长江三角洲地区的共同繁荣"③。建立全方位、多层次、宽领域的合作,需要有共同的发展需要和利益追求,努力变"单向辐射"为"双向合作"。台州山海资源丰富、加工制造业基础良好,只有坚持优势互补、互惠互利、共同发展,才能把这些优势转化成现实生产力。因而,台州参与长三角合作与交

---

① 习近平:《干在实处 走在前列——推进浙江新发展的思考与实践》,中共中央党校出版社2006年版,第108页。

② 习近平:《干在实处 走在前列——推进浙江新发展的思考与实践》,中共中央党校出版社2006年版,第109页。

③ 习近平:《干在实处 走在前列——推进浙江新发展的思考与实践》,中共中央党校出版社2006年版,第109页。

流,必须以互利共赢为基础和前提,"进一步加强政策的统一性和协调性、着力消除市场壁垒,打破部门垄断,规范市场秩序,为要素自由流动和各类经济主体的合作和竞争提供良好的政策环境和发展条件"①。台州的实践证明,充分利用长江三角洲地区各省市之间地域相连、人缘相亲、经济相融、人文相近的特点,主动接轨、加强协作、发挥优势、实现共赢,从政府、企业、民间等多方着手,加强多方位、经常性的交流与合作,构建空间上的整体性、认识营商环境的重要性、利用文化上的同源性、寻找产业结构的互补性,才能主动打破融入一体化发展面临的束缚,合力推进长三角一体化朝更加协调、更有效率、更具国际竞争力的方向发展。

二、台州城乡一体化发展的经验与启示

(一)必须聚焦城乡二元结构改革

习近平同志在浙江工作期间,在多个场合反复强调存在城乡二元结构的现代化不是合格的现代化。2004 年 3 月,中共浙江省委在嘉兴召开全省统筹城乡发展座谈会,深刻地指出城乡发展不协调,根源在于城乡分割的二元结构体制。因而,从现代化建设全局的视域来看,推进城乡一体化,必须打破城乡二元体制结构,畅通城乡要素流动,形成以城带乡、以乡促城的新发展格局。台州的实践证明,只有打破城乡二元体制结构,才能推进以人为核心的新型城镇化,加快农业转移人口市民化。贫困群体减少、城乡差距缩小,共享共同富裕,这也是全面建成小康社会的必由之路。

(二)必须着眼跳出"三农"抓"三农"

城乡发展不均衡、不协调,实质和核心就是"三农"问题。换句话

---

① 习近平:《干在实处　走在前列——推进浙江新发展的思考与实践》,中共中央党校出版社 2006 年版,第 110 页。

说,在推进城乡一体化的过程中,薄弱点和工作难点都在于"三农"问题。把握好"三农"问题,就等于抓住了城乡一体化的关键痛点。"三农"问题的本质是农民问题。习近平同志在浙江工作期间多次指出,"小康不小康,关键看老乡"。2005年1月,在全省农村工作会议上,习近平同志对做好"三农"工作提出了"五个务必"的重要论断:务必执政为民重"三农"、务必以人为本谋"三农"、务必统筹城乡兴"三农"、务必改革开放促"三农"、务必求真务实抓"三农"。① 台州的城乡一体化实践也印证了上述论断的前瞻性和科学性。只有坚持从实际出发,不断创新"三农"工作的思路和方法,解放思想、实事求是、与时俱进,跳出"三农"抓"三农",用统筹城乡发展的思路和理念,才能打破农业增效、农民增收、农村发展的体制性约束,从根本上解放和发展农村生产力,加速农业农村现代化、农民现代化。

(三)必须坚持城乡联动、互促共进

改革开放以来,台州市委、市政府带领全市人民解放思想,大力推进城市化,努力实现社会各项事业健康发展,城乡面貌日新月异,群众生活水平不断提高,但面临的一个现实问题就是区域发展不平衡、城乡发展不协调。台州审时度势,以科学发展观为指导,基于自身特殊的地理位置、城市空间结构、经济发展模式、城乡特征等基本情况,努力探寻一条适合区域特点、协调推进的城乡发展特色之路。2002年12月,习近平同志调研台州,赋予台州"促进区域经济的协调发展"②的历史使命。台州牢记嘱托,市领导先后到30多个乡镇40多个村庄进村入户调查,于2006年5月以市委全会的形式做出了"大力实施城乡一体化,积极构建市区繁荣、城乡一体、区域协调"的现代化"大台州"的战略部署,把推进"城乡联动互促共进"作为三大任务之一加以

---

① 习近平:《干在实处　走在前列——推进浙江新发展的思考与实践》,中共中央党校出版社2006年版,第147—153页。

② 《习近平在甬台温考察调研时强调艰苦奋斗　开拓创新　狠抓落实　努力开创我省各项工作新局面》,《浙江日报》2002年12月24日。

实施。近年来,台州沿着城乡一体化的新路子,坚持不懈、一以贯之地推动工业与农业、城市与乡村、经济与社会互动发展。经过多年的努力,台州经济社会发展取得了显著成就,城乡差距逐步缩小、二元结构有效打破,步入了全面建成小康社会决胜阶段。台州的实践证明,在城乡一体化实施的过程中,坚持城乡联动、互促共进的发展思路是完全正确的,是好做法、好经验,能够走出一条有台州特色的城乡融合发展之路。

三、台州推进山海协作的经验与启示

(一)必须着眼解决发展不平衡不充分问题

区域经济发展不均衡、不协调,实质和核心就是"发展差距"问题,"特别是以人均 GDP 衡量的区域发展差距,是长期存在的,在某个发展阶段甚至还有不断扩大的趋势"[①]。改革开放以来,台州经济快速发展,人民群众收入不断提高,群众生活水平和质量不断提升,但依然面临发展差距、收入差距等现实问题。促进"欠发达地区跨越式发展"的重点工作在于缩小地区差距,特别是缩小收入差距,加快提高欠发达地区人民收入。解决好"收入差距"问题,就等于抓住了山海协作的关键痛点。台州始终沿着习近平同志指引的方向勇毅前行,坚持以人民为中心的发展思想,发挥山海优势,实施"南北协作工程",构建"共建、共管、共招、共享"的合作机制,把促进低收入群众增收、消除薄弱村作为山海协作工作的重要抓手,创新"飞地""飞柜""飞智"等多种合作模式。台州实践成功破解了山海协作发展难题,充分地表明,带动欠发达地区人民共同致富,必须把山区县崛起作为构筑区域均衡发展格局的重要抓手,推动山区跨越式发展,升级山海协作,推动形成全域一体化发展新格局。

---

① 习近平:《干在实处　走在前列——推进浙江新发展的思考与实践》,中共中央党校出版社2006年版,第203页。

(二)必须聚焦生态资源和特色产业

地区之间存在区位条件和资源禀赋差异,需要因地制宜、分类指导。缩小地区间发展差距,特别是收入差距,关键在于打通区域合作互助的堵点。台州民营经济发达,南部沿海地区经济优势明显,北部山区虽然资源丰富,但与发达地区差距依然较大,传统区域间产业梯度转移模式需要调整,基础设施、公共服务和生态环保等领域需要优化布局。促进欠发达地区跨越式发展,"首先要站在统筹区域发展的高度,解决欠发达地区发展道路的选择问题","不能简单地推动欠发达地区去复制发达地区走过的传统工业化道路"。[①] 2005 年 1 月,习近平同志在全省农村工作会议上强调,"充分发挥欠发达地区的生态资源和特色产业优势,促进绿色农业和特色农产品发展"[②]。台州牢记嘱托,顺应高质量发展的内在要求,因地制宜发展特色产业、生态旅游,促产业绿色转型升级,分阶段实施"南北协作工程",成功打造了山海协作工程升级版。通过打通特色资源要素双向自由流动通道,台州成功走出了一条生态与产业共生发展的新路子。台州实践证明,念好"靠山吃山、靠海吃海"的"山海经"是一条正确道路,坚持综合运用"加减乘除法",能够实现保护与发展的双赢。

(三)必须坚持政府推动、市场主导

实现山海"牵手",离不开党建引领和政府引导,更离不开市场主体的作用发挥。台州致力于改变欠发达地区的落后面貌,切实推动加快北部山区发展的各项工作,但依然面临"成长中的烦恼"[③]。2006 年12 月,习近平同志在台州调研时强调,"促进区域协调发展是实现全

---

① 习近平:《干在实处 走在前列——推进浙江新发展的思考与实践》,中共中央党校出版社 2006 年版,第 211 页。

② 习近平:《干在实处 走在前列——推进浙江新发展的思考与实践》,中共中央党校出版社 2006 年版,第 215 页。

③ 习近平:《干在实处 走在前列——推进浙江新发展的思考与实践》,中共中央党校出版社 2006 年版,第 213 页。

面小康社会的重要任务，是全省发展的大局，是各级各部门和社会各方面的共同责任"，"要政府推动、市场主导，科学制定年度工作计划，进一步加大扶持力度，开展形式多样的协作活动，动员社会各方面力量积极参与山海协作，构建全社会参与山海协作的大格局"。① 台州沿着习近平同志指引的方向笃定前行，持续提高政治站位，强化政治担当，实施专班制度，定期召开"南北协作工程"推进会，"一任接着一任干，一张蓝图绘到底"，不断健全财政转移支付制度，完善生态补偿制度，建立了长效合作机制、信息互通机制、协同监管机制、培育对接机制、共同服务机制、乡贤回归助力机制等。台州实践证明，只有始终坚持党建引领，落实好政治责任，发挥好市场主体作用，才能够收到"党的政策好、经济发展好、合作模式好、人居环境好、社会风气好"的良好效果，从而为台州念好共同富裕"山海经"打通前进道路。

---

① 《习近平在全省"山海协作"工程会议上强调不断推动山海协作再上新台阶》，《浙江日报》2006 年 12 月 28 日。

第四章　深化完善基层民主政治建设的积极探索

改革开放以来,台州经济社会迅猛发展,出现了很多新情况和新问题,对基层治理提出了新的要求和挑战,台州市委、市政府不断探索基层有效治理途径,在此背景下,形成了以"民主恳谈"为主要形式的基层民主政治模式。进入 21 世纪,尤其是在"八八战略"指引下,台州市不断推广、深化基层民主政治建设,基层治理水平不断提升。浙江省第十五次党代会提出,发展全过程人民民主,要"丰富拓展基层民主实践"。党的二十大报告明确指出,要"全面发展协商民主","积极发展基层民主"。在基层民主政治建设方面,台州具有鲜明的先发优势和厚重的实践积淀。研究总结台州基层民主政治实践,对于指导和推动基层民主政治发展、深入践行全过程人民民主、推动社会治理现代化具有重要的现实意义。

第一节　背景与内涵:基层民主探索的先行地

浙江是民营经济先发地区,也是基层民主政治的重要实践区,基层民主管理、民主决策、民主监督、民主参与走在全国前列。习近平同志在浙江工作期间,非常关心重视基层民主政治的发展,先后多次到基层考察,调研期间针对基层民主政治发展发表了多篇重要讲话,做出了一系列重要指示。台州市积极贯彻落实习近平同志重要指示精神，大力推进基层民主政治建设，努力提升基层治理水平，有力地保障了台州社会稳定和发展。

一、时代背景：市场经济与基层民主协商

基层是社会的细胞，是构建和谐社会的基础。各种社会现象都通过基层反映出来，各种社会问题都在基层最先表现出来，各种冲突也可能最先在这里酝酿、爆发。和谐社会并非没有矛盾，而是能够及时发现矛盾并能够有效疏解矛盾，维持社会良好秩序。矛盾的疏解更多地依赖基层。党的十九大报告指出要"推动社会治理重心向基层下移"，体现了党中央对基层社会治理的重视。2006 年，习近平同志在衢州调研基层基础工作时就指出："和谐社会是民主法治的社会，基层历来是民主政治的发源地和实验田。民主精神的培育、民主素质的锻炼、民主实践的操作，都是在基层产生、在基层发展、在基层得到检验的。当前，在推进基层民主政治建设的过程中，由于部分基层群众的民主意识和素养不够，难免会出现这样那样的问题。对此，决不能因噎废食，只要切实加强引导，不断完善制度，就能依法行事，稳步推进。人民群众的素质觉悟越高，民主素养越好，基层民主机制越健全，社会就越和谐稳定。"①

浙江民营经济发达，在市场经济影响下，基层群众的民主意识不断增强，而随着经济社会转型，社会利益日益分化，各种矛盾、纠纷也层出不穷。20 世纪末，拆迁、环保、劳资关系等引发的矛盾纠纷大量出现，而且随着经济社会环境的变化，基层干群关系有所疏远，不利于这些矛盾纠纷的解决。在此背景下，基层干部和群众纷纷寻求民主协商的办法，畅通群众诉求渠道，提升决策水平，促进社会和谐稳定。2006 年 10 月，习近平同志在《浙江日报》的《之江新语》专栏刊文指出：

---

① 《习近平：基层民主越健全　社会越和谐》，《人民日报》2006 年 9 月 25 日。

"基层矛盾要用基层民主的办法来解决,这一重要原则一定要把握好。从这个意义上说,推进基层民主建设是实现政治稳定、社会和谐的重要保证,基层民主越健全,社会就越和谐。基层组织和基层干部要提高构建社会主义和谐社会的能力,就要大力提高通过民主方法来解决基层矛盾的能力,自觉加强民主作风的修养,不断创新领导方式和工作方式,综合采用政治、经济、行政、法律和民主协商等多种手段,提高将矛盾化解在基层、消灭在萌芽状态、控制在局部的能力。"[1]在习近平同志直接推动下,基层协商民主在浙江全面推开。2014 年 9 月 21 日,习近平总书记在庆祝中国人民政治协商会议成立 65 周年大会上强调:"涉及人民群众利益的大量决策和工作,主要发生在基层。要按照协商于民、协商为民的要求,大力发展基层协商民主,重点在基层群众中开展协商。凡是涉及群众切身利益的决策都要充分听取群众意见,通过各种方式、在各个层级、各个方面同群众进行协商。"[2]习近平总书记还指出:"发展基层民主,是社会主义民主政治建设的基础。要畅通民主渠道,健全基层选举、议事、公开、述职、问责等机制,促进群众在城乡社区治理、基层公共事务和公益事业中依法自我管理、自我服务、自我教育、自我监督。"[3]这些都充分体现了习近平总书记对基层民主政治建设的重视和肯定。

二、基本内涵:协商于民与协商为民

基层民主政治是中国特色社会主义民主政治的重要内容,也是"全过程人民民主"的重要实现形式。关于民主的本质,习近平同志指出:"有事好商量,众人的事情由众人商量,找到全社会意愿和要求的

---

[1]　习近平:《之江新语》,浙江人民出版社 2007 年版,第 226 页。

[2]　习近平:《在庆祝中国人民政治协商会议成立 65 周年大会上的讲话》,人民出版社 2014 年版,第 20 页。

[3]　中共中央宣传部编:《习近平新时代中国特色社会主义思想三十讲》,学习出版社 2018 年版,第 167 页。

最大公约数,是人民民主的真谛。"①"众人的事情由众人商量",就是发扬民主、集思广益的过程,就是统一思想、凝聚共识的过程,就是科学决策、民主决策的过程,就是实现人民当家作主的过程,而群众的广泛参与,也使涉及群众切身利益的实际问题得以广泛协商、达成共识。

在我国,涉及人民群众利益的大量决策和工作,主要在基层,基层民主政治就是要按照协商于民、协商为民的要求,实现人民群众的广泛参与和充分协商,切实维护好人民利益、保障好人民权利。广大人民群众在城乡社区直接行使民主选举、民主协商、民主决策、民主管理、民主监督等民主权利,是人民民主在基层最直接、最广泛、最生动的实践,正在逐步成为推动社会主义民主政治建设最广泛、最可靠、最牢固的群众基础和力量源泉。我国要发展的基层民主,是中国特色社会主义基层民主,而不是其他什么民主。一个国家实行什么样的政治制度,走什么样的政治发展道路,必须与这个国家的国情和性质相适应。我国的基层民主实践活动,建立并不断完善的基层群众自治制度,是党领导人民设计和发展,注重历史与现实、理论与实践、形式与内容有机统一,符合中国几千年文化传统和历史传承的一项基本政治制度和民主实践,不是"舶来品",更不是"飞来峰"。总之,我国基层民主政治的发展历史、实践内容,就是随着社会生活和公共需求的发展而逐渐充实的,群众普遍关心的问题在哪里,基层民主实践的内容就必然延伸到哪里。

三、基层民主政治建设是基层工作和乡村振兴的重要保障

深化完善基层民主政治建设是巩固党的执政基础的重要保障。习近平同志在浙江工作期间,就特别强调基层组织建设和基层工作的

---

① 习近平:《在庆祝中国人民政治协商会议成立 65 周年大会上的讲话》,人民出版社 2014 年版,第 13 页。

重要性。"基层是加强党的执政能力建设的基础。基础不牢,地动山摇。"①而在基层工作中,"基层组织是党的全部工作和战斗力的基础"②,是党联系群众的桥梁和纽带,是党扎根于人民、实现党的领导的坚实保证。广大基层干部是做好基层工作的骨干力量,"八八战略"最终要靠广大基层干部团结带领群众去贯彻和实施。习近平同志非常强调基层干部队伍建设,注重基层干部队伍建设在整个党的建设中的分量,注意保护和调动基层干部的积极性。"保护好、调动好、发挥好基层干部的积极性,是加强基层干部队伍建设的一项重要内容,也是深入实施'八八战略'、建设'平安浙江'的客观要求。"③2004 年 12 月6 日,习近平同志在《基层干部的分量》一文中强调:"各级党委、政府要把基层干部队伍建设作为党的执政能力建设的一大着力点。"④2006年 8 月 30 日,他在台州调研乡镇工作时强调:"加强基层建设和基层工作,始终是我们党的建设和政府工作的根本基础和重要方面。"⑤

深化完善基层民主政治建设是实现乡村振兴的重要保障。2006年 8 月 30 日,习近平同志在台州调研时指出:"把加强党的领导、充分发扬民主和严格依法办事有机结合起来,坚持按照思想政治素质过硬的要求选拔使用干部,着力选好配强班子'一把手'与增强班子整体功能的统一,选派精兵强将充实到乡镇领导班子,为新农村建设与构建和谐社会提供坚强的组织保证。"⑥2006 年 9 月 6 日,他再次强调,在"千村示范、万村整治"工程中,要"以农民思想教育、农村民主政治建设和基层党组织建设来推动工程建设"⑦。党的十九大提出乡村振兴

---

①　习近平:《之江新语》,浙江人民出版社 2007 年版,第 111 页。

②　习近平:《之江新语》,浙江人民出版社 2007 年版,第 111 页。

③　习近平:《之江新语》,浙江人民出版社 2007 年版,第 63 页。

④　习近平:《之江新语》,浙江人民出版社 2007 年版,第 90 页。

⑤　《习近平在台州调研乡镇工作时强调进一步加强基层建设　着力创建和谐新农村》,《浙江日报》2006 年 8 月 30 日。

⑥　《习近平在台州调研乡镇工作时强调进一步加强基层建设　着力创建和谐新农村》,《浙江日报》2006 年 8 月 30 日。

⑦　习近平:《之江新语》,浙江人民出版社 2007 年版,第 219 页。

战略,而"治理有效"是乡村振兴战略的重要基础。要实现基层乡村社区的"治理有效",离不开一支顺应基层经济社会发展新要求的乡镇铁军,更离不开广大人民群众充分参与、组织制度不断完善的基层民主政治建设。

第二节　实践与成效：兼顾民主与治理的基层民主政治形态

改革开放以来,台州经济社会迅猛发展,出现了很多新情况和新问题,对基层民主政治也提出了新的要求和挑战。台州市各级党委、政府根据转型期经济社会发展的特点,始终坚持人民的主体地位,不断创新基层民主治理模式,逐步形成了以"民主恳谈"为主要载体和途径的多形式、多层面的基层协商民主,在社会主义民主政治建设的道路上进行了有益的探索和实践。这一模式极大地调动了广大基层群众政治参与的积极性,并形成各主体协同合作、良性互动的社会共建共治格局,构建了问政于民、问需于民、问计于民的互动沟通平台,营造了群众有序有效参与社会治理的政治、社会环境。在"八八战略"指引下,台州以"善治"理念积极推进基层民主政治的发展,致力于寻找"社会利益的最大公约数",实现"公共利益的最大化"及"基层社会治理精细化",通过协商民主来化解矛盾冲突、协调各方利益、稳定社会秩序、维护社会和谐,形成了兼顾民主与治理的基层民主政治制度与实践形态。

一、基层民主政治创新实践不断推进

(一)基层民主协商内涵不断深化

台州是"民主恳谈"的发源地。自 1999 年 6 月 25 日在温岭松门

试行以来,民主恳谈凭借方式的新颖和解决问题的针对性、有效性,吸引了大量群众自愿前来参加,取得的效果超出预期。在实践中,民主恳谈致力于探索构建社会公众广泛参与的民主决策、民主管理、民主监督的基层地方治理模式,2004 年 3 月,民主恳谈获得第二届"中国地方政府创新奖"。民主恳谈顺应了人民群众的民主愿望,促进了当地经济社会发展和社会和谐,拓展了我国民主政治的生长空间,是台州改革开放 40 多年来在政治领域的主要成果。在民主恳谈的基础上,台州不断开展基层民主治理创新,涌现出一大批优秀的基层民主治理实践样板。如天台县将民主恳谈会、村民提案制、村务大事民决制、村干部创业承诺制、村民廉情监督站等农村基层民主制度进行了系统整合,创造性地设计了以"民主提案、民主议案、民主表决、创业承诺、监督实施"为主要内容的村级"民主决策五步法",形成了统一、系统、简便易行的村级民主制度,实现了农村"四个民主"(民主选举、民主决策、民主管理、民主监督)的有效对接。

(二)基层民主协商外延不断扩展

在"八八战略"指引下,台州"民主恳谈"不断探索与发展,其外延已经从最初的村级向市级延伸,内涵也从初期的改进农村思想政治工作向基层民主政治建设的决策咨询方向深化,形成了集民主决策、民主管理、民主监督等多种形式于一体的新型民主制度。随着基层民主政治的发展,台州市积极探索以统战促协商民主的实践形式,市委统战部围绕"谁具体抓协商、在哪里协商、与谁协商、协商什么、怎么协商、协商以后怎么办"等问题,积极探索构建了统战性"1+X+4"机制,即以统战部门为主导、以乡镇(街道)民主协商会为主渠道、以多样化多层次的"X"支渠道为拓展、以"四个三"为运行程序,延伸至村(社区)、企事业单位的广泛多层制度化且富有效率的基层协商民主"台州模式"。另外,综合性的基层民主政治实践还包括临海市的基层民主协商议事制度、黄岩区的"三化十二制"等。其他基层民主治理创新实践还有：民主决策方面的村务大事民决制；民主管理方面的工资集体协商制度、社情民意工作室、同心会客室、圆桌会商、网络"e 政厅"；民主监督方面的村务监督委员会、参与式预算、民主评议、民主听证会、功过簿、和合信访等。

（三）基层民主协商资源不断挖掘

台州积极挖掘优秀传统文化，增加基层社会治理新要素，助推基层民主治理，如乡规民约、新乡贤、合作社和"全科网格"等。这些农村基层民主形式，广泛吸引了群众的参与，方便了基层群众对公共事务的民主选举、民主决策、民主管理和民主监督，有力地促进了台州的民主政治建设，有效地维护了社会秩序，促进了社会的稳定和谐。

二、基层民主政治治理格局日益完善

（一）基层民主治理结构不断完善

在台州市雨后春笋般涌现的基层民主政治创新实践的基础上，各种治理元素不断被发掘出来并充分融入基层民主治理过程中。目前，台州各县（市、区）基本建立起了以党的基层组织为核心、村民自治为基础、村民议事会和乡贤联谊会为两翼、村务监督委员会为辅助、集体经济组织和农民合作组织为纽带、各种社会服务组织为补充的立体化基层民主治理结构。

（二）"三治融合"的基层治理体系不断健全

多年来，台州各地不断从体制机制上探索创新社会治理，积极构建自治、法治、德治"三治融合"的治理体系。如今，台州全市村规民约（社区公约）、自治章程修订率已达到100%。自2018年起开始实施台州市民主法治村（社区）建设三年行动计划，并以此为载体，全面推进基层法治建设，完善公共法律服务体系。截至2020年12月，全市已累计建成2304家农村文化礼堂，覆盖76%以上的农村人口，成为文化引领乡村振兴、基层治理创新的重要载体。各县(市、区)也在积极引导乡贤回归,并建立了乡贤理事会、乡贤联谊会等组织,支持乡贤充分发挥优势,参与基层民主治理,助力乡村振兴。

(三)"全科网格"提供有效辅助

网格化治理经过多年实践,形式越来越丰富,功能越来越多元,效果越来越明显。台州不断完善和丰富网格化治理的内涵,如路桥区探索出"全科网格",并以此为"底座",以"3＋X＋Y"为责任捆绑体系,以责任落实和责任追究体系为"杠杆",以"N 个体系"创新为支撑打造基层社会治理模式。其特点在于,通过利益驱动型的群众参与方式或半职业化的群众动员方式,组织调动一支相对可靠的社会群众力量,从而在一定程度上具备了基层社会治理的"神经末梢""毛细血管""免疫系统"功能。

(四)社会组织广泛参与基层治理

近年来,台州市加快老年协会、农民经济合作组织、乡贤参事会等社会组织发展;同时,积极纳入专业社会工作组织、志愿者组织等,引导其有序参与基层治理体系建设。如临海市积极培育与引导服务型和支持型的社会组织积极参与社会治理,玉环市引入专业社工组织"天宜社工",有效推进了当地的社区建设及共同体重塑。

(五)基层民主制度日益完善

台州在全国率先在市、县(市、区)、乡镇(街道)三级全面试行党代会常任制,构建起了三级联动的"3＋1"党代会常任制①基本制度框架。三级党组织在遵循党内民主规律的基础上,以尊重和保障党员的主体地位和民主权利为根本,着力构建了"群众—党员—代表—党代表大会"四位一体的联系沟通渠道,在实践中不断完善了党代表、党员和群

---

① "3＋1"党代会常任制:"3"即党代会代表任期制、党代会年会制、党委会负责制,"1"即常任制运行机制。

众之间的信息传递渠道与利益表达渠道,使党代表的主体意识、责任感和荣誉感大大增强,改善了党内民主生态,活跃了民主生活,密切了党群、干群关系,激发了党的创新活力,逐步形成了以党内民主推动人民民主、以人民民主促进党内民主的良性互动局面。

三、基层民主政治功能范围逐渐拓展

党的十八届三中全会将"社会管理"表述为"社会治理",虽然只改变了一个字,但是其内涵更加丰富。相应地,基层民主治理也具有了越来越丰富的内涵,并且逐渐从原来单一的管理模式转变为多元化的治理模式。从基层民主治理探索过程来看,台州突破了传统的基层治理范畴,以一种"大治理"的视角,将治理放在整个基层工作的大背景下考量,拓展了基层民主治理的功能范围。

(一)基层民主治理的政治功能强化

台州市一贯强调基层党组织在基层民主治理中的关键作用,如建立选派驻村第一书记工作长效机制、推行"党建+"工作方式等,努力从人才、制度等方面强化基层党组织建设,并通过加强党的思想建设和政治建设,提高基层党组织战斗力。这在基层实践检验中作用显著,契合了党建引领基层民主治理的发展趋势和新的规律。

(二)基层民主治理的经济功能强化

强化完善基层民主治理机制与发展农村集体经济相辅相成,基层民主治理需要发展集体经济,良好的村庄治理是集体经济存在的前提。基于此,台州市委、市政府大力发展与壮大村级集体经济,发布了《关于实施消除集体经济薄弱村三年行动计划的通知》,并开展了消除集体经济薄弱村攻坚行动。同时,通过完善基层民主治理机制,厘清了村级集体经济的责任与职能,提高了村"两委"的凝聚力和号召力,为村级公益事业和社会保障提供了资金支持。

（三）基层民主治理的生态功能强化

习近平总书记强调，"建设好生态宜居的美丽乡村，让广大农民在乡村振兴中有更多获得感、幸福感"①。台州狠抓生态治理，开展了"三改一拆""五水共治""千村示范、万村整治"等工程，将治理因子融入乡村生态建设中，极大改善了台州生态环境面貌。

（四）基层民主治理的文化功能强化

习近平总书记指出："要治理好今天的中国，需要对我国历史和传统文化有深入了解，也需要对我国古代治国理政的探索和智慧进行积极总结。"②台州通过深入挖掘传统文化中有益的治理元素，有效地推动了乡村文化建设和文明乡风培育；同时，以乡规民约、农村文化大礼堂等为载体，将传统文化中的治理元素与当下的基层民主治理有机结合，发挥了巨大功效。

四、基层民主政治制度平台日趋成熟

2015年2月，中共中央发布了《关于加强社会主义协商民主建设的意见》，明确指出要"构建程序合理、环节完整的协商民主体系，推进协商民主广泛多层制度化发展"。这标志着中国的协商民主在范围上由政治领域向经济、社会、文化、生态等各个领域延伸，在渠道上囊括党内民主协商、政党协商、人大协商、政府协商、政协协商、人民团体协商、基层协商、社会组织协商，形成了多层次、立体化、全方位的格局。台州严格按照党的十八大、十九大和十八届三中全会、十九届四中全会做出的社会主义协商民主建设的重大战略部署，充分结合自身民主政治建设的经验和规律，初步构建了以党内民主协商、政党协商、人大

① 《习近平近日作出重要指示　强调建设好生态宜居的美丽乡村　让广大农民有更多获得感幸福感》，《人民日报》2018年4月24日。

② 《习近平在中共中央政治局第十八次集体学习时强调　牢记历史经验历史教训历史警示为国家治理能力现代化提供有益借鉴》，《人民日报》2014年10月14日。

协商、政府协商、政协协商、人民团体协商、基层协商、社会组织协商等八种形式为主要内容的协商民主体系。在党内民主协商方面,台州把民主恳谈与党代会常任制相结合,明确党内民主恳谈是党委重大决策的必经程序,规定提交党委讨论决定的重大决策必须通过民主恳谈,相继发展形成了党代表工作室、党代表直通车、党组织"开放式"民主生活会等基层党内民主制度。在政党协商方面,由市委召集各民主党派,就经济社会有关重大问题开展专题协商议政。在人大协商方面,将民主恳谈与人民代表大会制度结合,主要表现形式为参与式预算民主恳谈。近年来,台州市又在全口径预算监督、预算监督方式创新、预算决算公开以及制度化、规范化建设等方面进行了新探索。在政府协商方面,市政府就规划调整、产业布局、板块开发、民生实事等重要公共政策和公共事务问计于民、协商决策,形成政府与公众常态化的对话机制。在政协协商方面,将民主恳谈与人民政协履行职能相结合,围绕经济社会发展的重大问题和涉及社会公众切身利益的重大公共事项,深入进行专题协商、对口协商、界别协商、提案办理协商。每年由市政协选定议题,与市委、市政府及社会各界开展专题协商。在人民团体协商方面,各级党委、政府就人民群众关心的热点、难点问题,通过民主协商会、座谈会、情况通报会等渠道,与工会、共青团、妇联、工商联等人民团体充分进行对话沟通,听取意见和建议。如市委、市政府相继就党的群众路线教育实践活动以及"五水共治""三改一拆""多城同创"等重点工作,召开了十多次人民团体协商会,广泛听取意见和建议,推动了科学决策。在基层协商方面,以村居、社区为主体,围绕本村居、本社区的乡规民约制定、村庄规划调整、村级"三资"管理、农村公益事业等热点、难点、焦点问题,开展村居社区组织与群众的对话沟通。在社会组织协商方面,行业协会、商会、志愿服务组织、公益慈善组织、宗教团体等社会组织围绕本领域备受群众关注的议题进行对话沟通。

五、乡镇基层民主治理结构更加完善

党的十八大以来,台州积极推进治理体系和治理能力现代化建设。台州基层政府治理能力现代化集中表现为基层政府对治理模式的选择和创新。台州探索通过授权和分权等方式,将多元主体纳入地方治理体系,实现地方政治与地方经济、社会发展的良性互动,从而实现党的领导、人民当家作主和依法治国的有机统一。

(一)率先推行权力清单制度

早在 2012 年 12 月,台州就立足高点起步、市县联动,在具有行政执法权的 46 个市直部门和 9 个县(市、区)全面推进行政权力清单制度,开展行政权力清理、规范工作,让权力在阳光下运行,让干部群众在公开中监督,表明了台州地方政府推进改革、简政放权、依法行政的坚定决心和高度自觉。

(二)推进基层便民服务中心全覆盖

基层便民服务大厅就是便民服务平台到村(社区)的前移,解决的是与群众生产生活息息相关的事情。加强基层便民服务中心建设对于推动公共服务由城市向农村覆盖,进一步方便群众办事、保障和服务民生,进一步转变政府职能、提升行政效能、转变干部作风、密切党群关系、促进社会和谐、巩固党的执政基础等,具有十分重要的现实意义。2011 年 8 月底,台州 135 个乡镇(街道)和 5190 个村(社区)的便民服务中心全部建成。台州从基层便民服务中心建设开始,就着眼服务,立足机制建设和制度保障,要求各地做到统一建设标准、统一制度规范、统一资源整合,积极打造标准化基层便民服务中心,全力提高服务水平和平台效率。

(三)加快推进"基层治理四平台"建设

台州通过综治工作、市场监管、综合执法、便民服务等四个功能性平台,致力于破解基层治理难题,给基层群众以实实在在的获得感。通过政府部门资源下移、保障下倾、力量下沉、服务下行,推动更多的资源向一线倾斜,使职权、力量等"围着问题转、贴近群众干",真正实现"资源力量下乡镇、基层治理上水平"。截至 2018 年 6 月底,全市"四个平台"已全部完成搭建,综合指挥体系初步形成,各项工作机制基本建成,并于 8 月底前全部有效运行,确保了"四个平台"建设横向到边、纵向到底,不留死角。台州以群众需求为导向,把直接面向基层的各类事项纳入其中,并通过建立统一的信息收集分办系统,使信息化与政务服务、社会管理、行政执法等深度融合,使政府智慧治理从理念变为现实,切实提升了基层治理能力和治理现代化水平,实现了"两智融合"(群众智慧＋人工智能)。

第三节　经验与启示:走向社会治理共同体

党的十九大报告提出,要"发挥社会主义协商民主重要作用","推动协商民主广泛、多层、制度化发展"。党的十九届四中全会指出,要"加强和创新社会治理,完善党委领导、政府负责、民主协商、社会协同、公众参与、法治保障、科技支撑的社会治理体系,建设人人有责、人人尽责、人人享有的社会治理共同体"。党的十九大和十九届四中全会为新发展阶段基层民主政治建设指明了方向,研究总结台州基层民主政治的实践,对指导和推动基层民主政治发展具有重要的现实意义。

一、党的全面领导是基层民主政治建设的根本遵循

基层民主政治建设,党的领导是根本。坚持党的全面领导这一根本遵循,能确保基层民主政治建设的根本方向。党的十九大报告指

出,"中国共产党的领导是中国特色社会主义最本质的特征",必须在党的领导下坚定不移走中国特色社会主义政治发展道路、继续推进社会主义民主政治建设、发展社会主义政治文明。台州在基层民主政治建设过程中,始终坚持党的全面领导,把党的领导贯穿于基层民主政治建设的全过程、各方面,确保基层民主政治建设始终沿着中国特色社会主义政治发展道路前进。台州通过基层党组织和基层政权建设,大大提升了基层党组织的凝聚力和战斗力,巩固了基层基础。台州历届市委一以贯之抓基层党组织和基层政权建设,出台了《中共台州市委关于全面加强基层党组织和基层政权建设的决定》,为台州市基层民主政治的稳定有序发展提供了坚实保障。如台州充分发挥乡镇(街道)党(工)委的龙头作用,推行"党建＋"工作方式,增强调控力,强化社会治理和公共服务职能,把村(社区)党组织建成坚强前哨和坚强堡垒,旗帜鲜明地加强对基层各类组织的领导,同时大力整顿软弱涣散村党组织,建立健全不合格干部的退出机制。深化"强基惠民村村帮"、驻村第一书记选派、"驻村百晓"推广等做法,有效帮扶指导村级工作;深化推广民主恳谈、民主协商议事会等制度,扎实推进了基层民主政治建设。同时,在基层民主政治建设中不断增强基层干部的政治责任感和使命感,大大提高基层干部的政治意识、政权意识、阵地意识,以高度的政治责任感和历史使命感,全面贯彻人民当家作主的要求,推进基层民主法治化、制度化。

二、群众参与是基层民主政治建设的核心要义

群众的参与性是衡量一个社会政治现代化的重要尺度,群众参与是协商民主得以存在的基础。2014 年 9 月 21 日,习近平总书记在庆祝中国人民政治协商会议成立 65 周年大会上的讲话中指出:"人民是否享有民主权利,要看人民是否在选举时有投票的权利,也要看人民在日常政治生活中是否有持续参与的权利;要看人民有没有进行民主

选举的权利，也要看人民有没有进行民主决策、民主管理、民主监督的权利。"①在基层民主协商和民主治理的过程中，群众的参与是最核心也是最关键的要素。台州基层协商民主从创始之初，就强调群众的参与性。比如萌芽阶段的"农业农村现代化建设论坛"，就有150多名群众自发或受邀参加。其后在基层协商民主实践的不断创新中，参与的主体不断多元化，从普通群众到社会组织、社会团体、企业、乡贤等，逐渐实现"利益相关者"的全部覆盖；参与讨论的范围不断扩展，小到邻里纠纷，大到村庄发展，从村民个人、村庄集体到乡镇政府再到市级部门，充分实现了协商民主内容的广泛性；参与的渠道日益完善，各地积极开展的基层协商民主的创新，为群众参与协商提供了多种多样的渠道，群众可以充分表达自己的意愿和诉求。协商民主因其保障了群众的参与权而得以开展和落实，群众的参与反过来又推动协商民主不断发展和完善。

三、不断开拓创新是基层民主政治建设的不竭动力

台州民间蕴含着巨大的、无限的创新动能，具有蓬勃的创新精神，无论是在经济方面还是在政治方面，都敢想敢干、敢为人先。在政府的组织引导下，台州各地的民主创新日益规范、理性，为台州协商民主的有序健康发展打下了坚实的基础。台州基层协商民主的创新依然在路上，优秀的创新实践仍在不断涌现。可以说，台州的协商民主已经进入一种新常态，即建立了一种群众事前参与基层公共事务决策、事中进行民主监督、事后进行民主评议的比较完整的民主形式，形成了集民主决策、民主管理、民主监督等多种形式于一体，以对话、协商为特征的新型民主治理模式。台州的协商民主能够不断深化发展，就得益于台州各地不断开拓创新，对协商民主实践进行补充和完善，不

---

① 《在庆祝中国人民政治协商会议成立65周年大会上的讲话》，《人民日报》2014年9月22日。

断拓展其内涵和外延,从而使其具有了强大的生命力和适应力,能够有效地保障基层民主治理的持续推进,充分发挥化解社会矛盾、协调各方利益、维护社会稳定等功能,推动台州在走向善治的道路上大步前行。

四、以人民为中心是基层民主政治建设的先导理念

从台州改革开放 40 余年的实践来看,无论是基层民主政治建设还是政府体制改革,都贯穿着一个共同的理念和价值观:以人民为中心。基层民主政治具有很强的内生性,天然地包含了以人民为中心的发展思想,基层协商民主必然要求民众的参与、意见的表达和利益的博弈,而民主治理还包含了民众的决策、管理和监督,因此基层民主政治与以人民为中心是紧密地结合在一起的。而相对于政府治理模式来讲,其在实际操作过程中真正体现以人民为中心的民众导向经历了一个过程,最典型的就是从管理型政府向服务型政府的职能转变。台州在探索政府体制改革方面一直奋勇争先,尤其是"最多跑一次"改革,真正从人民群众获得感的角度定义了改革的出发点,"最多跑一次"的主语是群众、市场主体、社会组织,将群众的获得感作为改革的最终价值取向,而且通过向群众承诺的形式,倒逼政府对自身体制进行深入改革。"最多跑一次"改革也实现了从"权力行政"到"责任行政"的范式转变。政府治理是一种权力,更是一种责任。"最多跑一次"改革强化了政府的责任,其不仅将权力做了减法,还将原先淡漠了的责任做了加法。向群众承诺"跑一次"甚至"跑零次",显示了政府贯彻服务理念、切实为人民服务的决心,为打造责任型政府、服务型政府提供了鲜活的经验。

五、治理绩效提升是基层民主政治建设的主要目标

2021 年 10 月 13 日,在中央人大工作会议上,习近平总书记指出,"民主不是装饰品,不是用来做摆设的,而是要用来解决人民要解决的

问题的"①。对任何民主实践来讲,其能否持续下去,一个关键性因素就是该制度能不能取得正向绩效。台州在推进基层民主政治建设过程中,始终从群众利益出发,以实际效能为考量标准,不断提升广大群众的获得感和满意度。一方面,在制度运行过程中保障群众的参与和利益。参与是治理理论的核心内涵,在台州基层民主政治建设中,人民群众从旁观者的角色转变为长期的实质的推动者。通过基层协商民主,让人民群众的意见充分表达,做到"民事民议、民事民决",这样民主协商就抓住了痛点,该干什么事、不该干什么事,先干什么事、后干什么事,分清轻重缓急、主要次要。地方政府以法治思维和法治方式开展基层民主协商,保障了群众的知情权、发言权和决策权,使政府与群众之间建立良性互动,从而促进了决策的科学化和民主化,让群众在看得见的实惠中增强获得感。另一方面,在制度实施过程中解决实实在在的问题。比如,基层协商民主议事制度实施以后,临海各地积极落实,引导群众充分参与公共设施建设、土地征用、财务收支等事务的决策,有矛盾不回避、有问题不掩饰、有意见不搪塞,全部公开透明,听老百姓说话、为老百姓谋事、使老百姓得益、让老百姓满意,有力地促进了农村经济发展和社会稳定。

六、制度健全完善是基层民主政治建设的重要保障

协商民主的制度化包含两个维度:一是协商民主制度本身的建设和完善;二是对协商民主制度的认同。前者是首要基础,后者是重要保障,只有两者同步推进,才能真正推动基层协商民主的深化发展。在协商民主制度建设方面,台州注重民主协商程序的设计和制度化。温岭市的民主恳谈、临海市的基层民主协商议事制度、黄岩区的"三化十二制"等一系列创新制度能够延续下来,一个重要的原因就是这些

---

① 习近平:《在中央人大工作会议上的讲话》,《求是》2022 年第 5 期。

制度在实施的时候普遍重视程序的设计和制度的规范,从而在运行过程中有规可循。在对协商民主制度的认同方面,台州推行基层民主协商的出发点就是为群众谋利益,让群众广泛参与,保障群众的权利,群众也因此对该制度形成深刻认同,从而自觉践行。

第五章　传承与弘扬垦荒精神

　　60多年前,467名青年垦荒队员响应建设伟大祖国的大陈岛的号召,扎根海岛、垦荒耕耘,用青春和汗水浇筑了"艰苦创业、奋发图强、无私奉献、开拓创新"的垦荒精神。多年来,习近平同志始终牵挂大陈岛,2006年专程到大陈岛视察并看望老垦荒队员,2010年和2016年又先后两次给大陈岛老垦荒队员及其后代回信,强调要继承和弘扬垦荒精神。台州市委、市政府和台州人民始终牢记习近平总书记的嘱托,将大陈岛垦荒精神熔铸于台州人民的血脉之中,根植于台州的山海水城,传承于台州社会经济发展的伟大事业之中。

第一节　背景与内涵:垦荒精神熔铸于台州人民的血脉之中

　　大陈岛作为一座红色的岛屿、奋斗的岛屿,已经镌刻进中华人民共和国的光辉历程中,熔铸到党的精神谱系里,升华为具有时代影响力的精神地标。大陈岛垦荒精神中蕴含的"艰苦创业、奋发图强、无私奉献、开拓创新"的精神内核,具有非比寻常的政治意义和标杆意义。

一、垦荒精神的孕育与形成

　　1955年1月,中国人民解放军解放了一江山岛,迫使国民党从浙东南沿海各岛屿全面撤军。2月8日至12日,国民党实施"金刚计划",从大陈岛撤军的同时带走岛上居民,并进行了疯狂破坏,摧毁了岛上的军事设施和各类生活生产设施。大陈岛成为荒岛、死岛。1955年11月,团中央发出了"在大陈岛解放一周年之际,组建一支青年志愿垦荒队上岛开发建设"的倡议。

1956年1月31日,由227名温台青年组成的垦荒队高举"建设伟大祖国的大陈岛"旗帜,来到大陈岛志愿垦荒。2月2日,队员们在凤尾山上启动垦荒第一锄并庄严宣誓:"我是一名青年垦荒队员,我志愿来到伟大祖国的大陈岛,面对着祖国的海洋,背靠着祖国的河山,脚踏着海防前哨,肩负着人民的希望。我们宣誓:坚持到底,决不退缩,与英雄的边防军一起,用辛勤的劳动,把海岛变成可爱的家乡。"此后陆续有4批队员上岛,连同首批队员,共有467名垦荒队员。队员们开垦荒地,种植庄稼,畜牧养殖,渔业捕捞,开拓加工业,将最美好的年华献给了大陈岛。1960年7月,垦荒队完成垦荒开发的历史任务,118名垦荒队员选择继续留岛参与建设。

1983年5月29日,31名垦荒队员给胡耀邦同志写信。胡耀邦同志在接到信后将信转给穆青和吴冷西,并作了批示(6月27日):建议你们适当宣传一下这类不畏艰苦的创业事迹,鼓舞人们特别是青年奋发图强。[1] 1985年12月29日,胡耀邦同志上岛并看望老垦荒队员。他说,大陈岛的昌盛,第一是解放军的功劳,第二是你们原垦荒队员的功劳。他勉励垦荒队员和岛上军民要继续发扬艰苦创业的愚公精神,把"东海明珠"大陈岛建设得更加繁荣昌盛。[2]

二、"用青春和汗水培育的垦荒精神"

在浙江工作期间,习近平同志非常重视精神文化的提炼和建设工

① 王宗楣、戚俊伟:《无悔的年华》,中国戏剧出版社2003年版,第8页。
② 《继续发扬艰苦创业的愚公精神　把"东海明珠"大陈岛建设得更加繁荣昌盛》,《文汇报》1986年1月3日。

作。2005 年 6 月 21 日,习近平同志在《光明日报》发表理论文章《弘扬
"红船精神",走在时代前列》,首次公开提出"红船精神",填补了中国
共产党早期革命精神谱系链条的空白,奠定了浙江作为中国革命红船
启航地的历史地位。2006 年 2 月 5 日,习近平同志在《浙江日报》发表
《与时俱进的浙江精神》,提炼了"求真务实、诚信和谐、开放图强"的浙
江精神 2.0 版本。在对浙江精神的讨论中,浙江各地形成了各具特色
的地域精神,如杭州人文精神、宁波精神、温州人精神、"胆剑精神"、嘉
兴精神、金华精神、丽水精神等。在这个背景下,大陈岛垦荒精神在台
州大地上奏响了时代的华章,并得到习近平同志的点赞和肯定。

　　2006 年 8 月 29 日,习近平同志登岛视察,勉励当地干部群众要发
扬"艰苦创业、奋发图强、无私奉献、开拓创新"的垦荒精神。① 2010 年
4 月 27 日,习近平同志给老垦荒队员回信表示:大陈岛的发展进步,
"是全岛干部群众特别是你们老垦荒队员多年辛勤奋斗的结果"。回
信同时指出:大陈岛正朝着"小康的大陈、现代化的大陈"目标迈进,相
信今后的发展会更好。② 2016 年 5 月 30 日,习近平总书记在给大陈
岛老垦荒队员的后代的回信中再次点赞 16 字的垦荒精神:"60 年前,
你们的爷爷奶奶远离家乡,登上大陈岛垦荒创业,用青春和汗水培育
了艰苦创业、奋发图强、无私奉献、开拓创新的垦荒精神。正如你们所
说,他们是最可敬的人。"③

　　(一)艰苦创业是垦荒队员白手起家、用劳动创造美好生
活的过程

　　当时岛上的条件非常艰苦,"走路高低不平、夜里电灯不明、急事

---

① 《习近平在台州调研乡镇工作时强调进一步加强基层建设　着力创建和谐新农村》,《浙江
日报》2006 年 8 月 30 日。
② 《习近平给老垦荒队员回信——"我一直惦记大陈岛发展和岛上的干部群众"》,《浙江日报》
2010 年 5 月 17 日。
③ 《习近平回信勉励大陈岛老垦荒队员的后代　继承和弘扬大陈岛垦荒精神　热爱祖国好好
学习砥砺品格》,《人民日报》2016 年 6 月 1 日。

电话不灵、遇风航船常停、生活单调苦闷、环境艰苦冷清"①。年轻的垦荒队员上岛后,不仅要过好环境关、生活关、劳动关,还要过好思想关。经过一段时间的垦荒,垦荒队员无论是从体格上还是思想上都发生了翻天覆地的变化。在1957年5月青年团全国第三次代表大会上,垦荒队队长王宗楣总结道:"建设大陈岛,就要下个艰苦的决心。劳动使得我们更结实了,不仅改变了我们的面貌,也改变了我们的观念。劳动、斗争总是和幸福联系在一起的。"

（二）奋发图强是垦荒队员时不我待、勇往直前精神状态的呈现

在垦荒的过程中,队员们不仅要改造客观世界,与天斗、与地斗,还要改造主观世界,与自己的思想斗。"有了'自信人生二百年,会当水击三千里'的勇气,我们就能毫无畏惧面对一切困难和挑战,就能坚定不移开辟新天地、创造新奇迹。"②年轻的垦荒队员,正是凭着战天斗海、不断挑战自我的精神,谱写了垦荒实践的动人篇章。美好的一切都是奋斗出来的,"奋斗不只是响亮的口号,而是要在做好每一件小事、完成每一项任务、履行每一项职责中见精神"③。

（三）无私奉献是垦荒队员牺牲小我、成就大我的初心和坚守

以人民为中心,是我们这个时代所有先进分子的共同特质。1958年,张寿春夫妻俩带着20只小猪崽来到洋岐岛,开辟垦荒新战场。面对赞誉,他只是说:"现在和平环境,做点本分工作,不用向我学习。"在当下,要用"无私奉献"去引领这个时代的价值导向。作为集体本位价值观,无私奉献是社会主义制度和人民当家作主的必然诉求,不仅是对共产党员和先进分子的要求,还应该向所有公民倡导。

---

① 《六个海岛人的故事见证一甲子的变迁》,《钱江晚报》2017年8月7日。
② 《习近平谈治国理政》(第二卷),外文出版社2017年版,第36页。
③ 习近平:《在纪念五四运动100周年大会上的讲话》,人民出版社2019年版,第9页。

（四）开拓创新是垦荒队员敢闯敢创、勇于突破的使命和担当

"创新是一个民族进步的灵魂，是一个国家兴旺发达的不竭动力，也是中华民族最深沉的民族禀赋。"①垦荒队员不断用新举措打开发展新局面，从种植业到畜牧业（不局限于生产粮食），再到海洋养殖业（海带南移），后来又办起了各类工厂，使曾经荒芜的大陈岛到处生机勃勃。

三、"小康的大陈、现代化的大陈"

习近平同志一直关心、关注、关怀着大陈岛的建设。2006 年在大陈岛视察工作时，他提出"大陈岛开发建设大有可为"②。2010 年 4 月，习近平同志给大陈岛老垦荒队员回信指出，大陈岛正朝着"小康的大陈、现代化的大陈"目标迈进，相信今后的发展会更好。③

（一）"两个大陈"建设是"两个一百年"奋斗目标的地方样板

"两个大陈"建设，不仅对大陈岛的开发建设影响深远，生动地描绘了大陈岛全面小康和现代化的时间表和路线图，是开发建设大陈岛的行动指南和奋斗目标，而且对于实现"两个一百年"奋斗目标有着具体化的指导意义。"两个大陈"建设，就是要求大陈岛既要全面建成小康海岛，又要建成现代化海岛；它把实现第一个百年奋斗目标与实现第二个百年奋斗目标作了有机链接，在一个完整的价值链中起承前启后的作用。

（二）"两个大陈"建设是乡村振兴战略的海岛样板

大陈岛是一个海岛建制镇，在全面建成小康海岛和建设现代化道

---

① 《习近平谈治国理政》（第一卷），外文出版社 2018 年版，第 59 页。

② 本书编写组编著：《干在实处 勇立潮头——习近平浙江足迹》，浙江人民出版社、人民出版社 2022 年版，第 383 页。

③ 《大陈新曲：习近平同志"一次登岛、两次回信"的大陈岛，正在蹚出一条新时代的"垦荒路"》，《浙江日报》2022 年 3 月 29 日。

路上与其他农村和边远地区存在相同的困难问题。"两个大陈"建设理念,依据的是大陈岛现今的实际和实践,解决的是大陈岛未来一个时期的发展问题。"两个大陈"建设必将成为乡村振兴战略的海岛样板。

(三)"两个大陈"建设是"两个高水平"建设的浙江样板

2015年5月,习近平总书记在浙江考察指导,明确要求浙江坚持和深化"八八战略",在提高全面建成小康社会水平上更进一步,在推进改革开放和社会主义现代化建设中更快一步,继续发挥先行和示范作用。[①] 随后,浙江省第十四次党代会提出"高水平推进全面小康和现代化建设"。"两个高水平"建设是为全国做好先行的样板,"两个大陈"建设则是"两个高水平"建设的浙江样板。

(四)"两个大陈"建设是实现中国梦的微型样板

"两个大陈"建设是全体台州人民的共同理想和期盼。它既是今天大陈岛新垦荒人的新追求,也深刻回应了大陈岛老垦荒队员不懈奋斗、追求进步的光荣传统。"两个大陈"建设承载着大陈岛儿女的共同向往,昭示着大陈岛富强、振兴、幸福的美好前景。正是因为有了无数个小小的、像"两个大陈"建设一样的共同梦想,才汇聚、构成了中华民族的伟大中国梦。"两个大陈"建设无疑将成为实现中国梦的微型样板。

四、"我们是新一代的垦荒者"

2006年8月,习近平同志在岛上考察期间,登上凤尾山瞻仰了大陈岛垦荒纪念碑。在纪念碑前,习近平同志深情地说:我们是新一代的垦荒者。2016年5月,习近平总书记在给垦荒队员后代的回信中指出:"希望你们向爷爷奶奶学习,热爱党、热爱祖国、热爱人民,努力成

长为有知识、有品德、有作为的新一代建设者，准备着为实现中华民族伟大复兴的中国梦贡献力量。"①时代的接力棒已经交到我们这一代的手中，在历史的长河中，弄清"我们是谁""我们在哪里""我们要往哪里去"，有助于我们更好地肩负起实现中华民族伟大复兴的历史使命。

2017年6月，浙江省委负责同志在少先队浙江省第七次代表大会的讲话中指出：希望全省广大少年儿童牢记党的嘱托、人民的希望和社会的期盼，从小学习做人、从小学习立志、从小学习创造，从现在做起，从一点一滴、一言一行做起，努力做祖国和人民需要的好孩子，做祖国和人民事业发展的接班人，为实现中华民族伟大复兴的中国梦时刻准备着。希望广大少年儿童志存高远、刻苦学习、身心健康、明德向善，从小听党话、跟党走，把自己的理想与振兴祖国、建设家乡紧密结合起来，做有理想、敢担当的新一代；到知识的海洋中去汲取营养、充实自己，到实践的课堂中去增长本领、丰富自己，做有本领、勇创新的新一代；不仅要有好成绩，而且要有好身体、好性格，做有自信、能吃苦的新一代；从小树立高尚的品德，懂礼仪、讲诚信，讲规矩、守纪律，乐奉献、善助人，做有爱心、懂感恩的新一代。②

2017年10月，台州市委负责同志在中国少年先锋队台州市第五次代表大会上的讲话中指出，习近平总书记对少年儿童倾注了无限关爱，寄予了殷切期望。希望全市广大少先队员始终牢记习近平总书记2016年"六一"前夕回信的勉励和期望，从小树立远大理想，坚定中国特色社会主义信念，培养爱国之情，树立强国之志，今天做祖国的好儿童，明天做祖国的建设者；珍惜宝贵时光，刻苦学习科学文化知识，锻炼强健体魄，不断增强本领，更有想象力，更有创造力；从小树立劳动光荣的观念，自己的事自己做，他人的事帮着做，公益的事争着做，通

---

① 《习近平回信勉励大陈岛老垦荒队员的后代　继承和弘扬大陈岛垦荒精神　热爱祖国好好学习砥砺品格》，《人民日报》2016年6月1日。

② 《少先队省第七次代表大会在杭召开　为实现中华民族伟大复兴中国梦时刻准备着》，《浙江日报》2017年6月2日。

过劳动播种希望、收获果实，也通过劳动磨炼意志、锻炼自己；从小在心中播下社会主义核心价值观的种子，在学校做一个好学生，在家里做一个好孩子，在社会上做一个好少年，实现德智体美劳全面发展。①

第二节　实践与成效：垦荒精神升华为城市精神

习近平同志"一次登岛、两次回信"，殷切嘱托台州传承和弘扬大陈岛垦荒精神，加快建设"小康的大陈、现代化的大陈"。2017 年 11 月 2 日，浙江省委主要负责同志上岛宣讲党的十九大精神时作出形象而精辟的论述："垦荒精神不老，红船精神永存。""事业是一代又一代人辛辛苦苦干出来的，这其中凝结着的垦荒精神，永远值得我们传承和弘扬。习近平总书记要求大力弘扬红船精神，也充分肯定了垦荒精神。可以说，垦荒精神与红船精神是相融贯通的，是社会主义核心价值观的具体体现。"②2018 年 8 月 7 日，浙江省政府主要负责同志登上大陈岛，瞻仰垦荒纪念碑，看望了部分老垦荒队员，听他们讲述激情燃烧的岁月，指出"垦荒精神的底色就是革命精神、奋斗精神和奉献精神，与'红船精神'一脉相承、高度契合。现在大陈岛的发展迎来了新机遇，台州要敢于担当、敢为人先、敢于追求美好生活，更好地继承发扬大陈岛垦荒精神，艰苦创业、奋发图强、开拓创新、无私奉献，高水平建设'小康的大陈、现代化的大陈'"③。在党中央和各级、各界一贯的重视关怀下，台州始终牢记嘱托，将之当作政治承诺来兑现、当作政治责任来担当，深入践行"八八战略"，大力弘扬垦荒精神。

---

① 《台州市第五次少代会开幕》，《台州日报》2017 年 10 月 13 日。

② 《车俊在台州大陈岛宣讲党的十九大精神时强调　让习近平新时代中国特色社会主义思想深入人心》，《浙江日报》2017 年 11 月 3 日。

③ 《袁家军在台州调研时强调　推动高质量发展要出真招求实效》，《浙江日报》2018 年 8 月 9 日。

一、垦荒精神升华为城市精神，领航台州新时代发展新征程

垦荒精神孕育于台州的山海之间，犹如一面旗帜，凝聚着这座城市的思想灵魂，代表着这座城市的文明素养，彰显着这座城市的心灵之美。2019年初，台州市五届三次党代会报告中正式提出，"把大陈岛垦荒精神升华为台州城市精神"。报告强调：新时代新征程，我们要赋予大陈岛垦荒精神新的时代价值，为"艰苦创业、奋发图强、无私奉献、开拓创新"注入新的时代内涵，把大陈岛垦荒精神升华为台州城市精神，使之成为全市干部群众的力量之源。全市上下都要大力弘扬台州城市精神，永立垦荒之志，接续垦荒之力，传承老一辈创业者身上的"那一股气"和"那一股劲"，把建设现代化湾区作为新时代的垦荒，以强烈的担当意识和奋斗精神，翻篇归零再出发，再当时代弄潮儿。

2020年3月29日至4月1日，习近平总书记专程到浙江考察，赋予了浙江"努力成为新时代全面展示中国特色社会主义制度优越性的重要窗口"的新目标新定位。台州深入学习贯彻习近平总书记重要讲话精神，旗帜鲜明地提出"民营经济立市、制造之都立业、垦荒精神立心"，"垦荒精神立心"作为"三立三进三突围"台州新时代发展路径的重要内容，就是要突出以凝聚强大精神力量为浙江展现社会主义核心价值观和文化软实力做出台州贡献。当下台州的垦荒事业，无论是民营经济立市，还是制造之都立业，都需要一种新时代的垦荒精神，也必将会锻造出新时代的垦荒精神。

垦荒精神立心，旨在把台州作为中国城市精神高地来打造，进一步树立起城市的精神灯塔，让垦荒精神的信仰之光、文明之光、奋斗之光照进每一个人的内心。垦荒精神立心，就是在新时代，进一步以垦荒精神感召人、激励人、鼓舞人，磨砺心志、激发斗志，以"伟大精神引领伟大事业"。重点要立赤诚之心、奋斗之心、执着之心、勇毅之心、大

爱之心等"五心"。一是立"不负新时代的赤诚之心"。垦荒精神中蕴含的最深沉的情感,就是对祖国的深爱和对信仰的无悔。要引领新一代的垦荒者,胸怀对党的忠诚之心,怀抱着"实现中华民族伟大复兴"的赤诚之心,接续民族复兴的垦荒事业,不负时代、矢志前行。二是立"点亮追梦者的奋斗之心"。要把奋斗作为时代的最强音,以垦荒精神激励怀揣梦想的新一代垦荒人,用汗水浇灌事业,用双手创造明天,一步一步将梦想照进现实。三是立"坚守终不悔的执着之心"。要以这种精神来支撑自己对党的事业义无反顾的抉择,以最长情的守望,扛起一份担当,坚守一份事业。四是立"不畏行路难的勇毅之心"。要传承垦荒队员"有一百个困难就克服一百个,有一千个困难就克服一千个"的豪情壮志,绝不向任何艰难险阻低头。在中华民族伟大复兴的征程中,哪怕有暗流险滩,仍要扬起希望的风帆,在危机中育新机,于变局中开新局,勇于挑战,勇毅前行。五是立"温暖一座城的大爱之心"。用垦荒精神培树每一个台州人崇德尚美的价值追求,让美德和善行在台州大地绽放,让这座城市更有内涵、更有温度,处处彰显文明风尚。

二、深挖理论研究富矿,让垦荒精神绽放新时代思想之光

垦荒精神是台州最为富饶的精神宝库。近年来,台州花大力气挖掘、阐释大陈岛垦荒精神实质,不断以理论的深度来提升思想的厚度。

(一)打造垦荒精神理论研究高地

2017年,浙江省委宣传部与台州市委、市政府开始举办每年一次的大陈岛垦荒精神理论研讨会。2017年的首届研讨会拉开了大陈岛垦荒精神系统研究的序幕;2018年的第二届研讨会促成了大陈岛垦荒精神研究的组织化和"集团作战";2019年的第三届研讨会推动了大陈岛垦荒精神理论研究成果的井喷式增长;2020年的第四届研讨会是在全省上下深入学习贯彻习近平总书记考察浙江时的重要讲话

精神、努力建设"新时代全面展示中国特色社会主义制度优越性的重要窗口"的历史时期召开的,在回应"重要窗口"建设这一时代课题方面取得了较为丰硕的成果,标志着大陈岛垦荒精神在"走出台州、走向全省、辐射全国""向高处走、向深处走、向实处走"等方面迈出了坚实的一步;2021年的第五届研讨会围绕"建党百年与垦荒精神"这一主题,从百年党史的视角深入探讨大陈岛垦荒精神的时代价值和现实意义,深入挖掘垦荒精神与时代脉搏同频共振的"不老"价值;2022年的第六届研讨会以"弘扬垦荒精神 推进'两个先行'"为主题,重温大陈岛垦荒史,弘扬大陈岛垦荒精神。此外,椒江区作为大陈岛垦荒精神发源地,持续深化与黑龙江共青农场、江西共青城、新疆三五九旅的"一场一城一旅一岛"四地联合研讨机制。

（二）充实垦荒精神理论研究成果

台州市建立了垦荒精神研究资料和史料数据库,编印《永恒的丰碑——大陈岛垦荒精神读本》《读懂大陈岛垦荒精神》《大陈岛垦荒史料汇编》,并推出通俗理论融媒体对话节目《垦荒精神不老》。2020年,"大陈岛垦荒精神研究"成功获批浙江文化研究工程重大项目。项目致力于深挖大陈岛垦荒精神的历史密码、本质内涵和时代价值,用多彩生动的实践和生活去印证和发展垦荒精神,推进垦荒精神的传承弘扬和新时代接续,通过阐释好"垦荒精神立心",不断放大垦荒精神在中国精神谱系中的亮度,为台州打造浙江"重要窗口"中的闪光印记和魅力展区提供精神资源。

（三）扩大垦荒精神理论研究影响

台州市委宣传部和台州学院共建台州市大陈岛垦荒精神研究中心,致力于打造集理论研究、宣传教育、社科普及、红色传承于一体的,具有广泛影响力的"红色地标"和"24小时不灭的灯塔"。该研究中心成立以来,整合各方研究力量,初步建立了一支结构合理的研究队伍。同时,邀请国内知名学者担任重大攻关项目的首席专家,承办大陈岛垦荒精神理论研讨会,在《台州学院学报》开设《大陈岛垦荒精神》研究专栏;大力开展社科普及工作,制作在线课程"大陈岛垦荒精神与台州发展",在浙江新闻客户端开辟《我们是新时代的垦荒者》专栏。该研究中心已成为台州地方精神传承创新的高地和重要的红色教育基地。

三、打造多维度传播载体,让垦荒精神绽放新时代文化之光

(一)全面营造宣传文化氛围

运用多种形式和载体,将垦荒元素和谐应用于城市公共空间,在城市公园、主要入城口、沿街主干道等区域打造一批群雕、墙绘,使垦荒精神成为城市的文化标识。

(二)大力开发红色文化资源

坚持陆岛全域化策略,大力推进青垦文化纪念馆等项目建设,开发更多垦荒文创产品,完善高质量研学路线,提档升级党性教育、爱国主义教育基地。着力构建以"传承弘扬大陈岛垦荒精神"为核心的全域旅游品牌体系。

(三)大力创作文艺精品

台州乱弹现代戏《我的大陈岛》获浙江省"五个一工程"奖,在全市巡演并赴省人民大会堂献演。电视连续剧《海之谣》、纪实文学《峥嵘岁月稠——大陈岛垦荒精神口述史》、儿童文学《大陈岛的孩子》、纪录片《根在大陈岛》、话剧《浩荡东风》等向民众呈现了最鲜活的垦荒精神,让垦荒精神可观可感可触。

四、营造主流舆论氛围,让垦荒精神绽放新时代幸福之光

台州以多次获评"中国最具幸福感城市"为契机,努力讲好新时代垦荒故事,擦亮"幸福台州"城市品牌。一方面,统筹全市各类媒体,开

设《垦荒精神立心》等专栏专题。2019 年 8 月 29 日,在浙江省人民大会堂举行了以"弘扬大陈岛垦荒精神,建设新时代美丽台州"为主题的庆祝新中国成立 70 周年台州专场新闻发布会,加强与中央、省级主流媒体的沟通协作,推动大陈岛垦荒精神成为各大主流媒体普遍关注的热点。其中,《人民日报》头版头条刊登《争做新时代的"垦荒者"》(2019 年 8 月 9 日),《新华每日电讯》刊发《民营经济重镇台州:"垦荒基因"铸就城市精神》(2019 年 8 月 30 日),《光明日报》刊发《以大陈岛垦荒精神逆势奋进——浙江台州全力确保疫情防控和复工复产"两战赢"》(2020 年 3 月 13 日),央视《国家记忆》栏目播出纪录片《风雨大陈岛》。《浙江日报》头版头条刊发《一代代人的艰苦奋斗换来台州大陈岛沧桑巨变——垦荒精神再写传奇》(2019 年 5 月 5 日),《大陈新曲:习近平同志"一次登岛、两次回信"的大陈岛　正在蹚出一条新时代的"垦荒路"》(2022 年 3 月 29 日),浙江卫视《浙江新闻联播》头条播出《台州大陈岛:垦荒精神不老》,等等。另一方面,开展"弘扬垦荒精神献礼伟大祖国"系列网络宣传活动,制作推送《70 年 70 人 70 秒》《垦荒者说》等主题微电影和系列短视频,并在新浪微博、抖音、今日头条等平台设置"做新时代垦荒人"话题。

五、深化主题教育实践,让垦荒精神绽放新时代文明之光

垦荒精神是实践的精神,也必将成为精神的实践。台州将垦荒精神作为最鲜活的教育实践资源,深入推进垦荒精神进学校、进机关、进企业、进社区、进农村、进家庭等"六进"活动,推动其内化于心、外化于行。

(一)让文明实践成为展示垦荒精神的"最美风景"

在全省率先成立地级市志愿服务联合会,集聚 88 万名志愿者,涌现了扎根海岛的王海强、翁丽芬等志愿典型。在疫情防控期间,广大志愿者无私奉献、勇敢逆行,20 余万人次的疫情防控志愿服务成为群

防群治、联防联控的重要力量,其中,志愿者刘青团队推出全国最早的《新型冠状病毒肺炎防控志愿者培训手册》。深化"德润台州"公民道德建设工程,深入开展"推行公筷公勺""礼让斑马线""禁鸣喇叭"等实践活动,并从 2020 年开始每年 6 月举办"新时代文明实践周"活动。

（二）让青少年德育成为传承垦荒精神的"最大根基"

推进垦荒精神进地方课程、进校本课程、进在线课程,把垦荒精神融入大中小幼思政课、团队课,用好地方教材,上好每一堂垦荒精神课,引导广大青少年成长为"三热爱三有"（热爱党、热爱祖国、热爱人民,有知识、有品德、有作为）的新一代建设者。推动大陈岛垦荒精神入选《习近平新时代中国特色社会主义思想学生读本》（小学低年级版）,进一步提升其知名度。发行《大陈岛垦荒精神》地方教材,并免费发放给全市小学五年级学生。该教材紧紧围绕立德树人的根本任务,融入社会主义核心价值观、革命传统教育和时代精神培养等内容。台州学院以大陈岛垦荒精神研究为先导,推动地方红色文化课程化,寓垦荒精神教育于思政课程和课程思政、人文素质教育课程、创新创业教育课程之中;学校党政领导示范引领、校院两级密切协同,形成垦荒精神教育的"雁阵效应";践行校地育人共同体理念,推动校地育人主体、育人实践和育人资源三个层面高度协同。通过课程协同、校院协同、校地协同推进垦荒精神立心,培养了一大批具有"忠诚、奉献、进取、合作"精神特质的新时代垦荒者。

（三）让典型培树成为弘扬垦荒精神的"最亮标杆"

张寿春、陈萼亭、戴婕嫈等老垦荒队员的精神一直感召着台州人民。台州大力培树了"平安水鬼"郭文标、"离休老干部"郭口顺、三门城西村八任书记、浙江省"仁心仁术奖"郑启东等道德模范,也宣传了80后专家吕义聪等一批企业家典型、工匠典型,激励全市人民争做新时代垦荒人。

六、助力"两个大陈"建设，让垦荒精神绽放新时代发展之光

台州深入践行"八八战略"，大力弘扬垦荒精神，"两个大陈"建设成果丰硕。2020年，陆岛通航时间较习近平同志2006年登岛时缩短近一半，运力却增长15倍，游客规模从不到5万人次增至15.3万人次，海洋经济总产值、财政总收入、岛民人均可支配收入分别为2006年的3.3倍、9.3倍、9.6倍。大陈岛不断焕发出新的生机和活力，成为浙江和台州决胜高水平全面建成小康社会的生动缩影。

（一）坚持做深红色底蕴，锻造"立心铸魂"党性大熔炉

大陈岛是全国独有的海岛垦荒典范，致力于打造党性教育示范岛，以建设红色旅游第一岛为目标，相继有全国团干部教育培训基地、全国青少年教育基地等4个国家级教育基地和省委党校大陈岛讲习点、省级爱国主义教育基地等10个省市级教育基地落户大陈，全国各地5.5万余名党员团员、少先队员上岛追寻垦荒足迹、接受红色洗礼，获评全国百家红色旅游经典景区。致力于打造青垦文化体验岛，深化与黑龙江共青农场、江西共青城、新疆三五九旅的交流合作，高标建设青垦文化旧址公园、青垦纪念馆，在重走垦荒路中重拾青垦记忆、重塑精神高地，全国青垦文化论坛永久落户大陈岛。致力于打造军事主题展示岛，充分用好习近平总书记亲自批准台州舰等18件退役装备，加快建设全国唯一的海岛型海陆空综合性军事文化主题公园，努力打造成习近平强军思想实践成果的集中展示地、军地合作的示范实践地。

（二）坚持做强全域旅游，扮靓"东海明珠"湾区大花园

大陈岛素有"东海明珠"之美誉，是古代"海上丝绸之路"的重要节点，拥有郑和下西洋泊驻、明水师海上抗倭、海陆空三军联合首次作战等人文历史。着眼国际休闲旅游岛定位，高标准编制全岛旅游系列规划，投资近百亿元打造核心景区、完善岛上设施、修复海湾岸线、引建

精品民宿,入选全国休闲农业与乡村旅游精品景点线路;坚持生态与
旅游并重,全面淘汰燃油汽车,新能源汽车成岛上出行首选。着眼两
岸乡情交流岛定位,自2015年起连续举办多届两岸乡情文化节,全面
修缮"思归亭",打造两岸乡情文化园,获评国家级海峡两岸交流基地、
中国华侨国际文化交流基地。着眼渔业特色精品岛定位,作为国家级
海洋牧场示范区,在全国首创大型铜围网养殖大黄鱼,大陈黄鱼获评
国家地理标志证明商标和全国名特优新农产品,椒江被授予"中国大
黄鱼之都"称号。

(三)坚持做优民生福祉,打造"全面小康"海岛新样板

率先编制"两个大陈"建设统计监测指标体系,细化为5类37项
59个具体指标。加快建设现代数字智慧岛,积极推进"云上大陈"、海
底光缆建设,实现教育医疗陆岛一体化,启用全省首个海岛医院5G数
字诊疗项目,打通了全市第一个5G电话。加快建设重点能源开发岛,
牢记总书记"能源岛"发展嘱托,立足区位、港口等优势,深入对接引建
新能源项目。加快建设幸福宜居美丽岛,持续加大民生投入,供水供
电供气覆盖率、保障率实现"两个100%"(供应能力达3000人),岛民
收入基本达到全省平均水平,获得国家级生态镇、卫生镇等荣誉。"渔
小二"代办制成为浙江"最多跑一次"改革的鲜活样板。

第三节　经验与启示:鼓起迈进新征程、
奋进新时代的精气神

习近平总书记在党史学习教育动员大会上的讲话中指出:"井冈
山精神、长征精神、遵义会议精神、延安精神、西柏坡精神、红岩精神、
抗美援朝精神、'两弹一星'精神、特区精神、抗洪精神、抗震救灾精神、
抗疫精神等伟大精神,构筑起了中国共产党人的精神谱系","要教育

引导全党大力发扬红色传统、传承红色基因,赓续共产党人精神血脉,始终保持革命者的大无畏奋斗精神,鼓起迈进新征程、奋进新时代的精气神"。① 在"七一"重要讲话中,习近平总书记再次讲到中国共产党人的精神谱系,指出:"坚持真理、坚守理想,践行初心、担当使命,不怕牺牲、英勇斗争,对党忠诚、不负人民"的伟大建党精神是中国共产党的精神之源,"我们要继续弘扬光荣传统、赓续红色血脉,永远把伟大建党精神继承下去、发扬光大"。② 党的二十大报告将"弘扬伟大建党精神"写入主题,强调"弘扬以伟大建党精神为源头的中国共产党人精神谱系,用好红色资源,深入开展社会主义核心价值观宣传教育,深化爱国主义、集体主义、社会主义教育,着力培养担当民族复兴大任的时代新人"。大陈岛垦精神荒丰富了中国共产党人的精神家园,它与其他精神一起,熔铸起党领导人民实现民族复兴的磅礴力量,成为台州大地上弘扬伟大建党精神的生动载体。

作为社会主义建设时期传承革命文化传统和弘扬社会主义先进文化的生动体现,垦荒精神是当代中国精神的优秀代表和浙江精神的构成元素,也是新的历史时期台州熔铸城市精神、引领城市发展的文化基因。深入传承、发展和弘扬垦荒精神已成为台州忠实践行"八八战略"、奋力打造"重要窗口"的重要举措。垦荒精神不仅仅是属于 20 世纪五六十年代的,还有很重要的当代价值,根据新时代的主题对它进行传承和发展,就是要让其成为台州新时代发展的精神动力,进而为浙江担起新时代"三地一窗口"的崇高使命、高质量发展建设共同富裕示范区、增强中华民族伟大复兴的精神力量贡献更多的台州元素。

---

① 习近平:《在党史学习教育动员大会上的讲话》,《求是》2021 年第 7 期。
② 《在庆祝中国共产党成立 100 周年大会上的讲话》,《人民日报》2021 年 7 月 2 日。

一、熔铸城市精神的先进文化基因，为台州高质量发展凝神聚气

习近平同志指出："一个民族需要有民族精神，一个城市同样需要有城市精神。城市精神彰显着一个城市的特色风貌。要结合自己的历史传承、区域文化、时代要求，打造自己的城市精神，对外树立形象，对内凝聚人心。"①

垦荒精神是台州儿女创造的伟大精神，孕育于激情燃烧的垦荒岁月，传承于民营经济的创业历程，根植于台州湾畔的这片热土，在台州改革发展的不同历史时期都彰显了历久弥新、广阔深厚的精神力量，已经深深地熔铸于台州人的血脉之中，成为感召台州人砥砺前行的动力源泉。作为台州人民创造的伟大精神，垦荒精神承袭千百年来台州人民的奋斗传统，引领着台州区域文化的再造，奏响台州大地上的时代强音，日益成为台州城市精神的内核。新时代台州的垦荒事业，无论是争创社会主义现代化先行市，还是建设新时代民营经济高质量发展强市，都需要新时代的垦荒精神，也都将生成新时代的垦荒精神。垦荒精神很好地融合了过去、当下和未来，理应成为台州城市精神的内核，与天台山和合文化、亭旁起义精神、一江山精神、长潭水库建设精神等一起熔铸起台州人的精气神和台州发展的精神定力与动力。

（一）承袭传统是垦荒精神上升为城市精神的历史维度

垦荒精神是历史的产物。作为台州城市精神，大陈岛垦荒精神必须有机融汇于台州城市发展的历史长河。垦荒精神的孕育，不仅植根于大陈岛垦荒岁月，还要回应更久远的时间，面向更广阔的空间。大陈岛垦荒与台州人民筚路蓝缕的奋斗史是一脉相承的。历史上，台州靠山面海，资源贫乏，交通不便，远离行政中心，迫使台州人善于奋斗、

---

① 习近平：《坚定文化自信，建设社会主义文化强国》，《求是》2019 年第 12 期。

善于斗争、善于创业、善于创新,从戚继光抗倭到"浙江红旗第一飘",从民营经济的重要发祥地到基层协商民主的重要兴起地,勤劳勇敢的台州人民不断演绎着历史的精彩篇章。孕育于中华人民共和国成立初期的垦荒精神,上袭台州革命,下启台州改革开放,成为台州数千年精神发展史的重要缩影和杰出代表。垦荒精神与台州人民的奋斗是协同共进的,无论是台州改革开放的伟大实践还是现代化湾区建设的纵深推进,都是垦荒精神的新时代传承和接续。以台州民营经济发展为例,初代企业家艰苦创业,集中体现了"走遍千山万水、吃尽千辛万苦、想尽千方百计、说尽千言万语"的"四千精神";新一代企业家开拓创新,集中体现了"千方百计提升品牌、千方百计保持市场、千方百计自主创新、千方百计改善管理"的"新四千精神"。"再创民营经济新辉煌",这是一场艰巨的垦荒,需要一代又一代人接续奋斗。

(二)重塑文化是垦荒精神上升为城市精神的现实维度

台州城市精神应该唱和台州文化的"五气"(山的硬气、水的灵气、海的大气、人的和气、拼的豪气),应该契合台州人"敢冒险、有硬气、善创造、不张扬"的气质,而垦荒精神可以有机统领这些精神元素。台州文化具有鲜明的海洋文化特质。山海水城台州有着"四业皆本"的传统,催生了台州人的进取、开放和创新,以及浓厚的商品经济意识。作为海岛垦荒的产物,战天斗海的垦荒精神是世界海洋文化中独特的存在,也是台州"山海文化"的重要组成部分。从这个意义上看,大陈岛垦荒精神与台州人既有的海洋文化气质是吻合的。台州有享誉世界的天台山文化,其中的和合文化还是中华和合文化的三大源头之一。作为社会主义先进文化的重要源头和支撑,垦荒精神、和合文化是台州地方文化的一体两翼,前者是革命文化的杰出代表,后者是优秀传统文化的杰出代表;前者集中代表了自强不息,后者集中代表了厚德载物;前者呼应了伟大斗争,后者昭示着人们对和谐社会与美好生活的向往和追求;前者为社会提供精神动力机制,后者为社会提供平衡稳定机制。台州市五届三次党代会报告指出："大力弘扬以大陈岛垦荒精神为内核的城市精神，以和合文化浸润人心，以城市文明引领风尚。"具体而言，就是要发挥好垦荒精神在城市精神建构中的引领作用，用垦荒精神的自强不息融汇和合文化的厚德载物，通过涵养精神动力和精神定力，不断锻造新时代的垦荒精神，提升台州的城市品位和当代台州人的精气神。

（三）引领时代是垦荒精神上升为城市精神的未来维度

城市精神，理应是一座城市时代精神的精华，引领着城市的发展。作为台州这座城市时代精神的核心元素，垦荒精神是中国精神的生动体现，与红船精神一脉相承，反哺了浙江精神，契合了社会主义核心价值观。在新的时代，"伟大斗争"宣示了我们党要"以什么样的精神状态"带领人民实现中华民族伟大复兴的中国梦。在台州大地上，传承、发展和弘扬大陈岛垦荒精神，就是我们"发扬斗争精神，增强斗争本领"最鲜活的载体：要不忘 60 多年前大陈岛立下的垦荒誓言，永立为建设伟大祖国而不懈奋斗的垦荒之志；要当好垦荒者，在逆势冬泳、迎难而上中打开发展新天地。要发挥精神的引领力，必须将大陈岛垦荒精神落地落实落小，将集体的记忆转化为集体的气质，将垦荒精神的口号样式和理论样式转化为工作状态与生活状态。城市精神的建构，停留在政治话语和学术话语层面是远远不够的，更重要的是获得市民的认同。实践话语是垦荒精神的价值取向和价值共识走向心理建构与行动策略的桥梁。垦荒精神的政治、学术话语不能简单地投入实践，需要充分考虑各行各业和社会大众的实际，将其转换为清新朴实的行业语言和生活语言，用多彩生动的城市生活去印证和发展垦荒精神。在这个过程中，官方层面要重视顶层设计，做好谋划；学界层面要做好阐释，讲好故事；民间层面要将垦荒精神落地，使之成为各行各业自觉遵循的工作守则。官方、学界和民间的同频共振，主导了大、小传统的互动和转化机制，使以垦荒精神为核心的城市精神得以发展和完善。

二、书写浙江精神的地方形态，为高质量发展提供不竭动力

在浙江工作期间，习近平同志非常重视精神力量的建设。他提出了红船精神，"以浩然正气激励共产党人不辱使命"；发展了浙江精神，"以昂扬锐气感召浙江人民走在前列"；肯定了大陈岛垦荒精神，"以战天豪气吹响新征程的伟大号角"。这三种精神一脉相承，红船精神集中体现了中国共产党人的精神风貌和精神召唤，浙江精神集中体现了改革开放以来浙江人民的精神风貌和精神召唤，垦荒精神集中体现了中华人民共和国成立以来中国人民的精神风貌和精神召唤。

2006 年 2 月 5 日，习近平同志在《浙江日报》发表重要文章《与时俱进的浙江精神》，从优秀历史传统、当代生动展现、新时期新阶段与时俱进三个层面发展和锤炼了浙江精神。① 此后，浙江精神一直是激励浙江人民"干在实处、走在前列、勇立潮头"的精神武器。从某种意义上说，垦荒精神与浙江精神是一脉相承的。比如，传统浙江精神中的"兼容并蓄、创业创新"的胸襟、"卧薪尝胆、发愤图强"的志向，推动浙江的改革开放和现代化建设的"自强不息、坚韧不拔、勇于创新、讲求实效"精神，以及激励全省人民"干在实处、走在前列"的"求真务实、诚信和谐、开放图强"精神都可以在大陈岛垦荒精神中找到回应。浙江人的这种"文化基因"，一旦遇到改革开放的雨露，必然"一有雨露就发芽，一有阳光就灿烂"，迸发出巨大的创造力。② 大陈岛垦荒精神丰富了浙江精神的内涵，是浙江精神落地台州的重要呈现。垦荒精神是浙江区域精神的重要组成部分，与浙西南革命精神、四明山精神、蚂蚁岛精神、海霞精神、"胆剑精神"、浙商精神、与时俱进的浙江精神、浙江

① 《与时俱进的浙江精神》，《浙江日报》2006 年 2 月 5 日。
② 习近平：《干在实处　走在前列——推进浙江新发展的思考与实践》，中共中央党校出版社 2006 年版，第 316 页。

人共同价值观等共同丰富了浙江人的精神家园。

2018年7月,习近平总书记在浙江省委关于"八八战略"实施15年情况报告上作出重要指示,强调"干在实处永无止境,走在前列要谋新篇,勇立潮头方显担当"①。这是对浙江精神的新期待,也为新时代的垦荒精神指明了发展方向;同时,为台州新时代垦荒伟业提供精神力量的就是这种"翻篇归零再出发,再当时代弄潮儿"的气魄以及"强烈的担当意识和奋斗精神"。在台州,弘扬浙江精神,就是要与时俱进地传承和弘扬大陈岛垦荒精神,以此激励全市人民走好新时代的垦荒路,为浙江担起新时代"三地一窗口"的崇高使命和高质量发展建设共同富裕示范区贡献自己的力量。

三、解码中国精神的生动注脚,为民族复兴接续精神伟力

爱国主义始终是把中华民族坚强团结在一起的精神力量,改革创新始终是鞭策我们在改革开放中与时俱进的精神力量。垦荒精神契合了以爱国主义为核心的民族精神和以改革创新为核心的时代精神。作为中国精神谱系中的重要一环,垦荒精神与其他精神一起,熔铸起党领导人民实现民族复兴的磅礴力量。

2020年4月,央视网《联播＋》栏目推出系列海报,盘点了这些年习近平总书记点赞过的"中国精神":从革命战争年代的红船精神、沂蒙精神,到中华人民共和国成立初期的西迁精神、垦荒精神,再到当下的工匠精神、企业家精神……这些精神背后都记录着一段段刻骨铭心的经历,蕴藏着爱国主义的力量。一直以来,习近平总书记视这些精神为党的宝贵精神财富,大力推崇弘扬。"为国奋斗"是最好的爱国表白,也是大陈岛垦荒精神的起点和主线。对祖国发自内心的热爱,驱动着垦荒队员毅然放弃城里安逸的生活,来到祖国最需要、最艰苦的

---

① 《习近平总书记对浙江工作作出重要指示:干在实处永无止境　走在前列要谋新篇　勇立潮头方显担当》,《浙江日报》2018年7月19日。

地方。在当下，只有坚持爱国和爱党、爱社会主义相统一，爱国主义才是鲜活的、真实的；只有把个人梦和国家梦结合在一起，投身伟大事业，中国梦才是最可期的。

垦荒精神是时代的产物。2021年6月，《学习时报》盘点了社会主义革命和建设时期共产党人重整山河、改天换地的12种精神，垦荒精神再次榜上有名。① 作为伟大斗争精神的重要缩影，垦荒精神中的"创业""奋发""图强""开拓""创新"等集中体现了以改革创新为核心的时代精神。垦荒队员面对恶劣的垦荒环境，植树开田，战天斗海，不断创新垦荒方式发展生产，这就是那个时代的时代精神。

从中国共产党人的精神谱系看，垦荒精神是党领导的革命精神在社会主义建设时期的传承与发展，赋予革命精神以新的时代内涵；从建设精神谱系看，垦荒精神是新中国社会主义建设初期产生的伟大精神，是新中国建设精神的重要源头；从改革开放精神谱系看，垦荒精神的当代发展契合了以改革创新为核心的时代精神；从青垦精神谱系看，垦荒精神具有海岛垦荒和军民共垦的特征，是中国青垦精神的独特存在和杰出代表。

在浙江工作期间，习近平同志指出，要进一步培育和弘扬励志奋进、奔竞不息的"图强"精神。② 在"四个伟大"中，"伟大斗争"宣示了我们党要"以什么样的精神状态"治国理政。2019年9月3日，习近平总书记在中央党校（国家行政学院）中青年干部培训班开班式上的重要讲话"刷屏"了，在新华社通稿中"斗争"一词出现了58次，是明确的核心关键词。在台州大地上，传承、发展和弘扬垦荒精神，就是"发扬斗争精神，增强斗争本领"最鲜活的载体：要不忘60多年前大陈岛立下的垦荒誓言，永立为建设伟大祖国而不懈奋斗的垦荒之志；要当好垦荒者，在逆势冬泳、迎难而上中打开发展新天地；要把忠实践行"八八

---

① 《实现中华民族伟大复兴的不竭动力——传承弘扬好中国共产党的精神谱系》，《学习时报》2021年6月7日。

② 《与时俱进的浙江精神》，《浙江日报》2006年2月5日。

战略"、作为新的垦荒,弘扬奋斗精神、斗争精神、担当精神,以垦荒者的奋进姿态迎难而上。

在新的历史时期,习近平总书记号召全党全国各族人民发扬"为民服务孺子牛、创新发展拓荒牛、艰苦奋斗老黄牛"的精神,永远保持慎终如始、戒骄戒躁的清醒头脑,永远保持不畏艰险、锐意进取的奋斗韧劲,在全面建设社会主义现代化国家新征程上奋勇前进。[①] "三牛"精神,是中国共产党初心的外化,是"心怀人民、奋斗不息、勇开新局"的精神画像。对台州来说,"三牛"精神与垦荒精神在内涵上完全一致。有着垦荒精神基因的台州儿女,要旗帜鲜明地成为"三牛"精神的引领者、实践者、奋斗者,在新征程上永立垦荒之志、接续垦荒之力,以实干实绩"争口气、争荣誉",奋力实现"十四五"开门红,努力绘就现代化新画卷。

---

① 《全国政协举行新年茶话会》,《人民日报》2021年1月1日。

第六章　保持与创造台州人文优势

文化是民族之魂,是镌刻在一方水土深处最具凝聚力和创新力的人文品格。进入 21 世纪以来,台州市将地域特色文化与城市现代化建设紧密结合,以和合文化所具有的深厚底蕴与广泛影响力为载体,努力使城市"形态"、文化"神态"、市民"心态"内外和谐,努力使经济实力、城市活力、文明魅力刚柔相济,实现了国民经济与社会事业的全面、协调、可持续发展。

第一节　背景与内涵:和合文化是台州重要的人文优势

台州历史悠久,以佛宗道源、山水神秀著称。在这片山海之间,中国佛教第一个本土化宗派"天台宗"、道教重要宗派"南宗"先后发祥,佛宗道源享誉海内外,凭借得天独厚的自然资源与生态环境,儒、释、道三教互融共生、传承不绝,绵绵千载。台州和合文化,是台州地域内因"和合"思想而产生的理论与实践的整体,以儒、释、道三教圆融为核心,以寒山、拾得"和合二圣"为突出代表,是天台山文化的精髓与本质特征,与台州民间生活密切相关,是中华和合文化的典型形态和活的样本。

一、和合文化是台州重要的人文资源

习近平同志在浙江工作期间,认为浙江在无特殊政策、资源并不

丰富的情况下,能成为全国经济发展最好最快的省份之一的深层原因,就在于浙江深厚的文化底蕴,在于文化软实力能较好地转化为经济硬实力。要破解发展的"瓶颈",实现发展的新"突围",很大程度上取决于对发展先进文化的深刻认识和高度自觉,取决于推进文化建设的工作力度。2005 年 8 月 16 日,习近平同志在《浙江日报》的《之江新语》专栏刊文指出:"我们的祖先曾创造了无与伦比的文化,而'和合'文化正是这其中的精髓之一。'和'指的是和谐、和平、中和等,'合'指的是汇合、融合、联合等。这种'贵和尚中、善解能容,厚德载物、和而不同'的宽容品格,是我们民族所追求的一种文化理念。"[①]在充分领会这些指示精神的基础上,2017 年 2 月,台州市五届一次党代会确立了建设"山海水城、和合圣地、制造之都"的城市新定位。2017 年 12 月,中国民间文艺家协会发布公告,正式将台州命名为"中国和合文化之乡",并在天台县建立了"中国和合文化传承基地"。为大力传承发扬中华优秀传统文化,加快推进"和合圣地"建设,台州市委、市政府 2017年印发了《台州市"和合圣地"建设行动纲要》,提出建设"和合圣地"的近期、中期、远期目标。即到 2018 年,初步完成和合文化传承发展试点工作;到 2020 年,打造一批和合文化传承发展示范区,形成"和合圣地"建设标准,使台州"和合圣地"品牌在国内外有一定影响;到 2030年,和合文化根植台州,与城市深入融合,使台州真正成为中华和合文化的标志地、传播地、示范地,成为享誉中外的"和合圣地"。

二、保持和创造台州人文优势的内涵

2003 年,浙江省委提出"八八战略"之后,台州及时将文化建设纳入城市现代化建设总体部署,把对省委"八八战略"精神的高度响应与对先进文化道路先行实践的高度自觉有机地结合起来,保持和创造台

---

① 习近平:《之江新语》,浙江人民出版社 2007 年版,第 150 页。

州人文优势，推动经济社会和谐健康发展。

（一）天台山和合文化是中华和合文化的典型样态

中华和合文化源远流长，起源并扎根于中国传统文化这一土壤之中，其发祥地和思想渊源最早可追溯至龙图腾文化、三祖文化和天台山文化，正是这三种文化的交融发展，铸就了和合文化的源头和根脉。"和"的思想在中国传统文化中占有十分突出的位置，植根于传统文化的和合文化与台州有着千丝万缕的历史联系。早期的天台山文化与儒家文化"和而不同"，诞生了中国最早的"四业皆本"论；与道教文化相和合，诞生了中国道教南宗；与佛教文化相结合，诞生了中国佛教史上第一个宗派——天台宗。天台山文化与儒、释、道三教文化的发展融合，生发了"三教合一，万善同归"的和合理念，清代雍正皇帝将之归纳为"佛以治心，道以治身，儒以治国"的三教和治思想。由此可知，和合理念是天台山文化体系的核心概念，其主要精神可归纳为"务实而兼融，和合而创新"。天台山文化是中华和合文化的重要组成部分，对构建中华和合文化有着深远的影响。雍正皇帝敕封天台山寒山、拾得二僧为"和合二圣"，这也成了中华和合文化的象征，天台山因此成为中华和合文化的主要发祥地。"文化育和谐"①，新时代，承接和弘扬中国自古所崇尚的和为贵、和谐为美的和谐社会理想，建设各阶层人民和睦相处、和谐共治的和谐社会，正是社会主义精神文明建设所追求的目标。和合文化熔铸于台州人民的血脉中，千百年来滋养了一代又一代台州人，赋予了台州人大气、硬气、和气、灵气的独特文化气质。

（二）和合文化是理想的价值取向及用中华智慧合理解决矛盾的思维模式和有效方法

和合是交流、是融合、是创新，以开放包容、合作共赢、和而不同为内涵，以和谐、融合为基本理念，在关注长远利益的同时满足和照顾个

---

① 习近平：《之江新语》，浙江人民出版社 2007 年版，第 150 页。

体、局部的合理利益,在沟通和互动中形成共赢可持续的结果。和合文化在促进经济发展、创新经济模式、改善人文环境、提升管理水平方面具有引领、激励与示范作用。在台州,以和为贵的价值取向、和而不同的思维方式、理性平和的社会心理,彰显了和合文化"讲仁爱、重民本、守诚信、崇正义、尚和合、求大同"的时代价值。"民主恳谈"这种基层民主形式之所以能够在台州产生、发展,和合文化理念起着不可替代的作用。民主恳谈强调和遵循的在决策过程中政府与民众以及民众与民众之间的平等协商,倡导的求同存异、尊重包容等理念,都是和合文化的精髓。和合文化中的"和而不同、求同存异"为台州妥善处理人民内部矛盾、提升社会治理效能提供了文化上的依据。在民主恳谈这一创新形式以及它的运作中,可以清晰地看到和合文化的影子:干部与群众、不同利益主体都作为独立因素,他们通过协商达成共识,最终产生一个各方都能接受的决策,这就是政治决策中的"和合生物"。在这片具有和合精神的沃土,台州人更容易吸纳现代政治文明,更能尊重多样化的利益主体。随着和合家庭、和合街区、和合邻里、和合企业等一系列特色创建活动的深入开展,台州构筑了"家庭和、邻里和、社区和、身心和"的和谐社会新局面,让全体台州人拥有了认同感和归属感,也让在外的乡贤记住了家乡的和合文化之根。

（三）和合文化推动经济社会高质量和谐发展

文化是一种潜在的力量,深深熔铸在一方人民的血脉之中。文化的软实力,总是润物细无声地融入经济力量、政治力量、社会力量之中,成为经济发展的"助推器"、政治文明的"导航灯"、社会和谐的"黏合剂"。台州因天台山而得名,在中华文明发展的历史长河中,天台山以其得天独厚的山海地理环境,孕育出独具特色的"儒释道三教合一、万善同归"的和合文化,不仅展示了天台山这一地域文化的巨大包容性,也造就了台州人民独特的文化气质。和合文化主张"和而不同""和实生物""万物并育而不相害""道并行而不相悖"的价值取向和智慧,它既是台州经济社会的反映,又赋予台州经济社会发展以深厚的人文价值。文化经济是文化与经济的交融互动、融合发展。长期以来,台州人民敏于挖掘传统文化中的经济元素和商业契机,善于向经济活动注入更多的文化内涵,以文化的内驱力推动了经济飞跃和社会进步。台州经济腾飞所经历的股份合作、劳资协商、并购重组、集群优势等,无不浸染着文化的价值,彰显着文化的魅力,传递着文化的力量。台州赋商以文、施文以商,深挖文化价值、找准契合点位、完善产业体系,融资源、连区域、和世界,实现了文化与经济的完美结合,使文化经济成为台州发展的新亮点。

三、保持和创造台州人文优势的意义

保持和创造台州人文优势,推动城市文化综合实力出新出彩,打造社会主义文化强国的城市范例,是经济社会转型升级的重要标志。深挖文化内涵,积极打造精品文化项目,实现文化经营活动可持续盈利的目标,是对文化经济最有力的诠释。

(一)有利于践行社会主义核心价值观

台州依托"和合圣地"这一平台,积极融入"文化强国"战略,高水平全面建成"五位一体"的小康社会,重视文化的渲染力和感召力,这正契合社会主义核心价值观的内在要求。进入 21 世纪,文化软实力的作用愈发重要。2014 年 2 月 24 日,在主持中共中央政治局第十三次集体学习时,习近平总书记明确指出:"博大精深的中华优秀传统文化是我们在世界文化激荡中站稳脚跟的根基。"[①]和合文化作为中华优秀传统文化的重要组成部分,是滋养社会主义核心价值观的源头活水。充分发挥"和合圣地"的实践效应,明确和合文化在新的历史条件下的内涵与属性,不仅能为全省高水平全面建成小康社会提供智力支

---

① 《习近平:把培育和弘扬社会主义核心价值观作为凝魂聚气强基固本的基础工程》,《人民日报》2014 年 2 月 26 日。

持和精神动力,还能增强人们的文化自信,提升践行社会主义核心价值观的自觉性。

(二)有利于台州融入"一带一路"建设

党的十八大以来,习近平总书记多次论述"人类命运共同体"的理念,并明确提出了"构建人类命运共同体,实现共赢共享"的中国方案。和合文化中"天人合一"的哲学思想、"和而不同"的文化理念与"协和万邦""万国咸宁""天下为公""天下大同"的政治愿景,都与构建以合作共赢为核心的新型国际关系、打造人类命运共同体有着密切的内在联系。"一带一路"倡议体现了"睦邻、安邻、惠邻"的诚意和"与邻为善、以邻为伴"的友善,是造福沿线所有国家和地区的不朽事业;和合文化是中华优秀传统文化的精髓,是中华民族的核心理念和重要价值,弘扬和践行和合文化将成为推动"一带一路"建设的不竭智慧和强大力量。

(三)有利于提升台州的知名度和美誉度

台州有很多丰富生动的和合故事,如"丹经之祖"张伯端、"人间佛教"实践者活佛济公、充满神奇色彩的和合文化标志性人物寒山子等,讲好台州故事,传播好台州声音,可以为"文化强国"战略提供更多的台州印记。和合文化所倡导的"天地和合则美,万物和合则生,身心和合则康,人人和合则善,家庭和合则兴,社会和合则安,国家和合则强,世界和合则宁,文明和合则谐"的价值理念,对于新时代国家经济建设、政治建设、社会治理、生态文明建设等具有潜在的促进和指导作用;同时,它不仅能产生良好的社会影响,带动台州经济全面提质增速,还能提升台州的知名度和美誉度。

保持、弘扬、创新和合文化这一特色文化体系,不仅能表明台州在中华历史上是和合文化这一文化体系的重要发源地和传承地,还能表明和合文化在今日的台州,有着更为鲜明和积极的文化渲染作用。

第二节　实践与成效：和合文化是
台州经济社会发展的"润滑剂"

满足人民群众日益增长的美好生活需要是贯彻新发展理念、深化供给侧结构性改革的根本目的，近年来，台州 GDP 增速较快，人民的生活水平、居住环境都得到了较大的提升和改善。地区发展受政策、区位、资源等多重因素影响，但最深层的还是本土文化的支撑。不管是股份合作、劳资协商还是人文环境、生态治理，都渗透着和合理念的思想魅力和价值功能，和合文化为台州经济社会发展提供了观念先导和智慧引领。

一、"合作共赢"理念促进台州地方经济快速发展

"一花独放不是春，百花齐放春满园。"改革开放以来，台州秉持"合作共赢"理念，以民营经济先发引领区域经济突破，全市经济在相互交流合作、不断积累经验中取得显著进步，由此创造了举世瞩目的"台州现象"。台州起步于股份合作制，蕴含"合作"特质；发展于兴办市场，蕴含"汇合"特质；繁荣于对外开放，蕴含"融合"特质；升华于创业创新，蕴含"和实"特质；得益于政府推动，蕴含"合力"特质。以"和合"为内核的天台山文化熏陶出的吉利汽车集团和杰克控股两家公司，在跨国并购中超越传统的整合模式，实现了国际化发展，为台州企业走出国门提供了新路径，尤其彰显了和合文化、和合精神的现代价值。吉利汽车集团能顺利并购沃尔沃，主要原因不在于它的硬实力，而是它的文化软实力：相互尊重和充分沟通，是关键的环节，台州企业家的气度与流淌在他们血液中的和合精神是分不开的。至 2020 年，吉利汽车集团拥有和持股的汽车品牌有吉利汽车、沃尔沃、宝腾、路特

斯、伦敦电动车等九个,成为一家名副其实的国际化汽车集团。吉利汽车集团践行"全球型企业文化"建设,核心是尊重、适应、包容与融合,最终目标是达到合作共赢。这也是台州企业家群体的鲜明印记:务实而兼融,和合而创新。同样,杰克控股公司凭借"和合锦囊"在世界舞台崭露头角,其国际化经营渐入佳境,所涉及的制造业项目跨国别、跨地域、跨产业,互相融合,业绩不断增长。吉利汽车集团和杰克控股公司根植于以"和合"为内核的天台山文化,在跨国并购中打破了文化整合的传统方式,开创了跨文化管理的"和合"模式,为台州企业乃至中国企业走出国门进行跨文化管理提供了新思路,有力地彰显了天台山和合文化在全球化时代的新价值。以和合文化为底色的台州企业,能够处理好跨国并购中的双重文化冲突,其外拓之路必将更加宽广、更加久远。同样,正因为始终秉持"合作共赢"的理念,台州的上市企业才得以在资本市场站稳脚跟,海正、华海、天铁等企业抱团构筑台州板块,在医疗、高铁等领域成为行业翘楚。至 2020 年,全市已有上市公司 62 家,其中中小板上市公司 25 家,累计融资总额达到 1411.79 亿元。目前,遍布世界各地的台州商人,正以商会为枢纽和绳结,紧抱在一起共同发展,一个叫响祖国大地的台州商帮已然形成。紧抱在一起向外发展,紧抱在一起回家投资,台州企业家拧成一股和合之力,共同擦亮了台州"制造之都"的金名片。以历史为纵轴,以地域为横轴,和合文化以其兼容并包、多元开放、和而不同的特性,致力于实现互利共赢的发展目标,从而成就了"和合包容""合作共赢"的文化密码。

二、"和合共享"理念促进台州社会事业蓬勃向上

"不断满足人民群众对美好生活的向往"是台州社会事业发展的核心目标。台州社会事业布局从提升人民幸福感、获得感出发,坚持"政府主导、社会参与、市场运作"的思路,积极探索和创新共建共享机

制,构建起了标准化、均等化、社会化、数字化的公共社会服务体系。至 2020 年,全市有文化馆 10 个、公共图书馆 10 个、博物馆 53 个,图书总藏量 924.74 万册;有线广播电视覆盖用户 183.54 万户,广播人口综合覆盖率和电视人口综合覆盖率均为 100%。有各类医疗卫生机构 3662 家,床位 31594 张,各类卫生技术人员 49445 人;农村自来水普及率 100%,卫生户厕普及率 100%。有各类养老机构 304 个,床位 47672 张,有城乡社区居家养老服务照料中心 3236 家。有幼儿园 1026 所,在园幼儿 19.25 万人;普通小学 367 所,在校生 42.56 万人;初中 199 所,在校生 21.31 万人;高中 78 所,在校生 10.02 万人;中等职业学校 24 所(不含技工学校),在校生 7.41 万人;特殊教育学校在校生 1388 人,全日制普通高校在校生 39955 人,成人高校在校生 36160 人。“和合共享”理念深入人心,和合公园、和合文化走廊、和合文化创意街区成为民众日常流连忘返之地,文明城市、国家卫生城市等国字头称号相继落户台州。“和合共享”促进了各项社会事业的蓬勃发展,台州也因此五度荣膺“中国最具幸福感城市”,台州人的幸福是“美美与共”的幸福,是和合文化浸润下的百姓和乐、人民安康的幸福。

三、“以人为本”理念促进台州人文环境不断改善

作为深受和合文化滋养的台州,“以人为本”的和合人文精神已经融入全社会各行各业,温岭的民主恳谈、天台的“民主决策五步法”等,均引起了国内外专家学者的极大关注,其中无不包含着“和合”的因子。随着和合文化论坛的召开,加强国际国内和合文化理论研究和交流成为台州地域文化传播的重要形式,相关部门和行业以戏剧和影视作品为媒,推动和合文化“走出去”,以和合文化主题旅游线路为载体,吸引游客“走进来”,结合时下研学热,设计了“唐诗之路”“佛宗道源”“诗画田园”等和合文化研学游项目,全方位提升了和合文化的传播力

和影响力，城市文化环境建设也因此得以快速推进。至 2020 年，全市已建成和合书吧 80 家，群众可以就近阅览各类图书；建成农村文化礼堂 2304 家，建制村覆盖率达到 76.19%，总量位居全省第一；拥有人类非物质文化遗产 1 项，国家级非物质文化遗产 15 项，省级 106 项，市级 341 项。传统文化产品得到有效保护。"根之茂者其实遂，膏之沃者其光晔"，根植于传统文化的肥沃土壤之中，和合之花已在台州遍地盛开，千年台州府，满街文化人，浓郁的书香气息覆盖全城。

四、"天人合一"理念促进台州生态文明建设稳中向好

"天人合一"的价值追求孕育了台州人民尊重自然、顺应自然、保护自然的绿色情怀，为生态文明建设提供了基础原则。"和合"思想与"绿色可持续"、人与自然亲近和谐一致，大力宣传和自觉践行和合文化对提高环保意识、促进生态文明建设具有重要的引领和指导作用。大力提倡"天人合一"理念，努力建设绿色家园，坚守绿色发展之路，是台州生态文明建设所遵从的"法"和"道"。仙居的绿色发展"春意盎然"、三门的小海鲜"鲜甜味美"、临海的府城美景"多姿多彩"……2016年，台州 5 个县（市、区）建成省级美丽乡村先进县，"五水共治"获省首批"大禹鼎"，国家"水十条"考核断面全部达标；2017 年，台州成为全国"环境治理项目推进快，重点区域大气、重点流域水环境质量明显改善"的四个城市之一。也正是在这一年，台州出台了全国首部城市绿色建筑专项规划，将绿色建筑作为刚性要求纳入土地出让、项目审批、房产销售等环节，在建筑行业掀起了一场绿色革命。2020 年，黄岩区、玉环市两地上榜省级生态文明建设示范县，台州在绿色发展之路上又向前迈进了一步。在城市设计方面，台州确立了融江南水乡、海派风格、和合文化、时代元素于一体的城市风貌建设原则，新城生机勃勃，旧城悠然自得，引领了江南城市设计的新风尚。2020 年 4 月，全市生态文明建设专题培训会召开，把台州的"绿水青山"建得更美、"金山

银山"做得更大成为与会共识。在"生态兴则文明兴,生态衰则文明衰"的绿色生态观的指导下,台州建立了生态环境长效保护机制,形成了绿色发展方式和生活方式,山水林田湖生态保护和修复工程稳步推进,海绵城市建设成效显著,天更蓝了、山更青了、水更绿了、空气更干净了,良好的生态环境成为人民群众生活质量的增长点、经济社会持续健康发展的支撑点、展现台州良好形象的发力点。

第三节　经验与启示:文化体现一个城市的综合竞争力

和合文化是台州人文资源优势的一项重要体现,在台州经济建设、社会发展、生态文明建设、对外合作交流等方面,发挥着潜移默化的作用,在塑造良好城市形象的同时,也滋润着人们的心灵。及时总结和合文化建设经验,改进不足,弥补短板,不仅能为台州经济社会发展提供内生动力,而且能为地域特色文化建设开辟新路径。

一、整合优化是增强和合文化经营力的重要手段

整合旅游文化资源,促进台州大旅游格局快速形成是文化提升之路。文化和旅游是共存共荣的,旅游是文化的重要经济依托,文化是旅游的引力来源。台州的"文化＋旅游"模式,有力地促进了台州全域旅游品牌体系的建设。2017 年,台州市旅游局与台州学院签署了"和合之旅"旅游项目课题调研合作协议。专家学者通过调研分析,将台州划分为三大文化体验区:一是"山海水城",以椒江、玉环、三门为主,根据这里山海兼具的自然景观特色,重点规划"山海和合"体验区;二是"和合圣地",以天台、仙居、临海、黄岩为主,这里有典型的"三教睦居"的人文环境,重点规划"传统和合文化体验区";三是"创新之城",以黄岩、路桥、温岭为主,它们是改革开放以来一系列制度创新的摇

篮,重点规划"和合创新体验之旅"。通过整合优化,连点成线,综合开发和合文化资源,有效增强了台州旅游业的发展活力。"和合之旅"是将天台山和合文化资源与旅游产业结合起来创新的文化旅游产品,是以传播、弘扬中华优秀文化为目的,引导游客考察中华和合文化样本,体验具有中华和合文化内涵、特色及当代价值的文化旅游项目。将传统文化与时代精神相衔接,融台州的山海风光、历史文化与实践经验于一体,让游客在快乐的旅游中感知中华文化的和合理念,滋养中华文化的和合思维,提升人文素养,增强文化自信。2017 年,"山海水城　和合台州"——台州旅游(北京)推介会成功举办,台州的诗画美景、和合底蕴给全国各地的来宾留下了深刻的印象。整合传统饮食文化资源,打造和合饮食品牌是文化提升的另一条路子。美食承载着一方水土最深厚的人文底蕴,将台州饮食文化转为美食经济,人们只需通过味蕾,便能品味台州地方文化的独特魅力。2017 年,"台州味道,和合盛宴"美食评比大赛圆满完成,以和合文化为主题的"和合如意宴""家和团圆宴""和合养生宴"等色香味俱全,既让人赏心赏口,又让人过目难忘。传承海纳百川的台州饮食文化,讲好和合故事,全力打造台州特色餐饮、文化餐饮、品牌餐饮,不仅取得了良好的经济效益,还开启了文化产业化经营的新思路。旅游文化、饮食文化等一系列产业培育措施的实施,给予台州和合文化以巨大的生机,和合文化的创新与发展步入了新阶段。

二、交流互鉴是扩大和合文化影响力的重要途径

和合文化是一个"活"的概念,不是一成不变的,其生命力就在于博采众长与推陈出新,新因子的加入不仅能丰富和合文化的内涵,还能促进和合文化沿着致用之路不断融合发展。和合文化要想"活"起来,加强对话交流是其必由之路。台州着眼于这一点,通过政企合作、产学合作、外事交流等方式,将天台山和合文化这一概念广泛而深入

地传播，既增强了和合文化的发展潜力，又展示了台州良好的城市形象。2015 年，中国人民大学与台州和合人间文化园举行了合作签约仪式，在风景秀丽的天台山设立了和合文化研究基地，双方围绕和合文化发祥地这一切入点，进行了深入的文化源流挖掘和产业化经营设计，合作成果十分显著。2018 年，教育部正式向社会公示全国中小学生研学实践教育基地评选结果，浙江天台山凭借得天独厚的地缘优势成功入选。游客通过亲身躬行、寓教于乐的方式感受天台山和合文化的魅力，真正理解和做到"知行合一"。目前，和合人间文化园已经成为地方党校、企事业单位、大中专院校的和合文化教育基地，来此参观学习的人数连年递增。

为进一步弘扬天台山和合文化，台州每两年举办一次高规格的天台山和合文化国际论坛，以此为依托，推进和合文化国际交流和理论研究不断深入。同时，为强化对接，2018 年 10 月，加拿大和合文化研究会在加拿大列治文市成立，天台山和合文化正成为国家"一带一路"建设和中华优秀传统文化"走出去"的重要载体和纽带。2019 年 7 月，浙江台州市情推介说明会暨和合文化海外驿站授牌仪式于东京中华总商会会议室举办，台州市领导与临海、玉环、天台等地相关领导，以及天台和合人间文化园、当地政商侨界代表、当地新闻媒体代表、日本友人等 30 多人参加了活动，这是继加拿大和合文化研究会成立之后天台和合文化走向世界的又一大动作。2019 年 10 月，中国台州"文化融"主题峰会暨天台山和合文化论坛在天台县和合小镇隆重召开。大会由光明日报社、浙江省社科联、中共台州市委、台州市人民政府联合主办，旨在进一步整合资源，以文化融合推动产业转型升级、企业提质增效、产品设计再造、企业文化涵养，并深化和合文化当代价值的研究，推动台州高质量发展。得益于省市的大力支持，得益于和合文化传播联络站广泛而深入的国际国内交流措施，和合文化的传播广度和影响力空前提高，慕名到天台山访问的国内外学者络绎不绝，和合文化的交流范畴与研究深度得到全新拓展。

三、兼收并蓄是提升和合文化创新力的重要方法

立足于中华传统文化的和合文化,拥有与中华传统文化相同的属性和特质,那就是开放性和包容性。在漫漫历史长河中,和合文化之所以能够长存并焕发出耀眼的光彩,就在于其内涵和精神能依据不同的历史条件进行融合、升华、嬗变和改造,能从其他文化流派中,如儒家的家国情怀、道教的道法自然、丝绸之路文化的睦邻友邦等,吸取大量的文化因子为自身所用。可以说,正是这种改造与嬗变确保了和合文化的"有用性",从而使其永葆青春、历久弥香。纵观和合文化的发展历程,不难看出,兼收并蓄与融合改造是其最主要的精神特质。因此,要提升和合文化的创新力,务必继续保持其兼收并蓄的文化属性,并以更加开放的姿态吸收各种文化流派的精华。要结合台州海洋文化优势,从台州人民与风浪搏击的无畏精神中,学会与海洋"和睦"共处,既无取之过度,又无裹足不前,"中和"而为,持续开发,以科学的方式践行和合文化、充实和合文化的内涵。要准确把握"一带一路"发展机遇,从"海上丝绸之路"的古老航迹中找到打开"海之门"的钥匙,全力做好贸易文章,在获得经济效益的同时,将"贵和尚中"的文化理念广泛传播。要重新认识台州"制造之都"的经济地位,用更加包容的态度"和"天下之"才",以"才"之智弥补短板,聚众才之力,造就台州新气象。要注重文化融合,对不同地域、不同文明之间的文化差异,在"和而不同"的前提下加以辨识,既不能一概排斥,也不能不辨而取,而要扬长避短、思而后用。和合文化的创新发展不在于投入多少资金,也不在于花费多少人力,而在于是否拥有一个开放包容、兼收并蓄的态度,若能打破陈规,便能长盛不衰。

四、共建共享是凝聚和合文化发展力的重要举措

文化产业体系全民共建,是和合文化持久发展的最有效的方法。

集合民智，凝聚民力，虚心向广大人民群众请教，从人民群众中寻求攻坚破难的具体策略，是突破文化发展难题的不二法宝。台州在和合文化建设过程中，采取了政府搭台、企业唱戏、全民参与的方式，政府当"裁判员"，给政策、定制度、严考核，企业当"顶梁柱"，找资源、建项目、晒成果，群众当"老娘舅"，出主意、解心结、敲边鼓，多方协作，亲密无间，合力讲好了和合文化新故事。目前，台州已建成以和合文化研究基地为指导场所，以和合社区、和合家庭等为主体，以和合书吧、和合文化礼堂、和合饮食等为补充的全方位的和合文化综合发展体系。尤其是天台县，创建了全省第一个特色文化小镇——和合小镇。和合小镇以弘扬和合文化为主题，集文化旅游、影视动漫、传统婚庆体验、和合讲堂、和合书院、非遗衍生品、和合养生等于一体，将抽象的文化落地生根，既保留了传统文化的气息，又发掘了其时代价值。和合小镇已成为台州和合文化的标志地与体验地，2016 年被评为浙江省首批特色小镇文化建设示范点。和合人间文化园由台州民营企业家沈中明、沈盛钢父子联手打造，园内有全国首家和合文化民间博物馆，馆藏和合文化实物 3000 余件，游客在此可以近距离地感受和合文化的独特魅力。和合小镇与和合人间文化园是台州文化产业共建共享的典范，全民建设、全民享有的投入与产出模式，确保了和合文化的持续发展。

近年来，台州积极响应习近平总书记在全国宣传工作会议上的号召，"把优秀传统文化的精神标识提炼出来、展示出来，把优秀传统文化中具有当代价值、世界意义的文化精髓提炼出来、展示出来"[①]，尽力凝练产业和兴、生态和美、社会和睦、身心和谐的城市特质，在以和合文化为代表的城市特色文化建设之路上取得了辉煌的成绩。台州正在努力成为"贵和尚中、善解能容，厚德载物、和而不同"的中华和合文

---

① 《习近平：举旗帜聚民心育新人兴文化展形象　更好完成新形势下宣传思想工作使命任务》，《人民日报》2018 年 8 月 23 日。

化的标志地、传播地,千年台州府,福泽绵远长。

　　在党的二十大报告中,习近平总书记着眼于全面建设社会主义现代化国家、推进中华民族伟大复兴的战略全局,提出要把马克思主义基本原理同中国具体实际相结合、同中华优秀传统文化相结合。台州将按照习近平总书记的重要指示,以党的二十大精神为指导,不断从优秀传统文化中吸收营养、汲取力量,讲好和合文化故事,积极推动文旅文创融合发展,繁荣文化事业和文化产业,推陈出新、守正创新,为社会主义文化强国建设贡献台州力量。

第七章 坚持底线思维防范化解重大风险

　　党的二十大报告强调,"国家安全是民族复兴的根基,社会稳定是国家强盛的前提"。"创造一个和谐稳定的社会环境,是全面建设小康社会的必然要求。"①在"八八战略"指引下,台州坚持以民本原则、系统方法、底线思维、法治理念应对新形势、新情况、新问题,不断创新社会治理,推进社会和谐稳定发展,打造了治安良好、生态优美、环境宜居、人民幸福的城市,实现高水平全面小康,迈进现代化建设和共同富裕先行新征程,彰显出以民为本、生命至上理念的实践伟力。党的十八大以来,习近平总书记具有人民性特质的治国理政重要论述成为打赢抗疫阻击战、打好三大攻坚战等时代使命的根本遵循,这些在实践中不断积累并经过实践反复验证的宝贵经验,也终将成为夺取新时代中国特色社会主义伟大胜利、实现中华民族伟大复兴中国梦的重要法宝,在新时代伟大征程中推动构建人类命运共同体。

第一节　背景与内涵:风险社会与以人民为中心

　　一切划时代的理论体系都是适应一定时代条件的客观需要而产生和形成的。在习近平同志的指导下,台州人民在防御台风、干旱等

---

　　① 习近平:《干在实处　走在前列——推进浙江新发展的思考与实践》,中共中央党校出版社2006年版,第236页。

自然灾害过程中,在应对"非典"疫情、环境污染等社会风险中,逐步确立了民本原则、系统方法、底线思维、法治理念的社会治理体系。该理念的产生和形成有着深厚的历史背景、生动的现实实践和深刻的学理依据。

一、现实背景:自然灾害和社会风险叠加

台州是自然灾害多发地,水资源先天不足。台州地处浙东中部沿海,地势西高东低,河流源短流急,洪水暴涨暴落,排涝受外海潮位顶托。沿海地区人口产业聚集,自然灾害中,尤以台风影响最为严重。"台风之州"台州历史上曾频遭强台风袭击,据统计,1949 年至 2020年,在台州登陆的台风达 19 个,占登陆浙江省台风总数的 40%。为降低台风袭击造成的损失,台州人民往往以命相搏。1997 年,9711 号台风登陆温岭石塘,亲历者称,"哪里有缺口,哪里就有干部、群众补漏的身影,大家想得最多的就是尽量减少损失"。抗击台风中全市 197 人遇难。此外,台州水资源时空分布极不均匀,《台州市水资源公报》显示,2001 年为年降水量正常年份,人均水资源量 1707.3 立方米,刚刚超过世界缺水警戒线 1700 立方米;2003 年则是特枯年份,年降水量仅为 1100.7 毫米,人均水资源量 642.42 立方米,属于国际公认标准下的重度缺水地区。

同时,伴随着经济快速发展,社会风险不断滋生。改革开放后,台州民营经济迅速崛起,1994 年撤地设市后进入工业化和城镇化发展加速期,2001 年台州地区工业化率和城镇化率已分别达 52.6% 和32.8%,2002 年台州人均 GDP 达 14728 元。伴随着经济快速发展,新的社会问题开始出现:经济粗放型增长,高投入、高消耗、高排放,环境破坏严重;城乡二元结构失衡;社会利益关系日趋复杂,社会矛盾逐步积累,群体性事件开始出现……传统的自然风险和人类活动造成的社会风险相互叠加、相互转化,社会治理压力陡增。

二、习近平同志关于风险防范与化解的指示

在浙江工作期间，习近平同志高度重视全省经济社会发展所面临的"先天不足"和"成长中的烦恼"，特别是伴随社会发展出现的新问题，将人民利益放在最高处，统筹全局发展，系统防范化解各类风险，将社会事业不断向前推进。

（一）"人是最可宝贵的"

应对风险挑战，习近平同志在关键时刻总是亲临一线，靠前指挥，应对公共突发事件时时刻把人民生命健康放在首位。"非典"是人类在 21 世纪发现的第一个烈性传染病。2003 年 4 月 19 日，浙江首次发现"非典"病例，习近平同志亲自指挥部署，多次召开紧急会议，及时对抗击"非典"作出决策部署，要求全力救治病人。他深入防疫一线，视察省疾病预防控制中心、武警杭州医院、隔离点等单位，反复强调人民健康的首位意识，"要做好预防工作，不让其他人感染"，"要全力保护好医务人员"。[①] 2004 年 8 月，第 14 号台风"云娜"登陆，这是 1956 年以来在浙江沿海登陆的最强台风，也是习近平同志到浙江工作后经历的首个强台风。他在指导防御台风工作中首次提出"不死人，少伤人"防台目标，指出"人是最可宝贵的，人命关天"，并亲自前往台州察看灾情、慰问群众，哪里灾情严重，就奔向哪里，时刻将人民群众生命安全放在首位。[②]

（二）"要学会'十指弹琴'"

浙江作为经济相对发达的东部省份和市场经济先发地区，2003 年人均 GDP 接近 2400 美元。习近平同志敏锐地发现浙江正面临着

---

① 《把人民生命安全和身体健康放在心里——习近平同志 2003 年领导浙江省抗击非典斗争纪事》，《人民日报》2020 年 6 月 15 日。
② 《省委书记的百姓情——台风登陆时省防汛防旱指挥部见闻》，《浙江日报》2004 年 8 月 13 日。

与国际经验相似的"成长中的烦恼",城乡差距拉大、生态问题突出、社会发展滞后、公共安全形势严峻等。他指出,领导干部在具体工作中要学会"十指弹琴":"我们强调发展不是不要稳定,强调稳定平安也不是忽视发展。"①针对新发展阶段的新形势、新情况、新问题,省委审时度势,从 2004 年 5 月开始实施建设"平安浙江"发展战略。习近平同志特别指出,"建设'平安浙江',创造一个和谐稳定的社会环境,是深入实施'八八战略'的题中之义"②,并强调"平安浙江"中的"平安"是涵盖了经济、政治、文化和社会各方面宽领域、大范围、多层面的广义"平安"③,同时指出"广义的'平安'不是泛化的平安,不能理解为把经济、政治、文化建设都包含在'平安浙江'建设之内,大而化之地把它作为一个框,而是着眼于与经济、政治、文化、社会建设之间的有机统一和内在联系,综合考虑各方面对社会和谐稳定的影响,使之统筹兼顾,同步推进"④。

(三)宁可把灾害想得严重一些,把问题考虑得复杂一些

2005 年 9 月 10 日,第 15 号台风"卡努"逼近我国东南沿海。习近平同志部署防台工作时强调:"各地各部门必须高度重视,振奋精神,立即行动,在思想和工作中做最坏的打算,宁可信其有";"必须始终保持高度警惕,做到早部署、早准备、早行动,立足于台风在我省南部一带沿海登陆,立足于台风正面袭击浙江并严重影响全省各地,立足于重点防范狂风暴雨造成的灾害";必须坚持"高标准、严要求,始终保持高度的政治责任感和对人民极端负责的态度",始终坚持"三个不怕",即不怕兴师动众,不怕"劳民伤财",不怕十防九空,始终尽职尽责、一

---

①　习近平:《之江新语》,浙江人民出版社 2007 年版,第 62 页。

②　习近平:《干在实处　走在前列——推进浙江新发展的思考与实践》,中共中央党校出版社 2006 年版,第 236 页。

③　习近平:《干在实处　走在前列——推进浙江新发展的思考与实践》,中共中央党校出版社 2006 年版,第 234—235 页。

④　习近平:《干在实处　走在前列——推进浙江新发展的思考与实践》,中共中央党校出版社 2006 年版,第 238 页。

丝不苟地做好各项防范工作。① 为了实现"不死人，少伤人"的目标，习近平同志又提出"四个宁可"要求，即"宁可十防九空，也不能万一失防；宁可事前听骂声，不可事后听哭声；宁可信其来，不可信其无；宁可信其重，不可信其轻"。② 习近平同志从最复杂风险着眼，不仅提出了防台工作"三个不怕""四个宁可"理念，还提出了其他领域风险防范要求。如在社会稳定方面，他强调"要有深邃敏锐的观察能力、主动防范的思想准备和缜密细致的工作预案"，"把过细的工作做到前面，防止不稳定因素演变成'慢性病'"。③

（四）法治是新形势的新要求

建设法治浙江，是习近平同志作出的又一项重大决策部署。2006年，全省进入"十一五"发展新起点，步入经济发展的腾飞期、增长方式的转变期、各项改革的攻坚期、开放水平的提升期、社会结构的转型期和社会矛盾的凸显期，面临着一系列新的要求。习近平同志认为，"在这样的新形势、新要求下，必须按照建设社会主义法治国家的要求，积极建设'法治浙江'，逐步把经济、政治、文化和社会生活纳入法治轨道"④。对于基层社会的法治工作，习近平同志认为，相对于传统农村治理的"礼治秩序"，在建设社会主义新农村的新形势下，实现农村的和谐稳定与长治久安，要"坚持德治与法治并举，建立一种符合农村经济社会发展要求的'法治秩序'"⑤。在风险防范方面，习近平同志指出立法工作要"体现时代性"，特别是鉴于"非典"疫情发生和蔓延中暴露出的问题，他强调："要举一反三，认真吸取教训，进一步加强公共卫生体系建设，加强经济社会发展协调工作，加强社会管理体制的建设和

---

① 习近平：《干在实处　走在前列——推进浙江新发展的思考与实践》，中共中央党校出版社2006年版，第272页。

② 《以人民为中心——习近平总书记在浙江的探索与实践·共享篇》，《浙江日报》2017年10月10日。

③ 习近平：《之江新语》，浙江人民出版社2007年版，第236页。

④ 习近平：《之江新语》，浙江人民出版社2007年版，第202页。

⑤ 习近平：《之江新语》，浙江人民出版社2007年版，第199页。

创新,建立健全各种机制,增强应对突发性公共卫生事件、重大自然灾害以及其他重大社会突发事件的能力,坚持防患于未然。"①

三、习近平同志关于社会风险治理的系列论述

在经济社会发展进入新阶段,习近平同志关于社会风险治理的系列论述,将人民群众的根本利益看得更重,将防范做得更实,将秩序理得更顺,并系统地回答了"治之原则""治之目的""治之机制"等根本问题,为应对自然风险和社会风险叠加难题提供了基本遵循。

(一)确立以民为本的治理原则

在浙江工作期间,习近平同志始终将人民利益放在首位。应对旱情,他要求"有关政府部门要高速运转,心里要时刻装着群众,尽快把物资、资金送到抗旱一线,派上用场"②。初到浙江工作,面对全省能源问题突出、用电缺口较大等问题,习近平同志多次深入基层、电厂调研,要求各级党委、政府高度重视人民群众生活用电问题,并积极探索通过能源建设带动欠发达地区百姓脱贫。③ 在防治"非典"过程中,根据习近平同志指示精神,浙江始终将人民生命健康安全放在第一位。2003年4月,杭州出现全省首例"非典"临床诊断病例后,在全国率先对与"非典"病人密切接触者进行全部隔离,率先果断安排影剧院等场所临时停业,率先控制发热、咳嗽药品销售等。④ 在防御0414号台风"云娜"、0509号台风"麦莎"等过程中,区别于以往力避财物损失的防台思路,习近平同志先后提出了"一个目标、三个不怕、四个宁可"防台理念,一系列以人民为中心的"兴师动众、劳民伤财"的防台举措,有效

---

① 习近平:《干在实处　走在前列——推进浙江新发展的思考与实践》,中共中央党校出版社2006年版,第364—365页。

② 习近平:《之江新语》,浙江人民出版社2007年版,第12页。

③ 《习近平能源安全新战略的浙江探索》,《人民日报》2019年7月3日。

④ 《把人民生命安全和身体健康放在心里——习近平同志2003年领导浙江省抗击非典斗争纪事》,《人民日报》2020年6月15日。

减少了人员伤亡,确立了"生命至上"的防台宗旨,"以人为本"的理念成为风险防范的首要原则。

(二)构建系统综合的防范机制

对于新形势下的新情况、新问题,习近平同志坚持系统理念,对各类风险应对做出通盘统筹,实施"平安浙江"建设这一系统工程,提出加快构建公共安全应急体系,切实提高全社会特别是各级政府应对公共突发事件的能力。[①] 在系统思维指引下,防台系统机制在实践中逐步建立起来,他指出,"一定要着眼长远,所有新建的设施包括公建基础设施和民房等都必须考虑到台风的袭击",并要求进一步加大水利等防灾设施建设力度,强化海塘、江堤、水库检查维护工作。[②] 他还要求"依托基层,发动群众,加强日常组织和演练,不断完善社会动员机制"[③]。此外,习近平同志从"看得见的手"与"看不见的手"这"两只手"看深化改革[④]、从"凤凰涅槃"和"腾笼换鸟"这"两只鸟"看结构调整[⑤]、从"金山银山"和"绿水青山"这"两座山"看生态环境[⑥]等治理理念,无不闪烁着系统思维的光芒。

(三)树立社会治理的底线思维

习近平同志从不回避问题,而是直面问题、居安思危,认真研判潜在风险和可能出现的最坏局面,未雨绸缪、防患于未然。他指出:"每个时代总有属于它自己的问题,只要科学地认识、准确地把握、正确地解决这些问题,就能够把我们的社会不断推向前进。"[⑦]针对社会公共

---

① 习近平:《干在实处　走在前列——推进浙江新发展的思考与实践》,中共中央党校出版社2006年版,第267页。

② 习近平:《干在实处　走在前列——推进浙江新发展的思考与实践》,中共中央党校出版社2006年版,第270页。

③ 习近平:《之江新语》,浙江人民出版社2007年版,第156页。

④ 习近平:《之江新语》,浙江人民出版社2007年版,第182页。

⑤ 习近平:《之江新语》,浙江人民出版社2007年版,第184页。

⑥ 习近平:《之江新语》,浙江人民出版社2007年版,第186页。

⑦ 习近平:《之江新语》,浙江人民出版社2007年版,第235页。

安全问题,他强调"各地要遵循预防为主、常备不懈的方针"①,强化应急工作。在底线思维的指引下,"以防为主"成为应对台风灾害最有效的措施,2005 年,0515 号台风"卡努"登陆台州,因防御工作完备,尽管全市受淹总面积达 695.78 平方千米,受灾人口 370.72 万人,房屋倒塌 4562 间,但死亡人数减少到了个位数。同样得益于底线思维,2006 年,0604 号台风"比利斯"登陆浙江,因全省防台准备到位,灾害损失控制在最低限度,并实现了人员"零死亡"。

(四)形成依法治理的坚实保障

法治是强化风险防范、创新社会治理的重要保障。习近平同志高度重视法治建设,强调全省经济、政治、文化和社会建设"四位一体"的总体布局中,建设"法治浙江"为"八八战略"、"平安浙江"和加快建设文化大省提供了支持和保证。② 2006 年 4 月 25 日,习近平同志在省委十一届十次全会上指出,"在当前社会建设和管理任务加重的情况下,我们要善于运用法律手段来调整社会关系、平衡社会利益、解决社会矛盾、促进社会和谐"③,强调"只有把社会生活的基本方面纳入法治调整范围,经济、政治、文化和谐发展与社会全面进步才有切实的保障,整个社会才能成为一个和谐的社会"④。同时,要全面推进城乡发展、区域发展、经济社会、人与自然、对外开放等方面的法治建设,使社会治理有法可依、有章可循。

---

① 习近平:《干在实处　走在前列——推进浙江新发展的思考与实践》,中共中央党校出版社 2006 年版,第 267 页。

② 习近平:《干在实处　走在前列——推进浙江新发展的思考与实践》,中共中央党校出版社 2006 年版,第 353 页。

③ 习近平:《干在实处　走在前列——推进浙江新发展的思考与实践》,中共中央党校出版社 2006 年版,第 250 页。

④ 习近平:《干在实处　走在前列——推进浙江新发展的思考与实践》,中共中央党校出版社 2006 年版,第 354 页。

四、习近平同志关于社会风险治理论述的重要意义

(一)有利于牢固树立人民至上的治理理念

在危难时刻冲在一线、下沉基层，习近平同志践行对人民的信守，也要求"领导干部在急难险重等关键时刻，应该冲在最前列"①。他指出，"心无百姓莫为'官'"，"我们是党的干部，是人民的公仆，一定要把群众的安危冷暖挂在心上"。② 以此为引领，全省上下形成了以人民为中心、人民至上的治理理念，有效防范化解各类风险，将社会事业不断推向纵深，"非典"防治工作多次受到来浙江省考察的中央领导和国务院"非典"防治工作督查组、国家疾病预防控制中心流行病学专家组等高度评价，称"浙江防治'非典'打了个漂亮仗"，为全国疫情防控提供了宝贵的"浙江经验"③。防御台风中形成的包括"以人为本、人民至上的宗旨观念""冲锋在前、勇挑重担、关键时刻站得出、危难之际豁得出的英雄气概"在内的防台救灾精神，成为全省"做好各方面工作的强大动力"。④

(二)有利于稳步构筑系统有机的治理体系

在浙江工作期间，习近平同志以其"战略谋划的全面性、调查研究的深入性、狠抓落实的持久性、以人民为中心的方向性"⑤，系统全面地擘画出全省发展蓝图，构建起经济、政治、文化、社会、生态文明、党的建设等多方面、多维度相互支撑、有机统一的解决方案。突破"小治安"视域，立足于"大平安"布局，施行与社会治理理念相契合的系统举

① 中央党校采访实录编辑室：《习近平在浙江》(上)，中共中央党校出版社 2021 年版，第108 页。

② 习近平：《之江新语》，浙江人民出版社 2007 年版，第 26 页。

③ 《把人民生命安全和身体健康放在心里——习近平同志 2003 年领导浙江省抗击非典斗争纪事》，《人民日报》2020 年 6 月 15 日。

④ 习近平：《之江新语》，浙江人民出版社 2007 年版，第 155 页。

⑤ 中央党校采访实录编辑室：《习近平在浙江》(下)，中共中央党校出版社 2021 年版，第180 页。

措,勾勒出宽领域、大范围、多层面、全体系的"平安"战略格局。同时,创新平安机制建设,树立"推进经济发展是政绩,维护社会和谐稳定同样是政绩"[①]理念,以"两张表"抓各级领导干部考核,既看"经济成绩单",又看"平安成绩单",在全省形成了良性互动的"大平安"建设机制。

(三)有利于扎实巩固党群融合的治理基础

一个国家的稳定和谐取决于民心所向。习近平同志高度重视人民的力量,他曾说,"群众的实践是最丰富最生动的实践,群众中蕴藏着巨大的智慧和力量"[②]。他高度重视社会动员工作,强调"我们在防台斗争中演练出来、成熟起来并不断完善的社会动员机制,不仅对防灾避险至关重要,而且具有全局性的重大意义,对做好国防动员、处置公共危机,包括处理重大安全事故、疾病灾害、突发事件等,都有借鉴意义"[③]。在应对风险的紧张状态下,各级领导干部驻守前线,特别是基层干部有序组织、一线作战,相信群众、依靠群众、为了群众,坚定地走好群众路线,充分高效调度全域内的人力、物力资源,党群融合,一次次有效防范化解重大风险,赢得了民心。

第二节　实践与成效:牢牢捍卫人民群众的生命安全和切身利益

改革开放以来,民营经济先发地台州在发展初期因粗放型增长,社会事业欠账较多,兼之自然灾害频发等掣肘因素,风险防控压力陡增。"八八战略"实施以来,台州立足民本原则,有效防范化解各类风

---

① 习近平:《干在实处　走在前列——推进浙江新发展的思考与实践》,中共中央党校出版社2006年版,第235页。

② 习近平:《之江新语》,浙江人民出版社2007年版,第61页。

③ 习近平:《之江新语》,浙江人民出版社2007年版,第156页。

险。特别是党的十八大以来，台州着力推进市域治理，实现了经济、政治、社会、文化和生态文明"五位一体"同步推进的良好局面，打造了社会治理的台州模式。

一、以人为本，创新治理

党的二十大报告指出："江山就是人民，人民就是江山。中国共产党领导人民打江山、守江山，守的是人民的心。""人的生命最为宝贵，群众利益高于一切，领导责任重于泰山。"①"八八战略"实施以来，台州牢记嘱托，坚持人民至上、生命至上，抓实抓细风险防范，创新治理体制机制，牢牢捍卫人民群众的生命安全和切身利益。

（一）以人为本，打造幸福城市

"富裕与安定是人民群众的根本利益，致富与治安是领导干部的政治责任。"②在习近平同志治理理念的引导下，台州将建设小康社会和构建和谐社会作为发展主题，"不与民争利，让利于民"，以"富民"为抓手推进社会治理全面提升。多年来，台州不断创新发展理念、体制机制，从创业富民到共同富裕，率先探索"扩中提低"改革，推进人的全生命周期公共服务优质共享、山区跨越式发展、农村"三块地"改革等，走深走实"九富"特色路径。同时，关注重点群体，强化农村公共服务。根据 2003 年全省统一部署，台州大力实施"百村示范、千村整治"工程，乡村面貌实现了由"盆景"向"风景"的华丽转变。截至 2018 年，4143 个村告别脏乱差，464 个中心村成了全面小康示范村。人民群众的获得感、幸福感、安全感全面提升，2017—2022 年，台州连续 6 年荣膺"中国最具幸福感城市"（地级市）。

---

① 习近平：《之江新语》，浙江人民出版社 2007 年版，第 51 页。
② 习近平：《干在实处　走在前列——推进浙江新发展的思考与实践》，中共中央党校出版社 2006 年版，第 235 页。

（二）创新机制，推进市域治理

以防范化解市域社会治理重大风险和难点问题为突破口，台州大力推进市域治理现代化。全市不断推进体制机制创新，在全国率先实施《基层社会治理全科网格管理规范》地方标准，实行网格责任全链条捆绑，有力夯实基层基础，成为中国社会治理的样板；构建起预防"民转刑"防控网，通过建立防控模型、机制和网络，严格防止社会治安和民事纠纷等转化为刑事案件，成为全省典型；以流动人口信息为基础，建立出租房屋旅馆式管理机制，使出租房管理有了可遵循的标准。此外，健全领导干部下访接访机制，完善重大决策社会风险评估制度，项目化推进扫黑除恶，构建城乡统筹、网上网下融合、人防物防技防结合、打防控一体的"大防控"格局，打造出"更高质量、更高水平"的平安台州。数据显示，2017年以来，台州连续5年获得全省信访考核第一，安全生产事故起数、死亡人数分别下降71.6%和75.8%，扫黑除恶专项斗争综合成绩和群众满意度均居全省第一。2020年5月，台州获批全国第一批市域社会治理现代化试点城市。

二、夯实基础，平战结合

"为'官'一任，就要尽到造福一方的责任，要时时刻刻为百姓谋，不能为自己个人谋。……既要多办一些近期能见效的大事、好事，又要着眼长远、着眼根本，多做一些打基础、做铺垫的事，前人栽树、后人乘凉的事，创造实实在在的业绩，赢得广大人民群众的信任和拥护。"[①]多年来，台州牢记谆谆教诲，强化防范基础和队伍建设，筑牢风险防控坚实堡垒。

（一）强基固本，建起防御长城

台州一线海塘全长405公里，台风海潮时频受巨浪侵袭，台州人

① 习近平：《之江新语》，浙江人民出版社2007年版，第25页。

民将防御台风与利用水汽缓解旱情相结合进行基础建设,至 2008 年共建标准海塘 320 公里,历经数次台风风暴潮,"漫而不决,冲而不垮",以扎实功夫彰显出转化劣势的智慧。2003 年以来,按照全省"五大百亿"等工程部署,台州相继实施了长潭水库、牛头山水库除险加固保坝工程,2021 年 6 月竣工的盂溪水库总库容 2119 万立方米,日供水量 7.89 万立方米,不仅可使仙居县城防洪标准提高到"50 年一遇",当地供水也得到有效改善。0414 台风"云娜"登陆后,台州黄岩区东城商浦村因房屋倒塌造成群众伤亡。台州吸取惨痛教训扎实推进农村危旧房改造,做好防台型民居建设,还大力开展防洪排涝工程、渔船避风港建设、集中避灾安置点建设等,既有效夯实了防台风的工程基础,也将防台与城乡一体化融为一体。

（二）功在平时,打造防御铁军

台州的风险防范工作突出常态化、标准化、精细化,立足"防"、做实"御"。2006 年,台州市在全国率先确定"防台风日"。2007 年,聘请台州电视台方言节目主持人阿福担任台州"防台风宣传大使",推进防台工作常态化、亲民化开展。带动基层组织每年对山塘、海塘、堤防、河道、水闸等开展一次普查,建立台账和安全管理制度,及时整改灾害隐患点;成立机动抢险队伍,开展技能训练,结合防汛预案每年至少开展一次实战演练。2020 年以来,台州编制《新型冠状病毒肺炎防控志愿者培训手册》《台州市疫情防控标准工作手册》等,为医护人员、防疫工作者、志愿者等群体提供平时和战时防控新冠疫情工作的专业化、标准化指引。此外,市、县、乡、村四级联动抓平安建设,"平安镇（街道）""平安村（社区）""平安校园""平安企业"等"小平安"的创建,汇聚成全市"大平安"格局。2010 年,全国唯一"防台风示范基地"落户台州。2021 年,实现新冠疫情"零发生"。2022 年,全省建设平安浙江工作会议召开,台州实现平安台州"九连创",喜获"平安金鼎"。

三、党群融合，依法治理

"面对面做好群众工作"①，"最广大人民群众的根本利益是地方立法的出发点和落脚点"②。多年来，台州坚持党群融合、依法治理，将社会事业不断推向前进。

（一）头雁领航，带动群雁齐飞

台州市委、市政府决策果断、动员及时、部署周密，始终把"不死人、少伤人"作为总体目标要求，工作力度大，并富有创新。多年来，台州市委、市政府一直发扬优点，始终将人民利益放在首位，危难时刻冲在一线，深入基层，高效调度全市人力、物力资源，答好执政能力的综合考卷。在"头雁"引领下，基层党员干部也是如此。2019年，"利奇马"登陆台州之前两天，共有1万余名党员干部进村入户，在防台第一线开展"地毯式"大检查，做到"不漏一处、不漏一户、不漏一人"。确定台风将正面袭击温岭后，他们又争分夺秒转移群众9.3万余人，并进行一对一网格化管理。"利奇马"登陆时，温岭城南镇全镇断电断网，8.1万人几乎与外界失联，但在党员干部的带领下，全镇无一人伤亡。在抗击新冠疫情工作中，全市党员干部冲锋在前，集中隔离点、防疫服务卡点纷纷建起了临时党支部。2021年底，仅路桥区就有2.8万名党员干部带头参与各项疫情防控工作，筑牢疫情防控"红色屏障"。

（二）以法治思维系统构建长效机制

台州聚焦小康社会建设，以法律为准绳，统筹开展社会治理系统工程。2005年，制定全面建设小康社会与和谐社会的目标管理体系及考核办法，分别包括经济发展、社会发展、人民生活、社会和谐、生态环境等5个子系统20项指标，以及民主法治、诚信友爱、社会公平、社

---

　　①　习近平：《之江新语》，浙江人民出版社2007年版，第54页。
　　②　习近平：《干在实处　走在前列——推进浙江新发展的思考与实践》，中共中央党校出版社2006年版，第364页。

会活力、安定有序、生态环境和公众满意指数等 7 个子系统 20 项指标,以量化指标系统推进全市发展。同时,将优化基层治理作为推进市域治理的"压舱石",创造出民主恳谈、村级治理"三化十二制"、"红色物业"等一批在全国知名的基层治理品牌。在法治建设过程中,台州十分注重系统风险防范,于 2021 年 7 月发布《台州市突发事件总体应急预案》,将以人为本、生命至上作为第一原则,综合推进自然灾害、事故灾难、公共卫生事件、社会安全事件的预防体制机制建设,明确应急管理工作领导负责制和责任追究制,为全市构建"大安全"治理格局提供更具针对性的指引。

四、两智融合,和合善治

"好措施、好办法哪里来？答案是从群众中来。"①"要'平安',不要'平庸'","要正确处理改革发展稳定的关系,既坚持稳定压倒一切的方针,又坚持发展这个第一要务,坚持改革开放的路线"。② 台州始终坚持创新发展,问计于民,聚智成策,推动"两智融合",全力打造"和合善治同心圆"。

(一)群众智慧助力激发治理活力

台州将"深入基层,深入群众,拜群众为师"③作为解决矛盾和问题的重要途径,发挥群众智慧效能,既问政于民,又坚持民事民管,积极鼓励和引导社会组织、企业、群众参与社会治理。自 2016 年 12 月起,台州将全科网格式治理作为基础性工程,构建了"党建引领、全民参与,乡村联动、三治融合,全科网格、责任捆绑,源头管事、就地了事"的基层治理模式,通过全科网格员打通传递信息和服务群众的路径,有效防范化解各类风险挑战。在自然灾害防御方面,2008 年,台州开展

① 习近平:《之江新语》,浙江人民出版社 2007 年版,第 51 页。
② 习近平:《之江新语》,浙江人民出版社 2007 年版,第 61 页。
③ 习近平:《之江新语》,浙江人民出版社 2007 年版,第 61 页。

"百乡和汛"工程,进行基层防汛防台工作标准化建设管理,建立健全乡镇(街道)、村(居)和重要企事业单位等的防汛组织体系、责任体系、预案体系、应急抢险体系、预警自防机制、宣传教育机制等,形成了基层防御自然灾害的有效机制。2019 年,受"利奇马"影响很大的登陆地温岭实现了"零死亡",这得益于"平时功夫":该市每年都以强台风等重特大灾害为典型,组织防台演练,在台风登陆时成功做到了"镇街为战、村自为战、自防自救"。

(二)人工智能助力提升治理成效

台州基于全域一体、市县统建模式推进全市公共数据平台建设,促进省市县"152"体系和县以下"141"体系贯通。2021 年底,平台已按需归集 103 亿条数据、3837 个数据集,满足数据需求 8408 类,"一体化数字资源系统"(IRS)使用量居全省第一,并开通数据仓 127 个,数量居全省前列,为全市数字化改革、现代化治理提供了坚强的数据支撑保障。在推进智慧治城过程中,台州着力破解应急响应、基层治理关键环节。2017 年 7 月,台州市应急指挥中心投入使用,中心汇集全市 8 万多个视频资源和 1.4 万多条应急管理专业数据,实现视联网、政府(应急指挥)等 7 套视频会议系统接入并存,叠加渔船位置、医院位置、气象信息、危险源、避难场所等数据建成"应急一张图",为应急科学化、精准化提供了坚实基础。2018 年,台州市应急办被授予全国地市级首个也是唯一的中国应急管理信息化最高奖"卓越成就奖"。台州还融合"城市大脑"建设、网格化管理、数字化应用和社会协同治理,开展街面治理体系改革,将主城区城市部件、商铺、企业、社区人员等录入数据库,建立"区、街道辖区、片区和街"四级治理网格,通过数据平台进行全程网格化处置,平均处置时间缩短 80%,群众满意度明显提升。2018 年,台州市综合行政执法局获评全国城管"强基础、转作风、树形象"专项行动先进集体。

第三节　经验与启示：不断提高应对
风险挑战的能力水平

治国有常，利民为本。党的二十大报告指出，"为民造福是立党为公、执政为民的本质要求"。台州始终坚守"因民而生、为民而兴"的使命担当，时刻保持如履薄冰的忧患意识，持续完善系统综合的风险防控机制、平战结合的社会动员战术、依法治理的市域治理准绳，有效化解了各类风险隐患，谱写了社会治理的台州华章。

一、以民为本扛起使命担当

以民为本理念既是社会治理的人文关怀，也是社会治理的宝贵财富。从防台抗台、防范山体滑坡等自然灾害处置，抗击"非典"、抗击新冠疫情等人民战争，到和合善治、现代治理的市域治理创新，台州始终坚定以民为本的根本立场。

从梁家河到北京，习近平同志始终坚持以人民为中心的发展思想。2002 年 10 月 12 日，到浙江工作的第二天，习近平同志就在全省领导干部会议上表达了他的为民情怀："我在黄土地上生根、发芽，在红土地上成长、发展，是党和人民将我培养成人，我愿意在任何地方为党和人民的事业贡献自己的一切。"①2003 年上半年，在抗击"非典"疫情中，习近平同志反复强调"人民健康高于一切，领导责任重于泰山"②。抗击历史罕见的旱情时，习近平同志指示："做好抗旱工作首先

---

① 《把人民生命安全和身体健康放在心里——习近平同志 2003 年领导浙江省抗击非典斗争纪事》，《人民日报》2020 年 6 月 15 日。

② 《把人民生命安全和身体健康放在心里——习近平同志 2003 年领导浙江省抗击非典斗争纪事》，《人民日报》2020 年 6 月 15 日。

要'目中有人'，这个'人'，就是人民群众，特别是广大的农民兄弟。"①党的十八大以来，习近平总书记始终站在人民立场治国理政，站在全面建成小康社会、实现中华民族伟大复兴中国梦的战略高度，把脱贫攻坚摆在治国理政突出位置。中国的扶贫事业不断刷新人类减贫历史新纪录，以民为本理念推动这场脱贫攻坚战持续深入，取得了决定性成就。

"小康不小康，关键看老乡。"②人民是历史的创造者，是真正的英雄，也是我们党执政的最深厚基础和最大底气，要始终把人民利益摆在至高无上的地位，扛起"因民而生、为民而兴"的使命担当，干在实处，走在前列，让改革发展成果更多更公平惠及全体人民，朝着实现全体人民共同富裕的目标不断迈进。

二、顽强斗争筑牢底线思维

底线思维，就是客观地设定最低目标，立足最低点，争取最大期望值；坚持底线思维，要求见微知著、防患于未然。多年来，在底线思维的指导下，台州时刻保持如履薄冰的忧患意识，实现了防御台风连续13年"零死亡"、平安台州"七连创"，生态环境状况指数连续多年居全省前3名，从严从实抓好党风廉政建设和反腐败工作，狠抓新冠疫情防控，实现了疫情防控和经济社会发展"两战赢"，坚定守住了发展的重要底线、红线和防线。

在浙江工作期间，习近平同志十分重视并善于运用底线思维谋划推进党和国家各项工作。他曾在《之江新语》中谈到，"通过加强监督和纪律教育，力求对一些干部的问题早发现、早提醒、早制止、早纠正，做到关口前移，未雨绸缪，防患于未然"③。党的十八大以来，习近平总

---

① 习近平：《之江新语》，浙江人民出版社 2007 年版，第 12 页。
② 习近平：《小康不小康，关键看老乡》，《求是》2020 年第 4 期。
③ 习近平：《之江新语》，浙江人民出版社 2007 年版，第 69 页。

书记多次强调在各项工作中要坚持底线思维，增强忧患意识。在十八届中央政治局第十四次集体学习时，他强调"必须保持清醒头脑、强化底线思维，有效防范、管理、处理国家安全风险，有力应对、处置、化解社会安定挑战"①；在主持召开国家安全工作座谈会时，他强调要"坚持底线思维，坚持原则性和策略性相统一，把维护国家安全的战略主动权牢牢掌握在自己手中"②；在中央外事工作会议上，他强调对外工作要"坚持底线思维和风险意识"③。党的十九大明确提出要坚决打好三大攻坚战，并将防范化解重大风险放在首位，体现了强烈的忧患意识和底线思维。防范化解重大风险的重点是防控金融风险，既防"黑天鹅"，也防"灰犀牛"。"十三五"期间，金融改革深入推进，宏观杠杆率过快上升势头得到有效遏制，高风险金融机构得到有序处置，2017—2020年银行业处置不良资产超过前12年总和，资金持续流向小微企业、制造业等重点领域和薄弱环节，金融风险总体可控，不发生系统性金融风险的底线被稳稳守住，防范化解重大风险攻坚战取得决定性成就。

底线思维的核心效用在于防范化解风险。时下，我们前所未有地接近实现中华民族伟大复兴的目标，也面临着前所未有的矛盾风险，这构成了新时代永葆斗争精神的现实总依据，以斗争精神坚持底线思维是实现复兴伟业的必然选择。要"有充沛顽强的斗争精神"，"坚持底线思维，增强忧患意识，提高防控能力，着力防范化解重大风险，保持经济持续健康发展和社会大局稳定，为决胜全面建成小康社会、夺取新时代中国特色社会主义伟大胜利、实现中华民族伟大复兴的中国梦提供坚强保障"④。

---

① 《习近平谈治国理政》（第一卷），外文出版社2018年版，第202页。
② 《习近平谈治国理政》（第二卷），外文出版社2017年版，第382页。
③ 《习近平谈治国理政》（第三卷），外文出版社2020年版，第427页。
④ 《习近平谈治国理政》（第三卷），外文出版社2020年版，第219—223页。

三、平战结合防控风险危机

"备豫不虞,为国常道。"平战结合就是立足战时、着力平时,服务
社会、造福人民。台州始终将以人为本、生命至上作为第一原则,标准
化完善应急制度体系,常态化开展应急演练,强化全民风险防范能力,
实现了风险防控从"单兵作战"走向"整体协作",闻令而动、联防联控、
群防群治,确保第一时间转为战时状态,把问题解决在萌芽之时、成灾
之前,打好了一场场防台人民战争,交出了疫情防控高分答卷,筑牢了
全市风险防范的铜墙铁壁。

在浙江工作期间,针对防台抗台工作,习近平同志提出"以防为主
是最主要的措施"①。他还指出,社会动员机制"具有全局性的重大意
义,对做好国防动员、处置公共危机,包括处理重大安全事故、疾病灾害、
突发事件等,都有借鉴意义"②。党的十八届三中全会指出,坚持源头治
理,标本兼治、重在治本,以网格化管理、社会化服务为方向,健全基层综
合服务管理平台。2018 年 3 月,中华人民共和国应急管理部设立,推动
形成"统一指挥、专常兼备、反应灵敏、上下联动、平战结合"的中国特色
应急管理体制。新冠疫情暴发后,习近平总书记在不同场合提出了平
战结合、强化社区防控的要求,"各地区要压实地方党委和政府责任,强
化社区防控网格化管理,采取更加周密精准、更加管用有效的措施,防
止疫情蔓延"③;他在考察浙江时强调,"要立足当前、着眼长远,加强战
略谋划和前瞻布局,坚持平战结合,完善重大疫情防控体制机制,健全
公共卫生应急管理体系,推动工作力量向一线下沉"④。我国平战结合

① 习近平:《干在实处　走在前列——推进浙江新发展的思考与实践》,中共中央党校出版社
2006 年版,第 270 页。
② 习近平:《之江新语》,浙江人民出版社 2007 年版,第 156 页。
③ 《习近平:疫情防控要坚持全国一盘棋》,《人民日报》(海外版)2020 年 2 月 4 日。
④ 《习近平在浙江考察时强调统筹推进疫情防控和经济社会发展工作　奋力实现今年经济社
会发展目标任务》,《浙江日报》2020 年 4 月 2 日。

建立应急管理体系、社会动员精细化防疫的成效得到了国际社会肯定。英国医学期刊《柳叶刀》社论特别提到，疫情防控期间，中国的社区空前团结，广泛参与联防联控，为有效控制疫情提供了重要保障。①

实践证明，以平战结合战术布局社会动员机制，采取系统方法提高公共安全保障和突发事件处置能力，实现"平""战"自如转换，是应急事件管理的宝贵经验。抓好平时是第一要务，要超越"战时思维"，加强日常组织和演练，切实发挥日常性的社会动员工作在调动社会资源、整合社会力量、凝聚社会共识等方面的重要作用。着眼战时是核心要义，要常备"战时思维"，坚持以妥善应对突发事件和人民群众实际需求为导向，加强战时配套机制建设，切实提高公共安全保障和突发事件处置的能力。

四、与时俱进创新社会治理

"和谐社会本质上是法治社会。"②市域治理以设区市为主要治理载体，是将风险隐患化解在萌芽、解决在基层的最有效力的治理层级。推进市域社会治理现代化，是推进基层社会治理现代化的关键一环，法治化是其题中应有之义。台州立足市域社会治理风险的防范化解，推进全周期系统治理，构建起"和合善治"的社会治理共同体，与全市循法而行的价值准则和自觉行动息息相关。

在浙江工作期间，习近平同志高度重视法治在社会治理中的根基作用，他系统谋划部署法治浙江建设，率先开启了法治中国建设在省域层面的探索。党的十八大以来，习近平总书记从关系党和国家前途命运的战略全局出发，系统推进顶层设计，"坚持依法治国、依法执政、依法行政共同推进，坚持法治国家、法治政府、法治社会一体建设"③。

---

① 《〈柳叶刀〉发表社论——中国防控疫情经验值得各国学习》，《人民日报》2020 年 7 月 28 日。
② 习近平：《之江新语》，浙江人民出版社 2007 年版，第 204 页。
③ 《习近平谈治国理政》（第一卷），外文出版社 2018 年版，第 144 页。

党的十九大报告提出,打造共建共治共享的社会治理格局,提高社会治理社会化、法治化、智能化、专业化水平。党的十九届四中全会通过的决定明确了推进国家治理体系和治理能力现代化的系列重大问题,指出要"坚持和完善中国特色社会主义法治体系",强调基层社会治理方面要"健全党组织领导的自治、法治、德治相结合的城乡基层治理体系","加快推进市域社会治理现代化"。与此同时,《中央全面依法治国委员会关于依法防控新型冠状病毒感染肺炎疫情、切实保障人民群众生命健康安全的意见》《关于加强法治乡村建设的意见》等相继出台,法治和社会治理系统有机融合,筑牢了国家长治久安的深厚根基。

"法治是国家治理体系和治理能力的重要依托。只有全面依法治国才能有效保障国家治理体系的系统性、规范性、协调性,才能最大限度凝聚社会共识。"[①]推进法治建设,依靠法律统揽全局事务,使社会治理成为规则之治。在统筹推进伟大斗争、伟大工程、伟大事业、伟大梦想的实践中,在全面建设社会主义现代化国家新征程上,必须持之以恒地推进社会主义法治建设,"更好发挥法治固根本、稳预期、利长远的保障作用,坚持依法应对重大挑战、抵御重大风险、克服重大阻力、解决重大矛盾"[②]。

---

① 习近平:《坚定不移走中国特色社会主义法治道路　为全面建设社会主义现代化国家提供有力法治保障》,《求是》2021 年第 5 期。

② 习近平:《坚定不移走中国特色社会主义法治道路　为全面建设社会主义现代化国家提供有力法治保障》,《求是》2021 年第 5 期。

第八章　打造生态宜居的"美丽台州"

"八八战略"是习近平同志在浙江工作期间谋篇布局的大手笔,是习近平同志留给浙江的宝贵精神财富。当下,台州全市上下正坚定不移地沿着"八八战略"指引的路子,深入推进"美丽台州"建设,努力打造"美丽浙江"建设样板区,为"重要窗口"建设增添亮丽底色,为实现"两个一百年"奋斗目标谱写台州新篇章。

第一节　背景与内涵:"绿水青山就是金山银山"

"绿水青山就是金山银山"是习近平总书记统筹经济发展与生态环境保护作出的重要论断,为我们在新时代营造绿水青山、建设美丽中国,转变经济发展方式、建成社会主义现代化强国提供了思想指引。为更好地满足人民日益增长的美好生活需要,推动中国特色社会主义事业行稳致远,需要准确把握"绿水青山就是金山银山"理念的历史背景与科学内涵。

一、"绿水青山就是金山银山"理念提出的历史背景

"绿水青山就是金山银山"理念,生成于对改革开放发展史的历史性回顾与反思,即从马克思主义历史辩证法出发,在吸纳和把握改革开放带来的发展红利的同时,正视、应对和扬弃由发展带来的一系列

问题。改革开放以来,浙江率先"出海弄潮",闯出了一系列在全国具有示范意义的"浙江模式",全省经济社会发展一路高歌猛进。但是,随着量的不断积累,经济领域质的提升也逐渐进入瓶颈期,浙江经济发展最先遭遇"成长中的烦恼"。其一,传统发展模式难以为继。粗放型发展方式带来严重的生态环境问题,加之全球生产力的普遍发展不断压缩高能耗、高污染、高排放产业的生存和利润空间,迫切需要转移或淘汰落后产能。其二,经济发展累积的环保欠账亟待清偿。一些地区和领域以单纯的经济增长为价值取向,造成生态严重破坏和社会整体发展失衡。其三,人民群众的需要层次不断提升。改革开放以来,经济持续高速增长丰富了物质财富,人们的现实需求逐步从物质层面的"求温饱""求生存"转向精神层面的"求环保""求生活",满足人民对更高品质生活的诉求成为必须探索的重要课题。

"绿水青山就是金山银山"理念,正是在把握时代发展的历史阶段性特征,立足我们党的环保理念和实践经验基础上诞生的。这一理念以保护生态环境破题,以环保高标准为导向,倒逼经济发展转型升级,将生态优势转变为与经济效益增长浑然一体的资源,契合时代发展需求,有力回应历史发展赋予的时代任务,是以理论创新回应和指导实践发展的现实典范,体现了历史与现实、普遍性与特殊性、合规律性与合目的性的有机统一。

二、"绿水青山就是金山银山"理念的科学内涵

"绿水青山就是金山银山"理念的本质在于正确处理经济发展与生态环境保护之间的关系。2013年9月7日,习近平总书记在哈萨克斯坦纳扎尔巴耶夫大学发表演讲时回答学生提问,对这一理念作出了科学阐述:"我们既要绿水青山,也要金山银山。宁要绿水青山,不要金山银山,而且绿水青山就是金山银山。"准确理解这一理念的科学内涵,必须坚持马克思主义唯物辩证法,把握经济发展与生态环境保护

之间的矛盾从孕育到展开环环相扣的辩证思维逻辑。

　　既要"绿水青山"，又要"金山银山"。这是经济发展与生态环境保护这一矛盾的"正题"。①"绿水青山就是金山银山"理念驳斥了两种极端的机械发展思维，一种是以牺牲经济发展为代价致力于保护生态环境的思维；一种是以舍弃环境为代价换取经济发展的思维。在"绿水青山就是金山银山"理念构想的历史图景中，"绿水青山"与"金山银山"都是人类社会发展的客观需要，二者不是非此即彼的对立物，而是能够和谐共存、并行不悖的统一体。

　　宁要"绿水青山"，不要"金山银山"。这是经济发展与生态环境保护这一矛盾进一步发展所呈现出的"反题"。②经济发展与生态环境保护之间的矛盾在历史发展中不断展开，经济发展对自然资源的过度索求造成生态环境恶化，人与自然之间的相对平衡状态被打破。"绿水青山就是金山银山"理念从实现人的全面发展以及人类社会整体和长远利益出发，抓住了矛盾的主要方面，因为"绿水青山可带来金山银山，但金山银山却买不到绿水青山"，必须坚决否弃以牺牲环境为代价换取经济社会进步的发展模式，以及以眼前利益换取长远利益的思维方法。

　　"绿水青山"就是"金山银山"。这是经济发展与生态环境保护之间矛盾的最高阶段，即矛盾双方由对立走向统一的"合题"。③将"绿水青山"等同于"金山银山"是一个具有战略意义的判断，指出了经济发展与生态环境保护之间的内在一致性，从根本上把握了人与自然动态性统一的辩证关系。在"绿水青山就是金山银山"理念中，自然资源不再是单纯服务于经济发展的材料和客体，它本身就是财富，保护、开发和利用好自然资源就是积蓄财富、发展经济。经济生态化与生态经济化的转换思维，触发了矛盾双方由对立走向统一的条件，使矛盾双方在朝向对立面的转换进程中达成了和谐统一。

---

① 《"绿水青山就是金山银山"理念的科学内涵与深远意义》，《光明日报》2020 年 8 月 14 日。
② 《"绿水青山就是金山银山"理念的科学内涵与深远意义》，《光明日报》2020 年 8 月 14 日。
③ 《"绿水青山就是金山银山"理念的科学内涵与深远意义》，《光明日报》2020 年 8 月 14 日。

第二节　实践与成效：绿色福利、绿色效益、绿色品质

在"八八战略"的指引下，台州历届市委、市政府不遗余力地推进生态文明建设，绿色台州建设、生态市建设、生态台州建设、美丽台州建设等是不同时期台州市生态文明建设目标的集中体现。现如今，台州已将生态文明建设融入经济社会发展的方方面面，绿色发展理念深入人心，市域山水林田湖草的"生命共同体"已基本形成。台州人民从生态环境保护中获得了绿色福利，从生态经济发展中赢得了绿色效益，从生态文化繁荣中提升了绿色品质。

一、实施生态发展战略，生态文明建设持续深化

战略创新是引领长远发展的"方向盘"。实施"八八战略"以来，台州始终按照"进一步发挥台州的生态优势，创建生态市，打造'绿色台州'"的要求持续推进生态文明建设，虽然生态战略的具体表述有所调整，但是主线基调从未改变。从绿色台州建设到生态市建设，再到生态台州建设，进而到美丽台州建设，一以贯之，层层递进。一方面，按照"一张蓝图绘到底""一任接着一任干"的接力精神持续推进生态文明建设。另一方面，根据人民日益增长的美好生活需要的时代特征，及时进行战略深化。其中，生态市建设作为长期以来台州生态文明建设的主基调和主旋律，以其前瞻性、系统性、科学性为生态发展战略深化夯筑了"四梁八柱"。2003年底，台州市全面启动了生态市建设；2004年，台州市委、市政府出台《关于建设生态市的决定》《台州生态市建设规划》；2005年，启动"811"环境整治行动计划；2007年6月，台州市委召开会议专题研究部署生态市建设，明确提出实施"生态优市"战略，把生态建设和环境保护工作摆上了更加突出的战略位置。2010

年,台州市委三届十四次全会审议通过《中共台州市委关于推进生态文明建设的决定》,明确提出建设"山海秀丽、富裕和谐"的生态台州。2012年,台州开展"811"生态文明建设行动计划,生态建设目标从环境污染整治转移到生态文明建设上来,内容更为丰富全面,进一步掀起了生态文明建设的新高潮。2017年,台州开始新一轮生态文明建设,以"建设美丽台州,创造美好生活"的"两美"为理念,以"生态文化培育"为特色,延续了绿色发展理念,追求经济发展和环境资源约束的平衡,将人民对于优良环境和幸福生活的美好向往纳入规划。台州生态文明建设在内容上的不断完善和要求上的不断升级,充分体现了坚定走好"绿水青山就是金山银山"之路的高度自觉和实践担当。

二、推进生态系统治理,生态环境质量明显改善

生态环境质量是检验生态文明建设实效的重要标志。近年来,台州生态系统治理明显加强,城乡生态环境质量明显改善,生态市品质显著提升,实现了省级生态市、省级森林城市全覆盖。

2003—2004年,台州市委、市政府把治理化工区污染作为"为民办十件实事"之首,加大对医化行业、拆解行业等重污染行业的整治力度。2005—2007年,全面推进"811"环境污染整治工作,全市上下以壮士断腕、前所未有的力度进行整治,摘掉了"三顶帽子",确保环境质量基本稳定。2008—2010年,以"811"环境保护新三年行动为契机,对环境污染重点区域、重点行业、重点企业进行深入整治,进一步巩固污染整治成果。2011—2015年,深入推进"五水共治""治气治霾""土壤防治"等专项行动,全面开展水、大气、土壤污染综合防治。2015—2017年,深入实施农业"两区"土壤污染防治三年行动计划,切实加强现代农业园区和粮食生产功能区土壤污染防治,台州农业"两区"土壤质量水平明显提高。2018—2020年,深入推进打赢蓝天保卫战三年行动计划,持续开展治气攻坚行动,全面开展清新空气示范区建设活

动,实现环境效益、经济效益和社会效益的多赢。2019年11月,印发《台州市生态文明建设规划(2018—2025年)》,提出建设"五美台州"的工作目标,要求建设新时代美丽台州和再创民营经济新辉煌"双轮"驱动,高水平全面建成小康社会。

经过多年努力,台州的生态环境质量明显提升。2015—2017年,生态环境状况指数连续三年位居全省第二,空气质量跃居全国大中城市前列。2017年,全市30个建制镇以上城镇饮用水源地水质均符合集中式生活饮用水的水源地水质要求,达标率为100%。按达标水量计,县级以上饮用水的水源地水质达标率为100%。全市空气质量优良天数344天,市区空气质量指数(AQI)优良率达到94.2%,位居全省第一,同比上升幅度全省排名第一。PM2.5平均浓度32微克/立方米,城市空气质量达到了国家二级标准。全市SO_2(二氧化硫)年均浓度范围为5—8微克/立方米,平均为7微克/立方米,达到国家一级标准限值。全市日最大8小时平均浓度范围为54—96微克/立方米,平均为83微克/立方米,达到国家二级标准。全市主要污染物化学需氧量、氨氮、二氧化硫、氮氧化物排放量和挥发性有机物分别较2016年下降9.5%、9.3%、9.0%、3.7%和5.57%,均完成浙江省下达的主要污染物减排任务。

生态指标的优化极大地推进了城市生态品质的提升,台州先后获评全国平原绿化先进市、全国林业生态建设先进市、绿色浙江先进市、省级园林城市、国家园林城市、全国绿化模范城市。2015年,顺利通过了国家环保模范城市考核验收,并创成国家卫生城市。2016年,成功入选国家循环经济示范城市,并获评国家森林城市。2017年,获评全国文明城市。2020年,台州湾入选全国首批三个美丽海湾典型案例。2021年,"无废城市"建设取得阶段性成果,台州有12家企业入选省级以上绿色工厂,温岭经济开发区入选国家级绿色工业园区,台州湾新区入选浙江省绿色低碳工业园区。

三、加快经济转型升级，生态经济发展生机勃勃

生态经济是否健康发展是检验生态文明建设成效的核心内容。实施"八八战略"以来，台州以壮士断腕的决心加快经济转型升级，大力推进生态经济发展。一是产业结构不断优化。自 2003 年以来，服务业在全市国民经济发展中的比重不断上升，三次产业比重从 2003 年的 9.3：58.2：32.5 调整为 2021 年的 5.3：43.9：50.8，其中第三产业从 2003 年的 32.5% 提升至 2020 年的 50.8%，产业结构不断优质化、轻型化、生态化。二是生态旅游蓬勃发展。2003 年以来，台州旅游发展从景点旅游向全域生态旅游转变，旅游一体化和全域旅游化不断深化，有力地促进了台州旅游业稳步发展。天台县、仙居县已入选首批国家全域旅游示范区，临海市、三门县入选浙江省全域旅游示范区创建单位。近年来，台州又通过大力发展乡村生态旅游、乡村农家乐，推动了民宿经济发展，并以此撬动了乡村旅游大市场。三是工业生态化加快推进。台州依据循环经济的理念，结合已有的工业基础和技术基础，推动工业朝高科技、集约化方向转变，逐步形成"名牌产品、支柱产业、集团经济、城乡一体"的新格局。大力推进工业经济清洁化生产、循环化利用、低碳化发展，循环经济"991"行动计划有效落实，全市工业废水和二氧化硫排放持续递减，企业循环式生产、产业循环式组合、园区循环式改造，产业间、区域间、城乡间循环经济协同发展格局基本形成。四是生态农业发展形势喜人。台州大力发展高效生态农业，"一乡一品"的有机农业、循环农业、低碳农业、观光农业、设施农业遍地开花，形成各具特色的发展模式。在台州的主导农产品中，无公害农产品、绿色食品、有机食品的产地面积比重达到 50% 以上，真正做到了生态农业主导化。

四、统筹城乡协调发展,城乡生态建设稳步推进

城乡生态建设始终是生态文明建设的重要实践载体和重要内容。实施"八八战略"以来,台州十分重视统筹城乡协调发展,加快推进美丽乡村建设。2003 年,台州市委、市政府作出了实施"百村示范、千村整治"工程的重大决定。台州把农民反映最强烈的环境脏乱差问题作为突破口,开展以"垃圾处理、污水治理、卫生改厕、村道硬化、村庄绿化"为重点的农村环境综合整治。全面推进村内道路硬化、垃圾收集、卫生改厕、河沟清理、村庄绿化,并推动城市基础设施、公共服务向农村延伸覆盖。2010 年,台州市委、市政府作出了推进"美丽乡村"建设的决策,提出以"美丽乡村、和谐台州"为主题,围绕"四美三宜"的总体要求,以提升农民生活品质为根本,以展现农村生态魅力为特色,以深化"百村示范、千村整治"工程和"清洁家园、和谐乡村"活动为载体,着力推进村庄优化整合行动、人居环境提升行动、农民创业增收行动、文明乡风培育行动等四项行动,努力建设一批全省领先、"宜居宜业宜游"的美丽乡村。如今,全市美丽乡村建设已经从"一处美"迈向"一片美",从"一时美"迈向"持久美",从"外在美"迈向"内在美",从"环境美"迈向"发展美",从"形态美"迈向"制度美",逐渐形成了美丽乡村升级版。

"八八战略"实施以来,台州以生态文明城市、生态市创建等为载体加快推进生态城市建设。2003 年,台州首次提出创建国家环保模范城市;2005 年,台州市政府向国家环保总局申请创建国家环保模范城市;2007 年,编制出台了台州市创建国家环保模范城市规划;2009 年,获得浙江省环保模范城市称号。2012 年,台州提出创建全国绿化模范城市,打造"山海秀丽、富裕和谐"的生态台州。2013 年,台州市委、市政府立足全市发展大局,作出了创建"国家森林城市"的重大决策,从而开启了以"关注森林"为主题的国家森林城市建设进程。台州

始终把城市绿化和林业生态建设作为一项重要基础工作来抓，构建以森林和绿化为基础的高效稳定的城市生态系统，如今，天蓝、山绿、水清，山海风光秀美，人民生活富裕的生态宜居美城基本呈现。

五、加强生态文化建设，生态文明理念深入人心

生态文化氛围是检验生态文明建设的风向标。如今，台州的生态文化已全面渗透到政府决策、企业经营和家庭生活之中，台州人民的生态文明意识日益增强。台州在全社会广泛开展人口资源环境国策教育和生态文明教育，积极倡导"生态环境就是资源，生态环境就是竞争力"的发展价值观和"保护生态环境就是保护生产力，改善生态环境就是发展生产力"的政绩观，全市干部群众的生态文明素养不断提高。大力弘扬中国传统"天人合一"的生态文化和古代朴素的生态精神，注重挖掘"和合文化"、天台山传统养生文化和台州海洋文化中丰富的生态思想，将传统实践形成的生态认知提升为现代生态文化理论，推进生态文化创新，促进生态文化传播。大力弘扬台州的海洋文化，突出海洋生态保护，合理开发利用港湾、滩涂、海岛等资源，整理、保护和开发一批有生态文明建设价值的海洋文明古遗迹、古工艺，积极组织海洋文化节、海洋旅游节等活动，建设海洋文化长廊和海洋文化功能区。积极推进国家环保模范城市、卫生城市、文明城市、森林城市等创建活动，努力做到年年都能出成果、见成效。针对不同的领域和层次，深入开展"绿色机关""绿色学校""绿色家庭""绿色社区""绿色企业""绿色饭店""绿色医院"等绿色系列群众性创建活动，使人与自然和谐、发展与环境双赢的思想观念深入每个单位、每个家庭以及每个公民内心。积极开展群众性生态科普活动，策划"主题周""生态日""环保行"等活动，形成人人自觉参与生态文明建设实践的社会氛围。积极引导社会公众抵制过度消费、奢侈消费、炫耀消费和不良消费，崇尚节约消费、绿色消费、文明消费和健康消费。开展以科学、理性、健康为主要内容

的"新消费运动"。推行政府绿色采购制度,在机关事业单位率先实施节能、节水、节材行动,并加强监督管理。鼓励居民广泛使用节能型电器、节水型设备,引导公众优先采购环保标志产品与无公害、绿色和有机产品,减少使用一次性产品,推进生活垃圾分类收集和再生利用,在全社会形成绿色消费风尚,自觉养成节约资源、保护环境的良好习惯。大力开展"无车日"和"步行日"活动,推行公交优先,推广公共自行车系统建设,倡导绿色出行方式。

第三节 经验与启示:新时代美丽台州的样本意义

党的十八大报告首次把生态文明建设纳入中国特色社会主义建设"五位一体"总体布局,明确提出要大力推进生态文明建设,努力建设美丽中国,实现中华民族永续发展。党的十九大报告明确提出,建设生态文明是中华民族永续发展的千年大计,必须树立和践行"绿水青山就是金山银山"理念,坚持节约资源和保护环境的基本国策。党的二十大报告明确指出,人与自然和谐共生是中国式现代化的重要特征和本质要求,首次把"尊重自然、顺应自然、保护自然"定性为全面建设社会主义现代化国家的内在要求,提出必须牢固树立"绿水青山就是金山银山"的理念,站在人与自然和谐共生的高度谋划发展。台州市委、市政府坚持以"八八战略"为总纲,在打造生态市、建设美丽台州方面形成了独具特色的"台州经验",具有显著的样本意义。

一、践行"绿水青山就是金山银山"理念是台州生态文明建设的工作指针

"绿水青山就是金山银山"理念为新时代中国生态文明建设提供了重要理论遵循和思想指引。台州历届市委、市政府认真践行"绿水

青山就是金山银山"理念,充分利用台州得天独厚的生态资源,打好生态牌,将生态优势转化为经济优势、发展优势,促进台州经济长期可持续协调发展。从实施"百村示范、千村整治"工程、建设美丽乡村到推动"千村景区化",从实施"811"环境整治行动、循环经济"991"行动计划到"四边三化""三改一拆""五水共治"等专项行动,从"绿色台州""森林台州"到"生态台州""美丽台州",台州不断开创生态文明建设新局面。在生态文明建设实践中,台州始终坚持在保护中发展、在发展中保护的原则,把发展生态经济和改善生态环境作为核心任务;坚持全面统筹、突出重点,把解决影响可持续发展和危害人民群众身体健康的突出环境问题作为着力点;坚持严格监管、优化服务,把保障生态环境安全和维护社会和谐稳定作为基本要求;坚持党政主导、社会参与,把创新体制机制和倡导共建共享作为重要保障,全面推进全市生态文明建设。

二、实施"生态优市"战略是台州生态文明建设的核心战略

自 2003 年启动生态市建设以来,台州坚持以生态文明建设为主线,深入实施"生态优市"战略,着力打造"生态台州"城市名片。按照"一张蓝图绘到底""一任接着一任干""功成不必在我"的接力棒精神,持之以恒、锲而不舍地推进生态文明建设。以"抓铁有痕"的毅力狠抓落实,全面推进生态文明建设,并取得了显著的业绩:生态文化日渐浓厚,生态经济日益繁荣,生态环境显著改善,台州人民对生态文明建设的满意度、获得感、幸福感大幅度提升。进入新的发展阶段,全市上下深刻认识到实施"生态优市"战略的重要性,充分认识到实施"生态优市"战略是深入贯彻习近平新时代中国特色社会主义思想的内在要求,是加快经济转型升级、实现高质量发展的必由之路。

三、发展生态经济是台州生态文明建设的重要内容

台州认真总结生态市建设经验,结合实际,做出了《中共台州市委关于推进生态文明建设的决定》,明确提出要牢固树立生态文明观和正确政绩观,从解决好群众反映强烈的突出环境问题入手,以生态市建设为抓手,推动绿色低碳发展,大力发展生态经济。在发展生态经济方面,台州采取了经济生态化和生态经济化双管齐下的策略。一方面,大力推进经济生态化,不断挖掘生态优势的潜力,如大力发展清洁化生产、循环化利用、低碳化发展,遏制黑色发展、线性发展、高碳发展的生存空间,激发绿色发展、循环发展、低碳发展的巨大潜力。大力优化产业结构布局,以产业转型升级和结构调整为主线,做大第三产业、做强第二产业、做优第一产业,促进三产之间协调发展。另一方面,大力推进生态经济化,不断探索生态优势的开发,如通过自然资源产权制度改革努力做到资源价格"出清",通过环境资源财税制度改革努力做到"外部性内部化",通过气候资源产权制度改革努力做到公共物品的高效配置。

四、建成美丽台州是台州生态文明建设的首要目标

建设美丽台州,是建设美丽中国、美丽浙江在台州的具体实践,也是对台州历届市委、市政府提出的建设绿色台州、森林台州、生态台州等战略目标的继承与提升。台州牢固树立绿色发展理念,加快调整产业结构和空间布局,深入实施节能减排,强化创新驱动,着力打造生态经济。以改善环境质量为突破,狠抓"五水共治",狠抓大气污染防治,狠抓土壤污染防治,打好治水治气治土攻坚战。以优化人居环境为目标,深化美丽乡村和美丽城镇建设,深化"三改一拆"和"四边三化"行动,切实提升城乡环境质量。以深化制度创新为抓手,强化源头严管,完善过程严控,严厉打击违法,强化全过程管控。在建设美丽台州过

程中，台州深入挖掘生态人文资源，大力弘扬生态文化，把台州现代城市美与历史文化美有机结合起来，使美丽台州兼具外在美与内在美。

五、创新生态体制机制是台州生态文明建设的重要保障

在生态文明建设中，台州积极推进生态体制机制创新与生态政策体系完善，有效保障了生态文明建设工作的顺利开展。建立绿色政绩考核机制、财政投入增长机制、生态补偿机制、排污权交易制度、水电阶梯价格制度等体现生态文明建设要求的制度并全面有效实施。深入推进土壤污染综合防治先行区建设，建立实施河道"河长制"和"警长制"，落实海洋生态红线管控制度，实施自然岸线与生态岸线"占补平衡"制度，普遍推行垃圾分类制度，实现差别化水价和电价政策全覆盖。不断完善生态文明建设法治保障，严格执行环境保护、节能降耗法律法规及有关规划要求，将生态文明建设纳入法治轨道。建立健全企业环境信用评价制度，将企业的环境违法行为和信贷支持、税收优惠、财政补助等挂钩，提高企业环境违法的成本。实施生态破坏和环境污染有奖举报制度，及时曝光生态违法行为，形成全民参与监督的机制。坚持齐抓共管、共享共建方针，打造政府引导、企业主体、公众参与的协同格局，形成生态文明建设的巨大合力。

第九章　推动基层党建工作高质量发展

党的二十大报告指出,"把基层党组织建设成为有效实现党的领导的坚强战斗堡垒"。在浙江工作期间,习近平同志围绕引领、服务和保障省域治理"八八战略",在党的建设上鲜明提出了"巩固八个基础、增强八种本领"的党建"八八战略"及其系列重要论述。这为当前和今后一个时期推动浙江全省党建工作高质量发展提供了直接理论指引和根本实践遵循。台州以此为指引,并结合 2004 年习近平同志在台州考察调研时对台州基层党建工作作出的重要指示,以非公企业党建、党代表大会常任制、社区基层党建等为工作重点开展实践探索,着力推动台州基层党建工作高质量发展。

第一节　背景与内涵:高质量党建引领高质量发展

在浙江工作期间,习近平同志高度重视高质量党建引领高质量发展。一方面,在地方党委层面,着重强调坚持和加强党的全面领导;另一方面,在基层党组织层面,着重强调基层党建发挥重要引领作用。

一、着重强调坚持和加强党的全面领导

改革开放以来,党的领导范畴主要是指中国共产党对中国特色社会主义事业的全面领导。在浙江工作期间,习近平同志战略性提出了

一系列关于党的领导的重要论述，贯穿于他提出和实施"八八战略"的全过程和各方面，凸显了全面加强党的领导对提出和实施"八八战略"的关键引领和重要导向作用。

（一）定性党的全面领导的性质

中国共产党是现代中国政治发展的领导力量。在浙江工作期间，习近平同志高度重视党的领导的政治文化性质，鲜明提出"政治方向问题始终是党的事业和党的建设的根本问题"[①]。一是不忘领导的初心。在浙江履职仅 10 天，习近平同志就专程到浙江嘉兴南湖瞻仰了红船。2005 年 6 月，他在《光明日报》发表署名文章，将红船精神概括为"开天辟地、敢为人先的首创精神，坚定理想、百折不挠的奋斗精神，立党为公、忠诚为民的奉献精神"[②]。在先进性教育实践活动开展过程中，浙江省委作出了"看一次展览，听一次党课，学一次党章，观一次专题片，瞻仰一次红船，重温一次入党誓词"的工作部署。二是重视党的理论武装。"因为党的先进性是历史的、具体的；先进性建设既有紧迫性，又具长期性。……无论是开展经常性还是集中性的党内教育，目的都是一个，就是为了'强身健体'，解决问题，有效清除我们思想上的'病菌'和工作中的'疾患'。"[③]三是牢记党的性质宗旨。"作为一名共产党员，不论是在哪个方面、哪个部门、哪个地方工作，首先要明白自己的第一身份是共产党员，第一职责是为党工作，第一目标是为民谋利。"[④]四是领导干部要提振精神状态。领导干部要用科学理论、组织原则、思想武器和人格魅力管好自己，要拎着"乌纱帽"为民干事。[⑤]2007 年春，在浙江省十届人大五次会议闭幕式上，习近平同志要求浙

---

① 《从"巩固八个基础、增强八种本领"到新时代党的建设》，《浙江日报》2018 年 7 月 28 日。

② 《弘扬"红船精神"，走在时代前列》，《光明日报》2005 年 6 月 21 日。

③ 习近平：《之江新语》，浙江人民出版社 2007 年版，第 128 页。

④ 习近平：《干在实处　走在前列——推进浙江新发展的思考与实践》，中共中央党校出版社 2006 年版，第 463 页。

⑤ 习近平：《干在实处　走在前列——推进浙江新发展的思考与实践》，中共中央党校出版社 2006 年版，第 461—462 页。

江领导干部"进一步振奋精神,永葆热情,善始善终,善作善成"①。概言之,习近平同志在浙江工作期间,从初心使命、理论武装、价值宗旨和责任主体等方面对党的领导文化进行了价值定性,全面阐明了党的领导的政治发展性质。

(二)定位党的全面领导的目标

党的领导活动是在具体的历史方位下开展的,故而思考党的领导的问题必须科学定位领导目标。党的十六大政治报告提出了"党的执政能力建设和先进性建设"是新时期党的建设的主线,明确了"加强党的执政能力建设,提高党的领导水平和执政水平"的战略任务。党的十六届四中全会通过的《中共中央关于加强党的执政能力建设的决定》对这一战略任务落地作出了具体工作部署。在这一历史背景下,为贯彻落实党的十六大、十六届四中全会精神,习近平同志对党的全面领导目标进行了全面思考和深入实践。在理论思考层面,对于党的领导与执政关系,他强调:"我们党是执政党,是对经济、政治、文化和社会生活各方面实施全面领导的党。"②对于党的领导与其他各类组织关系,他强调指出:"要强化党的领导核心作用。在地方同级各类组织中,党委是领导核心,各级组织必须自觉接受和服从党委的统一领导,围绕党委中心工作来安排和部署各自的工作。"③对于党的领导与浙江发展的关系,他进一步指出:"改革开放以来,我省经济社会发展之所以能取得巨大成就,最根本的就是围绕'中心',强化'核心',充分发挥党的领导核心作用。"④这是他立足浙江实际对党的领导目标的科学定位。在工作部署上,他在 2004 年 10 月召开的浙江省委十一届七次全

---

① 《努力在又好又快发展中推进浙江和谐社会建设——在省十届人大五次会议闭幕时的讲话》,《浙江日报》2007 年 2 月 4 日。

② 习近平:《干在实处　走在前列——推进浙江新发展的思考与实践》,中共中央党校出版社 2006 年版,第 401 页。

③ 习近平:《干在实处　走在前列——推进浙江新发展的思考与实践》,中共中央党校出版社 2006 年版,第 401 页。

④ 《从"巩固八个基础、增强八种本领"到新时代党的建设》,《浙江日报》2018 年 7 月 28 日。

会上提出了"巩固八个基础、增强八种本领"的具体实践要求：致力于巩固党执政的思想基础，加强理论武装和党对意识形态工作的领导，不断增强用发展着的马克思主义指导新实践的本领；致力于巩固党执政的经济基础，全面推进经济强省建设，不断增强驾驭社会主义市场经济的本领；致力于巩固党执政的政治基础，全面推进法治社会建设，不断增强发展社会主义民主政治的本领；致力于巩固党执政的文化基础，全面推进文化大省建设，不断增强建设社会主义先进文化的本领；致力于巩固党执政的社会基础，全面推进平安浙江建设，不断增强构建社会主义和谐社会的本领；致力于巩固党执政的体制基础，健全和完善党的领导制度和领导方式，不断增强地方党委总揽全局、协调各方的本领；致力于巩固党执政的组织基础，加强干部队伍建设和基层组织建设，不断增强自身素质和团结带领广大群众干事业的本领；致力于巩固党执政的群众基础，密切党同人民群众的血肉联系，不断增强拒腐防变和抵御风险的本领。这一重大部署，着眼伟大工程与伟大事业的内在联系，切准关键点和着力点，为浙江党的建设奠定了重要基石；同时，紧扣巩固党的执政基础和提高党的领导水平的时代主题，实现执政与领导的协调联动，为"围绕'中心'，强化'核心'，充分发挥党的领导核心作用"明确了具体工作方向。

（三）定型党的全面领导的制度

在浙江工作期间，习近平同志重点思考了如何建立健全地方党委的领导体制和工作机制，从制度上保障和巩固党的全面领导。一是积极探索和完善"总揽全局，协调各方"的领导体制。在省域治理中凸显省委领导核心地位，实现省委对同级各种组织的领导、对各个工作领域的领导，从保证省委决议贯彻落实到位的层面思考定型领导体制。地方党的领导体制要建立和完善"一个核心""三个党组""几个口子"的组织架构，这是实现党委核心作用和执政意图的组织形式。与此同时，还提出了建立健全党委领导工青妇（工会、共青团、妇联）工作的有

效机制。二是建立健全"总揽全局,协调各方"的工作机制。领导体制
要考虑工作机制保证,形成全面推进工作机制、分类推进工作机制、科
学民主决策机制。三是不断健全和完善"总揽全局,协调各方"的各项
工作制度。认真研究和探索议事决策制度、规范决策程序制度、省委
议事和决策水平的有关制度的完善工作。① 按照这一思路,2003 年浙
江省委专门制定了《关于推进调查研究工作规范化制度化的意见》,规
定县以上党委政府重大决策必须事先充分开展调查研究,省、市、县三
级党委领导班子成员每年要有两三个月下基层开展调查研究。同时,
还规定各级领导干部下基层必须轻车简从、深入群众、注重实效、直面
矛盾、倾听意见和接受监督等。同年,浙江全面建立领导干部下访制
度。2004 年,为构建党的作风建设长效机制,浙江省委成立了机关效
能建设领导小组和办公室,成立机关效能监察投诉中心。按照省委统
一部署,全省 11 个市和所有县(市、区)都建立了投诉中心,统一开通
了"96178"投诉电话和电子邮箱。这些切实举措,给地方党委党的领
导体制和工作机制完善提供了理论思考和实践借鉴。

(四)定向党的全面领导的重点

在政党与社会的互动关系中,党的基层组织体系是党的全面领导
的根基所在。在浙江工作期间,习近平同志高度重视基层党组织的引
领力、凝聚力和战斗力。他指出:"扩大党的覆盖面,提高党的社会影
响力","使党的领导、党的工作、党组织的作用有效覆盖到社会的各个
领域,把广大人民群众紧紧地团结在党组织的周围"。② 基层社会治理
中党的领导,重心在于根据各领域治理特点巩固、扩大和优化党的基
层组织体系。2004 年 8 月 23 日,在甬温绍舟台党建工作座谈会上,习
近平同志就进一步分门别类地对各类基层党组织的领导力问题进行

---

① 习近平:《干在实处　走在前列——推进浙江新发展的思考与实践》,中共中央党校出版社
2006 年版,第 402—403 页。
② 习近平:《干在实处　走在前列——推进浙江新发展的思考与实践》,中共中央党校出版社
2006 年版,第 428 页。

了阐述。农村基层党组织要按照"三级联创"要求，"搞好农村基层组织建设，努力建设一支素质较高的农民基层干部队伍……切实解决'有人办事、有钱办事'问题，提高农村基层党组织的执政能力"；国企党组织要"积极参与企业重大问题的决策，充分发挥政治核心作用，党组织和领导班子要在政治上保证职工群众的主人翁地位，在制度上保证职工群众参与管理的权利，在生活上关心职工群众的疾苦"；新领域党的基层组织"必须结合新领域的实际，因地制宜、因时制宜，严格按照党章规定的基层党组织设置原则，合理规划、分类指导，真正做到'成熟一个，组建一个；组建一个，巩固一个、提高一个'"；城市社区党组织"要从城市社区特点出发，以服务群众为重点，围绕精神文明建设、群众思想政治工作、社会治安综合治理、提高市民素质和城市文明程度来开展工作，构建城市社区党建工作新格局"；"在社会和民间组织、流动人口中，要不断总结、推广、创新已有的支部建在楼道上、支部建在项目上、支部建在专业协会等好做法，做到哪里有群众哪里就有党的工作，哪里有党员哪里就有党的组织，哪里有党的组织哪里就有健全的组织生活和坚强的战斗力"；"在党政机关、学校、科研院所、文化团体，要紧紧围绕中心抓党建，找准党建工作与各个时期中心任务的最佳结合点，努力探索党建工作服从服务改革开放和全面建设小康社会的新形式、新方法、新途径，激发党建工作的新活力"。① 浙江省委先后部署实施了农村基层组织"先锋工程"、选派农村工作指导员和乡镇科技特派员、整顿软弱涣散农村基层党组织等工作；持续有力推动全省"两新"组织"两个覆盖"工作，全省 2.6 万家规模以上非公企业全部建立党组织，新社会组织党建创新不断推进；国企党组织围绕增强领导核心地位，开展了党建活力工程；机关基层党组织以服务力提升为重点，开展了党员进社区和志愿服务等活动；其他各类基层党组织，

① 习近平：《干在实处 走在前列——推进浙江新发展的思考与实践》，中共中央党校出版社2006 年版，第 429—430 页。

也都按照党组织的政治功能定位,对党的组织生活进行了规范和创新。

(五)定论党的全面领导的绩效

在浙江工作期间,习近平同志关心、重视领导绩效问题。一是提出各级党委和政府是"党委和政府的人格化代表"。他指出:"各级党委和政府的'一把手',不是简单的自然人,在很大程度上是党委和政府的人格化代表。"①也就是说,党的领导落在主体层面就是靠各级党的领导干部尤其是"一把手"去实现。这就明确了党的领导的责任主体。二是提出领导干部必须追求领导艺术的更高境界。"在处理复杂经济利益关系和各种社会矛盾中,领导方法和工作方法十分重要。方法对头,事半功倍,方法失当,事倍功半。"②在《浙江日报》的《之江新语》专栏文章中,他进一步阐述了"为之于未有,治之于未乱"的领导艺术最高境界、"勤能补拙"的领导艺术一般境界和"麻木不仁"的最差境界。③三是提出各级领导班子要善于"齐奏一曲悦耳动听的交响乐"。集体领导是民主集中制原则在党的领导制度上的具体体现;"一把手"要成为乐队的指挥,其他成员要各取所长;懂团结是真聪明,会团结是真本事;要分工不分家,打好"团结牌"。④四是提出各级领导干部必须自觉树立和实践正确政绩观。要着重解决重始轻终、重短轻长、重显轻隐、重易轻难、重局部轻全局"五重五轻"问题⑤,倡导"政声人去后,民意闲谈中"的领导绩效情怀,"既要做一些近期能见效的大事、好事,又要着眼长远、着眼根本,多做一些打基础、做铺垫的事,前人栽树、

①　习近平:《干在实处　走在前列——推进浙江新发展的思考与实践》,中共中央党校出版社2006年版,第420页。
②　习近平:《干在实处　走在前列——推进浙江新发展的思考与实践》,中共中央党校出版社2006年版,第549页。
③　习近平:《之江新语》,浙江人民出版社2007年版,第27页。
④　习近平:《干在实处　走在前列——推进浙江新发展的思考与实践》,中共中央党校出版社2006年版,第551—553页。
⑤　习近平:《干在实处　走在前列——推进浙江新发展的思考与实践》,中共中央党校出版社2006年版,第414—415页。

后人乘凉的事，创造实实在在的业绩，赢得广大人民群众的信任和拥护"①。

二、着重强调基层党建发挥重要引领作用

在浙江工作期间，习近平同志突出强调基层党建发挥重要引领作用，他对台州基层党建工作的系列重要指示进一步阐明了基层党建如何发挥重要引领作用。

（一）社区党建工作引领城市社区建设

2004年6月9日，习近平同志到台州调研时指出："一定要把社区党建工作渗透到推进'三个文明'建设中去、渗透到创建'平安社区'中去、渗透到为居民群众提供各种优质服务中去，通过抓党建促发展保稳定。"②这一重要指示精神的基本蕴含有三：一是明确了城市社区党建工作的战略定位，强调把社区党建工作渗透到物质文明、政治文明与精神文明建设中，这是从加强党的全面领导的战略全局角度对社区党建工作给出方向指引。二是明确了社区党建工作的基本功能地位，强调把社区党建工作渗透到平安社区和为民服务，这就从社区党组织的服务功能和服务机制上明确了核心功能定位及其基层实现机制。三是明确了社区党建工作的发展方位，强调社区党建促发展保稳定，这就从社区党建与社区治理相结合的角度明确了发展方位。这些重要指示为台州加强社区基层党建工作提供了正确方向和理论指引。

（二）坚持和完善台州党代会常任制

2004年6月9日，习近平同志到台州调研时指出："探索建立党的代表大会常任制，要坚持按照党章要求，有效发挥党代表的作用，进一

---

① 习近平：《干在实处　走在前列——推进浙江新发展的思考与实践》，中共中央党校出版社2006年版，第533页。
② 《习近平在台州调研时强调以执政能力建设为重点全面推进党的建设》，《浙江日报》2004年6月10日。

步推进党内民主,充分发挥基层党组织的领导核心作用。党代会常任制作为一个新鲜事物,要不断探索,总结经验,完善提高。"①这为台州持续深化地方党代会常任制试点改革提供了正确方向和理论指引。

（三）以作用发挥为重点加强非公企业党建工作

改革开放以来,台州作为民营经济先发地区,较早开始了在非公企业建立党的基层组织并加强党建工作的实践探索。台州非公企业党建工作先后经历了"组织覆盖"与"作用发挥"两个历史阶段。从改革开放到党的十六大,台州非公企业党建工作主要致力于推动党组织的全面建立。从党的十六大开始,按照党的十六大报告关于"加强非公有制企业党的建设,企业党组织要贯彻党的方针政策,引导和监督企业遵守国家的法律法规,领导工会和共青团等群众组织,团结凝聚职工群众,维护各方的合法权益,促进企业健康发展"的要求,台州非公企业党建进入了解决非公企业党组织作用发挥问题的新发展阶段。2004 年 6 月 9 日,习近平同志到台州调研,强调"必须进一步强化企业党组织建设,充分发挥基层党组织的战斗堡垒作用和共产党员的先锋模范作用,团结带领广大职工树立信心,化压力为动力,变挑战为机遇,依靠科技创新,走新型工业化道路,努力促进企业更快更好地发展"②。这为台州打造非公企业党建示范高地提供了正确方向和理论指引。

第二节　实践与成效:台州基层党建的三张名片

近年来,台州认真学习贯彻习近平同志在台州调研考察时作出的

---

① 《习近平在台州调研时强调以执政能力建设为重点全面推进党的建设》,《浙江日报》2004 年 6 月 10 日。

② 《习近平在台州调研时强调以执政能力建设为重点全面推进党的建设》,《浙江日报》2004 年 6 月 10 日。

"进一步强化企业党组织建设,充分发挥基层党组织的战斗堡垒作用和共产党员的先锋模范作用"①的重要指示,凝心聚力、锐意改革、务求实效,使台州基层党建工作取得新的发展成效。

一、以改革创新精神加强非公企业党建工作

改革开放以来,台州非公企业党建工作历经了组织覆盖和作用发挥两个大的历史阶段。2004 年之前,台州非公企业党建工作主要以党组织的覆盖为重点。2004 年,习近平同志调研考察台州时强调,必须"进一步强化企业党组织建设,充分发挥基层党组织的战斗堡垒作用和共产党员的先锋模范作用"②。此后,台州非公企业党建工作从量的增加进入质的提升阶段,从外延推进发展到内涵提升的新阶段,全市非公企业党建工作得到了新发展。

(一)以政治引领为先导,党建认同感显著提高

台州以坚持和加强党的全面领导为根本,深化落实"党要管党、全面从严治党"的要求,多措并举,不断增强非公企业党组织的政治功能,进一步提升了非公企业党建的认同感。

灵活机动开展党内主题教育。在"不忘初心、牢记使命"主题教育中,台州立足非公企业党建工作实际,针对性制定了非公企业党组织主题教育工作清单,全面推行"三张清单"制度,创造性落实"六个一"要求,利用"班前班后十分钟""工间一刻钟"等灵活机动的方式开展学习交流。

党建要求融入企业治理结构。通过党建工作写入章程、嵌入治理机制等顶层设计,有效发挥党组织的政治核心和政治引领作用。截至

---

① 《习近平在台州调研时强调以执政能力建设为重点全面推进党的建设》,《浙江日报》2004 年6 月10 日。

② 《习近平在台州调研时强调以执政能力建设为重点全面推进党的建设》,《浙江日报》2004 年6 月10 日。

2019 年底,全市 55 家上市公司有 51 家实现"党建入章",并带动全市 1223 家非公企业和社会组织完成"党建入章"。以此为牵引,坚持和完善"双向进入、交叉任职""三联三会"等制度,推动党组织架构与公司治理结构、党组织班子与公司管理层、党建工作与公司生产经营三者深入融合。

全面加强出资人教育引导。建立健全非公企业出资人集中轮训和专题培训制度,列入市县两级年度干部教育培训计划和主体班次。全面实施新生代企业家"双传承"计划,依托高校、党校以及台州民营经济学院等平台加强对这一群体的思想政治教育。2020 年,全市共有 235 名民营企业上市公司高层管理人员、45 名新生代出资人参加培训,有效提升了非公企业党建工作的政治认同、思想认同和情感认同。同时,建立完善出资人激励引导机制,重视将党建工作优秀出资人优先推荐为各级党代表、人大代表、政协委员和劳动模范等人选。

（二）以有效覆盖为重点,党建覆盖率全面提升

台州坚持因地制宜、分类指导,根据非公企业的地域分布、行业性质、产业形态、规模大小等特征,在抓好组织覆盖的同时更加注重组织和工作的双重有效覆盖。

以整合理念抓集中组建。常态化开展"双覆盖百日攻坚"活动,着重发挥各类工业园区、专业市场、行业协会、产业链党组织等的龙头作用,强化区域协同和行业联动,大力推进区域联建。

以协同理念抓活动开展。针对新经济新业态新领域频出、小微企业多、组织覆盖难的实际,全面推行以"推进'两新'党建与经济社会一体发展,党建与区域发展同步规划、党组织组建与'两新'组织同步落地、党建活动与生产经营同步开展"为主要内容的"一体三同"工作机制,在源头上构建了保证非公企业动态全覆盖的工作机制。

以从严理念抓规范提升。从 2016 年开始,连续制订实施非公有企业党组织三年行动计划,采取逐年对标推进、逐一分类定级、梯队推

动进位的办法,实现全市非公企业党组织中标准化、规范化党组织占比达到95％以上,上市公司党组织全部达到"五星级"标准。同时,全面启动非公企业党建示范带建设,确定了17家省级双重管理、52家市级双重管理和142家县级双重管理"两新"组织党组织。2019年,新建党建示范点159个、党建示范带27条,推动形成了近100家覆盖各个领域、各个行业的党建示范集群,打造了景致错落的红色风景线。

注重抓巩固提升。着眼长远力求长效,以标准化、规范化的制度建设,夯实工作基础,确保党组织建一个、成一个。全面整顿后进非公企业党组织,全部建立整顿工作台账,实行领导挂点联系制度,制定整顿措施,明确责任人和整转时限。对"关停并转"的非公企业,及时做好非公企业党组织的设置调整,清理、撤并"空头""空壳"党支部,确保党的组织健全、运行规范。

(三)以实质性作用发挥为根本,党建融入度不断深化

台州牢牢抓住"党组织实质性作用"这个"牛鼻子",聚焦企业转型、关系和谐、文化建设等方面。

实质性作用发挥与服务企业发展相结合。在全市推行主题实践教育、宣讲政策解惑、参与决策议事、建言献策聚智、设岗定责攻坚、创业创新激励、引才留才兴企、提升素质强企、降本挖潜增效、联系协调解难、区域携手合作、转型升级助推、选树典型引导、企业文化感召、党内关爱暖心、权益维护保障、党群共建凝聚、企业形象提升等非公党建"十八法",把党的政治、组织优势转化为企业转型升级、科学发展的优势。

实质性作用发挥与服务员工工作相结合。发挥党组织思想政治工作优势,深入开展"点亮微心愿""五必谈、五必访"等活动,推动建立关爱基金、帮扶基金,为困难党员和职工排忧解难,努力使党组织成为员工的"主心骨""贴心人"。近年来,全市各级非公企业党组织通过募集"爱心基金"先后帮助5万余名党员和职工解决了生病住院、子女就

学等实际困难;全市共有 4000 多家企业开展民主恳谈活动,累计提出合理化建议 5 万多条,其中生产经营性建议 3 万多条,近 80% 的建议被采纳。

实质性作用发挥与社会服务工作相结合。围绕"拆违治危"、剿灭劣 V 类水、创建全国文明城市等党委政府中心工作,组织非公企业党组织带头参与"千企联千村、党建助治水""千企结千村、消灭薄弱村"等活动,引导非公企业积极参与社会公益慈善事业、回报社会活动等,进一步提高社会美誉度和影响力。特别是围绕推动落实省委、市委消除集体经济薄弱村工作部署,大力推进"村企结对"。2020 年,全市 732 家非公企业与 613 个薄弱村结对,落实结对项目 695 个,到位资金总额 1.2 亿元。

(四)以载体创新为抓手,党建凝聚力有效增强

台州以不断深化非公企业党建"十八法"为主基调,以载体创新为抓手,不断激发非公企业党建工作凝聚力。

规范创新支部主题党日活动。针对非公企业中青年占比高、流动性强、思想多元等实际,坚持把支部主题党日活动作为推进"两学一做"学习教育常态化、制度化的有效载体,突出党组织政治属性,激发党组织内在活力。开展党建"众筹",全面推行创意党组织生活,实现党味、风味、口味"三味"融合。出台《关于规范创新支部主题党日活动的通知》和《台州市基层党组织书记主持支部主题党日活动操作实务十二条》,规范基本环节和程序,创新活动内容和方式,推动"三会一课"等党的基层组织生活规范化、常态化、制度化,切实把全面从严治党的要求落到"两新"组织每个支部、严到每名党员。

全面推行"三融三创"党建工作法。紧扣国家级小微企业金融服务改革创新试验区建设,在全市 20 家民营银行业金融机构中全面推行"三融三创"党建工作法,出台《关于在台州市法人银行业机构中推广"三融三创"党建工作法、构建"党建＋金融"发展新模式的通知》,明确金融系统"三融三创"党建工作项目清单。推出"绿色贷""美丽贷"
"科技贷"等一批针对性强的金融服务创新产品,把资金注入党委政府
关注的重大项目、实体产业,构建银行业服务民营企业"党建＋金融"
新模式。

积极探索上市公司党建工作。突出把上市公司党建作为非公企
业党建的龙头工程来抓,大力实施以政治领导力、发展推动力、基本保
障力、示范引领力、工作执行力为主要内容的上市公司党建"五力提
升"行动,以"党建红"促进"发展红"。全市上市公司党组织围绕公司
经营管理、项目攻坚、技术创新,广泛设置管理创新岗、技术攻坚岗、质
量标兵岗等先锋岗,全面推行党员"三亮"(亮身份、亮职责、亮承诺)、
"创业创新基金"、"兴企金点子"等做法,开通企情恳谈"员工直通车",
推动了党建工作全面融入企业生产经营管理。全面推行上市公司党
建联盟建设,全市构建区域化、产业链、互助型等党建联盟 39 个,覆盖
带动基层党组织 517 个,建立成员轮值等运行机制,促进联盟内成员
互学互帮,形成了"面上融域、线上融链、点上融通"的党建新格局。

(五)以人才建设为核心,党建组织力得以巩固

台州把队伍建设作为非公企业党建工作的重要内容,建好用好党
组织书记、党建工作指导员、党员三支队伍,筑牢战斗堡垒,激发党组
织发挥作用的内生动力。

以人才理念抓党组织书记选配。坚持内选外聘与下派交流相结
合,完善选任、委派、兼任和聘任等形式,选好配强非公企业党组织书
记。出台《全市非公有制经济组织和社会组织"红领英才"培育实施办
法(试行)》,以"党建＋人才"为总体思路,把打造一支质量兼优的非公
企业党组织书记人才队伍列入全市人才发展规划,作为非公企业党建
的一项基础工程、战略工程来抓。评选产生台州市首届"红领英才"63
人,每人每年给予 6000 元的工作津贴。同时推进"红领英才工作室"
建设,采取"红领英才"导师帮带形式,孵化培育"两新"党组织书记后

备人才。

以促进发挥作用抓指导员队伍建设。按照"一人一企""一人多企"的原则,把机关退休(或退出现职领导岗位)党员干部、年轻后备干部、优秀党务干部等选进党建指导员队伍。建立了党建指导员信息库,储备党建指导员 2780 名。对指导员进行多层次、全方位的岗前培训,使他们明确岗位职责,掌握工作方法,增强党建工作指导员的工作针对性和实效性。坚持对党建指导员实行目标管理,量化具体工作任务,对每项具体工作的完成时限、要达到的效果、所采取的措施都做出明确规定。

以严实标准抓发展党员质量。以规模以上非公企业单独组建率为突破口,全面推行公推优秀员工从中发展党员工作,通过工会、共青团、妇联等群团组织推优、党支部选优的方式,加大从管理层、重要核心岗位、生产骨干、高知群体中发展党员工作力度。2010 年以来,全市规模以上企业中共发展党员 1 万余名。同时,深化"党员人才工程"建设,注重把企业经营管理人员和各类高层次技术人才吸收到党组织中来。

(六)以体制机制为保障,党建持续性系统构建

台州坚持从体制机制上着力,以强化机制、强化保障、强化阵地为基础,不断加强非公企业党建工作保障。

健全"两新"工委实体化运作机制。按照"职责制度化、工作项目化、交流常态化、委员实名化"的思路,加强"两新"工委自身建设,推动工委成员单位切实把党建职责抓紧抓牢。制定市委"两新"工委议事决策规则、工作制度等有关制度,建立市委"两新"工委委员"四联"制度,推行"两新"工委成员单位重点工作项目化管理,开展"两新"工委委员述职评议,并纳入工委成员单位年度党建目标责任制考核。

加强党建经费保障。全面落实非公企业党建经费税前列支、党费全额返还等制度,按照党员每人每年不低于 200 元(上市公司每人每

年不低于 800 元）的标准，把"两新"组织党组织活动经费纳入公司年度预算，确保满足党建工作需要。推行黄岩区"两新"党建"双强基金"工作经验，在乡镇（街道）探索设立"两新"党建"党建强、发展强"专项基金，进一步健全"两新"组织党建工作经费保障机制。

推进党群阵地建设。制定《台州市基层党组织活动场所规范提升工作标准》和《关于进一步提升"两新"组织党群服务中心实效的若干意见》，全面推进全市工业园区、特色小镇、党群服务中心建设，把"三会一课"、主题党日等基本制度、基本要求、基本活动，依托活动场所经常性开展起来，让党组织的基本制度首先在场所内得到落实，让各类党员活动首先在场所内经常性开展，让党组织活动场所成为广大党员的"心灵港湾""精神家园"。在此基础上，通过资源共享、活动共推、组织共建等办法，发挥区域性党建阵地作用，推动区域党建工作的整体开展、整体提升。

二、对照党章要求深化地方党代会常任制改革

台州是全国最早试行党代会常任制的地区之一，是全国范围内坚持常任制改革试点工作最久，唯一在市县乡三级全面推行常任制试点的地级市。多年来，台州深入学习贯彻习近平同志调研考察台州时的重要指示精神，对照《中国共产党章程》和各项党内法规要求，推动地方党代会常任制改革试点工作取得新进展。

（一）进一步明确巩固党的全面领导权的改革主线

按照习近平同志深化台州党代会常任制试点改革的重要指示，台州进一步明确了深化党代会常任制试点改革工作巩固党的全面领导权的改革主线。

深化改革认识。不是把党代会常任制仅仅作为一项试点任务来对待，而是作为完善党代会制度、加强民主集中制建设来认识、来坚持，作为党的建设新的伟大工程的重要内容来探索、来推进，使之成为

各级党委和广大党员干部的思想共识和行动自觉。

创新改革谋划。按照"政治原则不突破、工作方法可创新、实践经验要吸纳"的总体思路,注重顶层设计,加强具体指导。坚持聚焦党的建设,明确要求党委工作报告党建内容不少于三分之一,探索实行县级人大、政府、政协党组和党委工作部门向大会书面报告制度,把听取乡镇党委书记抓基层党建工作情况报告等列入年会日程,充分发挥党委"把方向、谋大局、定政策、促改革"的作用,强化党代会管党治党责任。

优化改革路径。始终以党章为根本遵循,以发挥代表实质作用为重点,坚持试点先行,注重制度规范,形成县乡试点先行、乡镇全面实行、市级联动推进的有序格局。坚持边推进边完善,不断调适与规范试点行为,将全面加强党的领导、全面贯彻党章规定、全面落实党内法规要求,自觉贯穿于试点工作全过程,确保了台州党代会常任制改革始终沿着正确方向前进。

(二)进一步明确加强党代表队伍管理的改革抓手

党的十八大以来,台州始终坚持党要管党、全面从严治党,着眼于发挥党代表主体作用,不断强化党代表服务保障,激发党代表队伍活力。

突出政治标准,把好党代表入口关。在全面从严治党向基层延伸的背景下,台州深入试行党代会常任制,将从严治党要求最先落实到党代表这一先锋群体,从源头上加强对党代表资格条件的联审把关,通过更加突出党代表的政治标准,不断健全党代表资格动态管理机制,从党代表入口环节纯洁了党代表队伍。

突出常态长效,把好党代表履职关。常任制背景下的党代表绝不是五年一次的"会议代表""举手代表",基层党代表要定期参加每年的党代会年会,听取和审查党委报告,提出提案提议,对同级党委、纪委领导班子及其成员开展民主评议,定期参加基层党建巡查和学习调研视察等活动,在党代会闭会期间常态化发挥作用,真正参与到严肃党内政治生活的实践中。

突出权责对等,把好党代表考核关。紧紧围绕落实党建责任制,探索实行党建责任清单、履职积分考核、代表述职评议等制度,让担任党代表不仅是一种荣誉,更成为一种责任,真正构建起权责对等的党内激励约束机制。试行党代会常任制,通过抓牢党代表这一关键主体,发挥其率先垂范作用,有效带动全体党员在党言党、在党忧党、在党为党。

(三)进一步明确回应党员群众诉求的改革主线

台州各级党委紧扣中心服务大局,主动回应基层党员群众需求,着力推动党代表服务群众、服务发展、服务大局。

搭建党代表联系服务群众主平台。建立党代表常态化联系服务群众机制,实行县乡党委委员联系党代表、党代表联系党员、党员联系群众三级联系制度,通过开展"365天,天天都是党代表"、党代表直通车、党代表接待日、党代表领办实事项目、党代表约请党政机关负责人等活动,经常性听取和反映基层党员群众的呼声。

打造党代表履职尽责主阵地。注重党代表发挥作用的载体建设,全面建立各种类型的党代表工作室,组织党代表开展驻室接待、民主恳谈、组团服务等活动,依托工作室收集社情民意,力所能及地帮群众解决困难。

拓宽党代表服务中心大局主渠道。充分发挥党代表与党员群众联系密切的特殊优势,协助党委政府做好群众思想政治工作,推进信访积案的化解,推动重点、难点工作的开展。在台州,各级党委政府出台重大政策、推进重点工程、解决难点问题时,主动征求党代表意见、邀请党代表监督评议,已经成为常态。

(四)进一步明确探索构建制度体系的改革目标

党的十八大以来,台州着眼于完善党代会制度,坚持问题导向、效果导向,及时总结基层改革实践经验,注重规范性、操作性,逐步构建起一套科学有效的制度体系和运行机制。

提升审议质量,健全党代会年会制。坚持把听取和审查党委工作报告、审查纪委工作报告作为年会的基本职能,把代表团(组)审议作为基本形式,实施代表专题审议、大会发言等活动,进一步丰富会议内容,完善会议程序;探索建立了乡镇党代会年会重大事项票决制度,强化了年会议事决策功能。推行街道党员代表会议制度,拓展改革探索领域。

突出作用发挥,健全党代表任期制。坚持以代表团(组)为基本组织形式,探索代表编组制管理,健全党代表联系服务群众、参与党内决策监督、推进党的自身建设等方面的具体工作制度,不断拓宽闭会期间发挥党代表作用的有效途径和方式。

强化工作支撑,健全党代表履职保障机制,坚持党内重要情况定期向党代表通报制度,设立市县党代会常任制工作办公室,落实党代表履职时间和工作经费等相关保障。持续推进党代表工作制度探索创新,注重整合全市范围内的党代会常任制相关制度规定,为坚持和完善党代会制度、加强党的民主集中制建设提供实践依据。

三、以社区党建引领社区治理现代化

按照习近平同志在浙江工作期间考察台州时作出的"一定要把社区党建工作渗透到推进'三个文明'建设中去、渗透到创建'平安社区'中去、渗透到为居民群众提供各种优质服务中去,通过抓党建促发展保稳定"[①]的重要指示,台州围绕发挥社区党组织作用助推社区治理现代化进行了实践探索,目前已初步形成一整套做法并取得阶段性成效。

---

① 习近平:《干在实处 走在前列——推进浙江新发展的思考与实践》,中共中央党校出版社2006年版,第533页。

（一）以组织建设为根基，领导体系更加巩固

社区党的建设是社区党的领导的组织基础和政治前提，其内容主要包括社区领导班子建设和党组织建设两个方面。加强社区领导班子建设，是党组织作用发挥的重要基础。社区党组织具有较强的政治权威和组织资源，是社区事务管理的政治核心和组织保障，要配置好领导班子，不断优化、充实党组班子成员；要大力培养新型的社区党组干部，将有能力、有经验、有知识、有见识的年轻干部充实进来，不断提升其能力素质。加强社区党组织建设，适应社会变革的新要求，重点是社区党组织的组织能力和资源整合能力。台州按照"任务相当、方便管理、界定清晰、责任明确"的原则，将社区划分为若干个网格，以网格为社区党组织的基本单元，使党员教育管理和群众沟通联系由原来的松散转为紧密。

（二）以资源整合为抓手，服务内容更加全面

社区党建的核心在于资源整合并提供优质服务。近年来，台州有效整合社区服务人才和服务资源，使社区服务内容更加全面。积极推动涉及医疗保险、社会保障、人力资源、民政计生、法律援助等的工作单位共同进驻社区。建设社区党组织的资源共享平台，以及社区各类资源的整合平台。搭建数字化资源平台，如档案管理、医疗管理等平台，实现网上资源直通。针对社区群众的需求，建设"一站式"服务体系，将社区党组织涉及居民重要关切的就业、医疗、社保、教育、调解等社会性事务融为一体开展办公，提供专门的指导咨询和社会保障。设置"党员工作室""党员服务区""党员先锋岗"等，引导居民办事。推行以网络化、信息化为媒介的服务制度，依托服务热线、数字化服务平台等整合配置社区及周边服务资源。

（三）以机制构建为重点，实践探索持续深入

为保障社区党建工作实践探索持续深入，台州以机制构建为重点加强社区党建制度改革。建立健全监督考评机制，将社区党建工作纳

入全市基层党建工作考核体系,将社区党建工作创新品牌纳入党建考核加分项目,对社区党建工作规范化建设不足的单位予以扣分,对街道社区基层党建优秀单位予以表彰,全面构建了社区党建考核的激励约束机制。着力完善社区党建服务工作机制,通过"党群议事会""居民协商议事会"等服务机制保障社区党建工作服务于现代社区成长。探索建立社区党建工作的配套保障机制,建立社区党建工作专家支撑团队,建立开放式、全天候的党员服务中心,建立社区党建工作民意互动平台等。这些举措为社区党建工作提供了制度保障。

第三节　经验与启示:推动全面从严治党向基层有效延伸

台州以"巩固八个基础、增强八种本领"的党建总体思路为指引,深入贯彻 2004 年习近平同志在台州考察调研时作出的重要指示精神,推动全面从严治党向基层有效延伸。就具体工作探索而言,需要从如下方面持续深入推动台州基层党建工作高质量发展。

一、必须始终坚持以科学理论指导基层党建工作探索

科学理论源自实践并指导实践,台州基层党建工作探索的历史进程表明:基层党建工作探索须臾也离不开科学理论的指导。台州非公企业党建、党代表大会常任制试点改革工作、现代社区成长过程中的社区党建工作等,都是新领域的党建创新工作。"巩固八个基础、增强八种本领"的党建总体思路,为基层党建工作创新提供了考量标准。这说明了以科学理论指导基层党建工作创新发展的重要性。党的十八大以来,习近平总书记关于基层党建工作的重要论述是新时代基层党建的科学指导。台州基层党建实践探索,将进一步以新时代基层党

建科学理论为指导,牢记习近平总书记对台州基层党建的重要指示精神和相关政治嘱托,打造更多具有台州特色的基层党建创新品牌。

二、必须始终坚持以务实方法推进基层党建工作探索

基层党建工作创新是赢得基层广大党员干部群众人心的平凡工作,做好这项工作必须以务实方法推进基层党建工作探索,来不得半点"花架子"。近年来,台州以务实方法推进基层党建工作探索,始终把牢政治方向、始终坚持问题导向原则、始终尊重群众首创精神、始终注重理论提炼概括等。一是始终把牢政治方向。台州党代会常任制改革等基层党建探索始终以《中国共产党章程》为根本遵循,始终以坚持和加强党的全面领导为根本政治前提。这是保证台州基层党建探索具有坚定正确政治方向的关键所在。二是始终坚持问题导向原则。非公企业党建工作的实践探索旨在解决党在新经济领域的组织和功能覆盖问题;党代会常任制试点改革旨在构建地方党委民主科学领导机制和决策体制;社区党建工作旨在打造现代社区成长的核心领导力量。这些基层党建品牌的打造鲜明贯穿了问题导向和问题意识。三是始终尊重群众首创精神。台州的一个长处在于"民",非公经济党建、党代会常任制试点改革、社会党建等基层党建工作中的许多做法都是基层群众自己的发明创造,是人民群众自创的。这些好经验、好做法为台州基层党建特色品牌打造提供了"源头活水"。四是始终注重理论提炼概括。台州基层党建中的许多做法一开始是由人民群众自己创造的,但这些做法常常是分散的,台州注重把零散经验系统化、局部经验全局化、工作经验制度化。

三、必须始终坚持以文化底蕴支撑基层党建工作探索

基层党建文化是基层党建探索的内生动力,影响基层党建探索的持续性。台州非公企业党建、党代会常任制、社区党建等基层党建品

牌的打造都离不开台州深厚文化底蕴,尤其是大陈岛垦荒精神的滋养和培育。从基层党建文化的视角看,这些基层党建品牌的打造就是弘扬大陈岛垦荒精神的重要成果。没有垦荒精神的支撑,这些创新探索便会缺乏内生性文化动力和精神支撑。为此,在台州市委把垦荒精神上升为台州城市精神的背景下,台州基层党建探索者需要进一步领会、体悟和实践大陈岛垦荒精神,以垦荒精神谋划台州基层党建工作,努力打造更多具有特色的基层党建品牌,在展示中国特色社会主义制度优越性的"浙江窗口"中增添"台州党建要素"。

展 望

中华民族伟大复兴战略全局和世界百年未有之大变局构成我国发展的新历史方位。在中国共产党成立一百周年之际,中国完成全面建成小康社会的历史任务,开启了向第二个百年奋斗目标进军的新征程,以中国式现代化全面推进中华民族伟大复兴。在建设新时代中国特色社会主义新征程的伟大实践中,党中央赋予浙江"努力成为新时代全面展示中国特色社会主义制度优越性的重要窗口"新定位和高质量发展建设共同富裕示范区的新目标。浙江省坚决捍卫"两个确立",增强"四个意识"、坚定"四个自信"、做到"两个维护",一以贯之践行"八八战略",坚决扛起中国式现代化的浙江使命,扎实推动习近平新时代中国特色社会主义思想在浙江的生动实践,坚决做到"总书记有号令、党中央有部署,浙江见行动"。台州始终把"八八战略"作为全面推进习近平新时代中国特色社会主义思想市域生动实践的总抓手,把学懂弄通做实习近平新时代中国特色社会主义思想与一以贯之忠实践行"八八战略"结合起来,把推动中国式现代化理论与台州奋力推进"两个先行"实践结合起来,全面推动习近平新时代中国特色社会主义思想在台州落地生根、开花结果。

共同富裕是社会主义的本质要求,是中国式现代化的重要特征,要坚持以人民为中心的发展思想,在高质量发展中促进共同富裕。台州以高质量发展建设共同富裕示范区为总牵引,构建市域层面推进中国式现代化实践的目标体系、工作体系、政策体系、评价体系。台州坚决推动习近平总书记重要讲话精神在台州落地生根,在高质量发展促进共同富裕实践中展示制度优越性、发展高质量、治理现代化、民生好家园,在台州现代化建设新征程上再创新辉煌、再上新台阶,在"两个先行"建设中彰显更大担当、展示更多作为。

一、深刻理解、准确把握"八八战略"的时代要求

以"八八战略"为总抓手,高质量发展建设共同富裕示范区,加快推进中国式现代化的浙江实践,建设"重要窗口",是以习近平同志为核心的党中央赋予浙江的光荣使命。高质量发展建设共同富裕示范区,探索中国式现代化先行实践,是面向新时代高质量发展的伟大实践,也是台州实现高质量发展的核心任务。

(一)加快高质量发展,主动应对百年变局考验

世界面临百年未有之大变局,新旧风险和挑战层出不穷,其中保护主义、单边主义抬头,导致全球化发展遭遇波折。与此同时,新兴市场国家和发展中国家崛起,新科技革命和产业变革快速推进,推动着全球经济格局和政治格局的重构,要求各国加强全球经济合作、改善全球治理。

突如其来的新冠疫情加深了"百年未有之大变局"的不确定性,全球产业链、全球贸易和主权债务市场这三大领域遭受严重冲击。首先,冲击了全球产业链有效运转。部分产业链停摆,停工停产导致大量失业,收入减少导致需求萎缩,重创各国实体经济。其次,引发了极为严重的贸易衰退。新冠疫情引发旅行禁令、入境管控、边境封锁等措施,经济要素流动严重受限,导致全球贸易急剧萎缩。最后,埋下了金融危机的种子。各国政府为应对疫情而采取大规模财政、货币纾困措施,加深了主权债务危机,进而增大金融系统性风险。新冠疫情还暴露一些国家的人道危机、社会危机、治理危机和国际合作危机,多重危机集中爆发,导致世界秩序失调。

考验来自百年变局,机遇源自制度优势。以习近平同志为核心的

党中央发挥制度优势、洞察世界变局、把握时代潮流，对当今世界的发展主题和时代挑战作出精准判断，提出了培育科技和产业双动能，构建"双循环"新发展格局的战略构想，积极应对世界经济秩序变化。2020 年 4 月，习近平总书记在浙江考察时强调："要抓住产业数字化、数字产业化赋予的机遇，加快 5G 网络、数据中心等新型基础设施建设，抓紧布局数字经济、生命健康、新材料等战略性新兴产业、未来产业，大力推进科技创新，着力壮大新增长点、形成发展新动能。"①2020 年 5 月，习近平总书记在看望参加全国政协十三届三次会议的经济界委员时指出："要把满足国内需求作为发展的出发点和落脚点，加快构建完整的内需体系"，"逐步形成以国内大循环为主体、国内国际双循环相互促进的新发展格局，培育新形势下我国参与国际合作和竞争新优势"。② 培育科技和产业双动力、构建"双循环"新发展格局等重要论述是以习近平同志为核心的党中央谋划长远提出的创造性、引领性的行动指针。

台州要牢牢把握大变局中蕴含的重大发展机遇，在习近平新时代中国特色社会主义思想指引下，在实现"两个一百年"奋斗目标、实现中华民族伟大复兴进程中，以"八八战略"为总抓手，以建设现代化先行市为牵引，大力推进高质量发展建设共同富裕先行市，加快建设新时代民营经济高质量发展强市。

（二）忠实践行"八八战略"，促进民营经济高质量发展

浙江是中国革命红船起航地、改革开放先行地、习近平新时代中国特色社会主义思想重要萌发地。习近平同志在浙江工作期间，洞悉发展大局，立足浙江优势，科学把握浙江进入新世纪的历史方位，创造性地作出"八八战略"重大部署，确立"干在实处、走在前列"工作总基

---

① 《习近平在浙江考察时强调统筹推进疫情防控和经济社会发展工作　奋力实现今年经济社会发展目标任务》，《人民日报》2020 年 4 月 2 日。

② 《习近平在看望参加政协会议的经济界委员时强调：坚持用全面辩证长远眼光分析经济形势　努力在危机中育新机于变局中开新局》，《人民日报》2020 年 5 月 24 日。

调,成为引领浙江新世纪全面发展的总纲领。

"八八战略"实施以来,台州历届市委、市政府始终遵循"八八战略"总纲领,坚持"干在实处、走在前列"总要求,牢记"再创民营经济新辉煌"政治嘱托,遵循"台州起步于民、兴盛靠民、潜力在民"道路指引,聚力发展民营经济,大力弘扬垦荒精神,深入探索小微金改,打造一流营商环境,积极建设美丽台州,稳步推进社会治理,全面接轨长三角一体化,推动民营经济走上高质量发展道路。"八八战略"指导台州发展实践取得了巨大成就,成为台州发展的"金钥匙"。

驭百年变局,立百年目标。以习近平同志为核心的党中央擘画新局,指引方向,赋予浙江"努力成为新时代全面展示中国特色社会主义制度优越性的重要窗口"的新定位,明确了浙江高质量发展建设共同富裕示范区的新目标,这是对百年未有之大变局背景下浙江改革发展的最大肯定,是对新时代浙江干在实处、走在前列、勇立潮头的最大信任,是对浙江推进新时代中国特色社会主义制度优越性生动实践的最大期待,必将激励全省上下续写"八八战略"新篇章。台州忠实践行"八八战略",奋力打造"重要窗口",始终坚持"干在实处、走在前列"总要求,高质量发展建设共同富裕先行市,争创社会主义现代化先行市,建设新时代民营经济高质量发展强市。

(三)奋力打造"重要窗口",全面推进"两个先行"

习近平总书记指出:"共同富裕是社会主义的本质要求,是中国式现代化的重要特征。我们说的共同富裕是全体人民共同富裕,是人民群众物质生活和精神生活都富裕。"[1]在高质量发展中促进共同富裕,要求台州坚决拥护"两个确立",增强"四个意识",坚定"四个自信",做到"两个维护",担起坚定不移全面贯彻党中央各项决策部署的政治责任。要求台州率先突破发展不平衡不充分问题,推动区域协调发展、

---

[1]　习近平:《扎实推动共同富裕》,《求是》2021年第20期。

城乡协调发展。要求台州充分认识民营企业、中小企业在我国发展特别是产业发展中的重要地位,大力推动民营经济高质量发展,再创民营经济发展新辉煌。要求台州牢记新发展理念,让"绿水青山就是金山银山"理念成为全社会的共识并落实到行动中,使之成为新发展理念的重要组成部分。要求台州在持续深化改革开放中有新作为,深入推进重要领域和关键环节改革,加快取得更多具有实质性、突破性、系统性的成果。要求台州加强治理体系和治理能力现代化建设,运用前沿技术推动城市管理手段、管理模式、管理理念创新,推动城市治理体系和治理能力现代化。要求台州深刻理解保护生态就是发展生产力,统筹好生产、生活、生态三大空间布局,在生态文明建设方面先行示范。要求台州把党员、干部的经常性教育管理抓实,把基层党组织这个基础夯实,推进全面从严治党走向纵深。要求台州在困难和危机中增强化危为机的能力,把社会矛盾解决在萌芽状态、化解在基层。

以习近平同志为核心的党中央对浙江提出"重要窗口"的新定位和高质量发展实现共同富裕的新目标,既是对浙江保持战略定力、推进改革发展的充分肯定,又是对浙江新时代高质量发展的方向指引,为浙江继往开来、守正出新标注了新起点。台州要高举新时代中国特色社会主义旗帜,以习近平新时代中国特色社会主义思想为指导,以"八八战略"为统领,在新时代新征程中继承创新,以"八八战略"丰富内涵滋养台州改革和发展大局,在"两个先行"中打造出更加丰硕的实践成果,在高质量发展中促进共同富裕,生动诠释新时代中国特色社会主义制度的优越性。

二、把握机遇,勇于担起践行"八八战略"的时代重任

"时代是出卷人,我们是答卷人,人民是阅卷人。"台州要以高度政治自觉、思想自觉和行动自觉,当好"两个确立"的拥护者、"重要窗口"的展示者、"两个先行"的建设者。

（一）牢牢把握建设中国式现代化的机遇期

党的二十大报告指出："改革开放和社会主义现代化建设深入推进，书写了经济快速发展和社会长期稳定两大奇迹新篇章，我国发展具备更为坚实的物质基础、更为完善的制度保证，实现中华民族伟大复兴进入了不可逆转的历史进程。"2018 年 12 月 13 日召开的中共中央政治局会议强调："辩证看待国际环境和国内条件的变化，增强忧患意识，继续抓住并用好我国发展的重要战略机遇期，坚定信心，把握主动，坚定不移办好自己的事。"[①]

习近平总书记在浙江考察时深刻指出："危和机总是同生并存的，克服了危即是机。"[②]危中有机，危中寻机，危可转机，体现了马克思主义辩证法的深刻哲理。形势在变，任务在变，工作要求也在变，必须准确识变、科学应变、主动求变。大变局中"危""机"共存，变局既有风险，也有机遇。一个伟大国家的伟大实践，其成功不在于起点，而在于抓住转变中的机遇期。中国的机遇来自中国自身的制度优势，来自新科技革命和新产业变革的机会窗口，来自全球治理体系的变革。台州要变压力为动力、化被动为主动、转危情为机遇，把机遇转化为发展成果。

（二）争当中国式现代化创新实干的排头兵

推动"八八战略"在台州的实践，高质量发展建设共同富裕示范区、加快推进中国式现代化台州实践，是新时期台州干部群众的重大政治任务。台州提出争创社会主义现代化先行市的目标，以奋勇争先的姿态和"等不起"的紧迫感，坚定发展信心，保持战略定力，脚踏实地，牢牢抓住战略机遇期，在推动高质量发展实现共同富裕中走在前

---

① 《中共中央政治局召开会议　中共中央总书记习近平主持会议》，《人民日报》2018 年 12 月 14 日。

② 《习近平在浙江考察时强调统筹推进疫情防控和经济社会发展工作　奋力实现今年经济社会发展目标任务》，《人民日报》2020 年 4 月 2 日。

列,在"两个先行"中争当排头兵。

台州把制度的优越性转化为发展的新优势,转化为发展动能,转化为治理效能,构建民营经济高质量发展的体制机制、建设现代化经济体系、形成全面开放新格局、营造共建共治共享社会治理体系,奋力当好"两个先行"的排头兵。这对台州提出了如下要求:

完整、准确、全面贯彻新发展理念,坚定不移推动高质量发展,进一步激发活力、创新力、竞争力,高标准推进碳达峰碳中和、促进全面绿色低碳转型,抢抓发展机遇,推动实现新的更大发展,建设幸福美好家园。找准示范区建设的重点、难点和关键点,着力抓好重大改革、重大抓手和重大政策,加快形成高质量发展强劲势头。强化创新型城市建设,重塑现代产业体系,建设开放型高能级城市,推动建设全国地级市创新高地、全国先进制造业城市第一方阵,推进港产城湾一体化发展。加快缩小地区发展差距,进一步完善市域统筹机制,推动山区北三县跨越式高质量发展,创新实施山海协作升级版、对口工作升级版,念好新时代"山海经"。加快缩小城乡发展差距,深入推进以人为核心的新型城镇化,高质量实施乡村振兴战略,加快推进市民化集成改革和新一轮乡村集成改革,大力实施强村惠民行动,构建城乡新格局。加快缩小收入差距,坚持体现效率、促进公平,加快"扩中"、全面"提低",进一步激励财富创造,率先在优化收入分配格局上取得重要进展。推动人的全生命周期公共服务优质共享,迭代升级为民办实事长效机制,构建育儿友好型社会,办好人民满意的教育,推进劳动者职业技能大提升,加强全民全生命周期健康服务,构建幸福养老服务体系,健全住房市场和保障体系,构建弱势群体公共服务普及普惠幸福清单。打造精神文明高地,深入实施新时代文化工程,弘扬大陈岛垦荒精神,守好红色根脉,健全高品质精神文化服务体系,打造具有山海特色的文化创新高地,构建以文化力量推动社会全面进步新格局。建设共同富裕现代化基本单元,全市域推进城镇未来社区、乡村新社区建设,推动共同富裕城乡风貌建设从宏观到微观落地。一体化推进"法治台州""平安台州"建设,整体推进党的全面领导、权力运行规范透明、营商环境优化升级、社会治理现代化,持续打造最安全、最公平、最具活力的城市。全域接轨上海,融入长三角一体化发展,以更快步伐推动区域协调发展。聚焦"生态文明建设要先行示范",发挥台州山海秀丽优势,探索更多的"绿水青山"向"金山银山"转化的路径,以更高标准建设美丽台州。聚焦"全面从严治党要走向纵深",拥护"两个确立",增强"四个意识",做到"两个维护",构建新型"亲清"政商关系,打造优质营商环境,以高质量的党建工作进一步巩固山清水秀的政治生态。

(三)争当高质量发展实现共同富裕的模范生

在高水平全面建成小康社会取得全面胜利、脱贫攻坚战取得全面胜利的基础上,台州面对第二个百年奋斗目标的大考。台州牢记习近平总书记"危和机总是同生并存的,克服了危即是机"的指示,在危机中育新机、于变局中开新局,敢打必胜,化危为机,打造台州充分发挥制度优越性的重大成果。

台州坚持以"八八战略"为统领,发挥优势,补齐短板,争当高质量发展实现共同富裕的模范生。一是当好民营经济高质量发展的模范生。坚定民营经济再创新辉煌主目标,坚守民营经济创新转型主战场,坚持创新驱动发展主动力,充分激发民营企业"活力"和"灵性",坚守实体经济,做大做强市场主体,发展新兴产业,保障充分就业。弘扬企业家精神,更加关心呵护民营企业家队伍,真心实意帮助企业纾困解难。紧盯数字经济、生命健康、新材料等领域发展战略性新兴产业,争创全国民营经济发展示范市。二是在深化改革开放中争当模范生。台州是靠改革发展起来的,改革是台州发展的密码。在新时代,台州要继续深化数字化改革、小微金融改革等重大改革,争取创造更多全面深化改革的成果。要在高水平开放上争取有更多作为,积极构建"双循环"新发展格局,积极参与长三角一体化建设,不断增强发展新动能。

（四）锻造践行"八八战略"、促进"两个先行"的攻坚作风

准确把握关于忠诚践行"八八战略"、奋力促进"两个先行"要求的思想内涵和精神实质，以高质量发展实现共同富裕新目标为总纲，精心谋划、周密部署，确保"八八战略"实践取得实实在在的成效。一是忠诚履职。捍卫"两个确立"、做到"两个维护"，守初心、担使命，加强浙江"三个地"的政治责任，大力弘扬新时代垦荒精神，把制度优越性转化为思想定力、行动自觉。二是主动担当。锻造勇于担当的政治品格，牢记宗旨，敢于担当，全面巩固建设小康社会的成果。知难而进、迎难而上，全面推进共同富裕和中国式现代化台州实践"两个先行"。对党忠诚、旗帜鲜明，坚定立场、敢于斗争。三是拉高标杆。保持争先进位的冲锋状态，提高站位、拉高标杆，建设全国地级市创新高地、先进制造业城市第一方阵、省域开放型高能级城市、全球"双循环"战略节点、社会主义文化强国市域典范、"绿水青山就是金山银山"理念标杆地，深化"中国最具幸福感城市"时代内涵，创建社会治理现代化市域样板。四是积极作为。深刻领悟"两个确立"的重大意义，发扬干在实处的工作作风，求真务实、真抓实干，保持"功成不必在我"的精神境界和"功成必定有我"的历史担当，提高抓落实的能力，善于谋大事、抓大事。

三、在高质量发展实现共同富裕中积极作为

对标浙江高质量发展建设共同富裕示范区、争创中国式现代化先行省的新目标，台州要切实把高质量发展实现共同富裕的目标转化为扎实行动和实际成效，更大力度实施数字经济创新提质"一号发展工程"、营商环境优化提升"一号改革工程"、"地瓜经济"提能升级"一号开放工程"，以"干部敢为、地方敢闯、企业敢干、群众敢首创"的理念激

发台州干事创业新活力,建设新时代民营经济高质量发展强市,高质量发展建设共同富裕先行市,争创社会主义现代化先行市,把"民营经济立市、制造之都立业、垦荒精神立心"打造成台州的标志性成果,推动城市发展向"二次城市化"迈进、产业升级向"两业并举"迈进、社会治理向"两智融合"迈进,并确立为高质量发展的历史性任务,把"思想理念上突围、项目攻坚上突围、开放接轨上突围"作为打赢经济翻身仗的主攻方向,守正出新,行稳致远,在全面建设社会主义现代化国家新征程中,增强台州在全省发展大局中的站位和担当,为全省、全国发展大局作出更大贡献。

（一）牢牢把握台州新时代发展机遇,建设民营经济示范市

"民营经济立市"就是要牢记民营经济再创新辉煌的嘱托,建设民营经济高质量发展强市,让民营经济成为台州经济发展的重要支撑、创新创业的主体力量、吸纳就业的主要渠道和社会财富的重要来源。同时发挥台州丰富而宝贵的企业家资源优势,大力弘扬企业家精神,培养高素质民营企业家,培养造就企业研发人才、工程技术人才和高技能人才,打造一支有理想、守信念的产业人才队伍。"制造之都立业"就是要建设长三角先进制造业基地,发挥台州制造业具有的装备性和产业链的优势与特色,以民营经济优势打造先进制造产业集群,构筑先进制造业创新生态链,使先进制造业成为推动台州经济发展的关键力量,培育产业发展新动能。增强台州区域发展的核心竞争力,在浙江省大湾区建设中发挥重要作用,成为一流湾区建设的"脊梁"。"垦荒精神立心"就是要弘扬大陈岛垦荒精神,赋予大陈岛垦荒精神新时代的价值和内涵,以垦荒精神激发新时代创造力量,彰显台州城市发展的软实力,打造台州城市精神"新坐标",为台州再创民营经济新辉煌凝聚奋斗力量,展现新时代中国特色社会主义核心价值观的强大精神力量。

（二）紧紧围绕台州高质量发展重点，全面推动城市发展动能、产业组织方式和社会治理机制的深刻变革

"二次城市化"就是要让中心城市和城市群成为承载发展要素的主要空间形式，建设台州都市区。以基础设施、产业布局、公共服务、城乡规划、生态环境等"五个一体化"为抓手，培育产业发展新平台、都市发展新空间、经济发展新要素、区域发展新枢纽，加强城市功能升级引领产业发展，推动县域经济向都市经济转型，推动乡村城市化向市域都市化升级，引领台州融入长三角区域更高质量一体化发展。产业升级"两业并举"就是推动先进制造业与现代服务业融合发展，建设长三角现代产业发展高地。顺应科技革命、产业变革、消费升级趋势，强化工业基础和技术创新能力，促进先进制造业和现代服务业融合发展，深化业务关联、链条延伸、技术渗透，培育融合发展新业态、发展多元化融合新模式、探索重点领域融合发展新路径，推动先进制造业和现代服务业融合发展。社会治理"两智融合"就是打造智慧智能、民本民治、共建共享的治理新模式。突出"群众智慧"和"人工智能"的融合，把数字化和网格化结合起来，借助大数据、互联网等技术，在社会治理智能化方面积极探索，从人民群众关心的事情做起，从让人民群众满意的事情做起，不断为人民创造更加美好的生活，提高社会治理社会化、法治化、智能化、专业化水平。

（三）步步紧扣台州全方位突围方法，在思想理念、项目攻坚和开放接轨中展示台州新画卷

思想理念突围就是要进一步解放思想，坚决克服消极麻木、畏难退缩、等待观望等思想倾向，形成"向前冲、不服输、拼命干"的氛围，在思想上"破冰"带动台州高质量发展。强化问题导向、找准问题症结，深挖问题根源、推动问题解决，以思想大解放引领高质量发展。瞄准经济社会发展中的痛点、难点、堵点，集中力量破除思想理念中的障碍，真正通过思想理念突围攻克发展大局的瓶颈制约。项目攻坚突围

就是要坚持"项目为王","一切围绕项目干",牢牢扭住"八大行动"不放松,继续在项目主战场上发起冲锋。瞄准重大项目、新兴产业和总部回归等重点领域,集中力量、集中资源,抓大项目、育大企业,抓大平台、促大产业,抓大交通、建大湾区,建立项目"接续联动"的攻坚突围机制,打赢项目攻坚突围战,夯实高质量发展基础。开放接轨突围就是把融入长三角一体化和融入"一带一路",作为激发动能的关键招和决胜未来的"胜负手"来抓,全面深化与上海全方位、多层次、宽领域的交流与合作,主动围绕理念、交通、产业、平台、要素、机制等重点开展接轨,"线下＋线上"全方位接轨上海,努力在产业融合发展、吸引高端要素资源、公共服务合作共享、交流合作机制等方面全方位突围。

四、牢记嘱托,对标落实,在高质量发展促进共同富裕和中国式现代化实践中书写"两个先行"台州篇章

台州始终把"八八战略"作为"两个先行"的总抓手,紧扣新发展理念,围绕高质量发展、现代化建设和共同富裕,强化使命担当,创造性地抓好贯彻落实,努力建设中国民营经济示范城市、工业4.0标杆城市、国家创新型城市、"双循环"节点城市、省域开放型高能级城市、市域治理现代化示范城市,大力推进高质量发展实现共同富裕,争创社会主义现代化先行市。

(一)对照建设"两个先行"目标,牢牢把握新时代我国社会主要矛盾的重大论断,以更高质量更加全面发展满足人民日益增长的美好生活需要

紧紧围绕台州发展中的不平衡不充分问题,以高质量发展实现共同富裕为根本着力点,更好满足人民日益增长的美好生活需要,把促进全体人民共同富裕作为为人民谋幸福的着力点,聚焦新时代民营经济高质量发展强市,努力打造建设"两个先行"的新成果。深入研究台州民营经济高质量发展、接轨长三角一体化、数字经济"一号工程"、先

进制造业基地建设、现代化湾区建设、山海协作区域协同、美丽台州建设、提升社会治理体系与治理能力现代化等重大发展问题，当好突破发展不平衡不充分问题先行军，打造多领域的标志性成果，以更高质量更加全面发展满足人民日益增长的美好生活需要。

（二）对照"两个先行"建设要求，在激发人民群众创造活力中展示中国特色社会主义制度的优越性

坚持以人民为中心的发展思想，发展为了人民，发展依靠人民，发展成果由人民共享，这是社会主义的本质要求，也是社会主义制度优越性的集中体现。要把坚决贯彻落实党中央的决策部署和对人民群众利益负责高度统一起来，在高质量发展中促进共同富裕，把实现人民美好生活和展示制度优越性作为检验建设"两个先行"的根本标准，集聚群众智慧和力量谋发展、搞建设。台州要用好"起步于民，兴盛靠民，潜力在民"发展秘诀，牢记"民"字密码，立足民本，汇聚民智，发展民生，再创民营经济新辉煌，建设民营经济高质量发展强市。

（三）立足创新发展，牢记民营经济再创新辉煌嘱托，打造制造之都的标志性成果

深入研究转换发展新动能，紧紧围绕新时代高质量发展的新要求，坚持民营经济立市、制造之都立业、垦荒精神立心。以实体经济为主体，以先进制造业为主业，推进数字经济"一号工程"，推进产业数字化发展，大力加强优势产业集群化和产业链现代化，以强链补链提升产业链抗风险能力。以新科技赋能现代产业体系，提升优势传统产业的知名度和竞争力，加快发展战略性新兴产业和现代服务业，提升创新驱动的首位度。以新制造激发民营企业的活力和灵性，充分利用企业家资源优势，发扬企业家精神，培育"顶天立地"大企业，扶持"铺天盖地"小企业，提升创新主体的活跃度，努力创建国家民营经济发展示范市。

（四）立足开放发展，遵循长三角地区更高质量一体化指引，打造对接长三角一体化发展的标志性成果

全面贯彻落实习近平总书记重要指示批示精神和党中央、国务院战略决策部署，共同加快推进长三角高质量一体化发展。牢固树立"一体化"意识和"一盘棋"思想，主动服务国家战略，推动台州全方位接轨上海、融入长三角一体化发展格局，建设科创飞地、人才飞地、孵化飞地等跨区域合作基地，探索台州跨区域协同的一体化发展模式与路径。积极融入全省大湾区战略，以台州现代化湾区城市为主平台，大力推进重点平台、重点项目建设，加强联合攻坚突破，加快创建一批国家级产业开发、科技创新、跨境合作、对外开放等平台，聚焦聚力打造一批有台州特色、具有一流水平的标志性工程。以政府有为助推市场有效，以企业有利促进合作有序，充分调动各方面积极性，发挥多主体作用，强化区域分工合作和优势集成，不断增强区域发展活力，在参与和服务长三角地区更高质量一体化发展中提升台州发展地位。

（五）立足全面深化改革，推进数字化改革，打造一流营商环境建设标志性成果

以数字化改革推动民营经济高质量发展强市建设，聚焦科技创新、实体经济、小微金改、社会治理现代化，用改革的办法抢抓机遇，推动政府服务向数字化转型。统筹推进城乡一体化，进一步完善区域协调发展、城乡融合发展的体制机制，推动数字化改革向更宽领域、更高舞台拓展。为民营经济高质量发展打造一流营商环境，实现民营企业内生动力与政府服务外部助力双向发力，激发民营经济发展新动能。深化小微金改试验区建设，深入实施融资畅通工程，优化地方金融生态，打造一流的金融生态环境，提升金融信贷服务水平，争取国家投贷联动试点。探索组建基础设施民间投资基金，争创国家级民间投资改革创新示范区。出台企业信用促进条例，优化公共信用信息平台，创建国家社会信用体系示范城市。

（六）立足绿色发展，拓展"绿水青山"向"金山银山"转化的新路径，打造美丽台州建设标志性成果

加快补齐治理体系和治理能力短板，严守生态红线，保护生态环境；建立长效管理机制，巩固生态保护和建设成果；注重生态成果转化，把"绿水青山"培育成新的经济增长点，形成共建共治共享的发展格局和治理格局。台州依山面海，兼山海之利，建设美丽台州，要协同推进绿色治理与绿色发展，高质量推动"绿水青山"向"金山银山"转化，把台州建设成为既有山海秀丽的生态气质又有富裕和美的生活品质的全域大花园，实现生产发展、生活富裕、生态优美、生命健康，全面提升市域治理现代化水平。

（七）立足精神高地建设，大力弘扬新时代大陈岛垦荒精神，打造"垦荒精神立心"标志性成果

大陈岛垦荒精神是台州人民在党的领导下，在前进道路上战胜各种困难、防范各类风险，不断夺取新胜利的强大精神力量和宝贵精神财富。习近平同志曾一次登岛、两次回信，嘱托台州要建设"小康的大陈，现代化的大陈"，这是对建设大陈岛的嘱托，更是对台州新时代高质量发展的嘱托和期待，台州要牢记建设"两个大陈"重要嘱托，把垦荒精神融汇于台州人民艰苦创业的奋斗基因，赋予大陈岛垦荒精神新时代内涵，并将之转化为激励台州人民砥砺前行的强大精神动力，推动台州人民思想理念和政治品格的升华。

（八）拥护"两个确立"、增强"四个意识"、坚定"四个自信"，"不忘初心、牢记使命"

领导干部要提高领导经济工作的专业能力，必须综合考虑政治和经济、现实和历史、物质和文化、发展和民生、资源和生态、国内和国际等多方面因素，加强经济学知识、科技知识学习，悟透以人民为中心的发展思想，坚持正确政绩观，敬畏历史、敬畏文化、敬畏生态，慎重决策、慎重用权，加强调查研究。要推动广大党员干部学懂弄通做实习

近平新时代中国特色社会主义思想,坚决贯彻落实党中央的决策,不断推动全面从严治党向纵深发展,着力打造干部清正、政府清廉、政治清明、社会清朗的清廉台州,营造风清气正的政治生态。

在中国式现代化的新征程中,台州始终沿着"八八战略"指引的方向,锚定"共同富裕"新坐标,系统布局民营经济创富、做强现代产业造富、畅通内外循环聚富、协调收入分配增富、优化公平服务享富、促进城乡统筹奔富、构建文化高地润富、打造美丽台州育富、完善市域治理助富,打开实现共同富裕的实践通道,争创社会主义现代化先行市,努力在争创现代化先行市中提升新能力,为浙江高质量发展建设共同富裕示范区提供台州样本。台州力争到 2025 年,推动高质量发展建设共同富裕示范区取得实质性进展,率先基本建立推动共同富裕的体制机制和政策框架,率先基本形成更富活力、创新力、竞争力的高质量发展模式,率先基本形成以中等收入群体为主体的"橄榄型"社会结构,率先基本实现人的全生命周期公共服务优质共享,人文之美、生态之美、和谐之美更加彰显;到 2035 年,高质量发展取得更大成就,基本实现共同富裕,率先探索建设共同富裕美好社会。

参考文献

[1]《八八战略》编写组编著:《八八战略》,浙江人民出版社 2018 年版。

[2]陈光金主编:《中国梦与浙江实践·社会卷》,社会科学文献出版社 2015 年版。

[3]陈立旭:《文化发展:浙江的探索与实践》,中国社会科学出版社 2018 年版。

[4]陈立旭:《从传统到现代:浙江现象的文化社会学阐释》,浙江大学出版社 2018 年版。

[5]邓纯东主编:《中国梦与浙江实践·党建卷》,社会科学文献出版社 2015 年版。

[6]房宁主编:《中国梦与浙江实践·政治卷》,社会科学文献出版社 2015 年版。

[7]郭占恒:《"八八战略"思想与实践》,红旗出版社 2018 年版。

[8]郭占恒:《统筹区域发展的战略谋局和生动实践》,《浙江经济》2017 年第 20 期。

[9]何善蒙、陈锐钢:《天台山和合文化概论》,浙江人民出版社 2020 年版。

[10]何显明:《从"八八战略"到"四个全面"战略布局》,浙江人民出版社 2017 年版。

[11]何翔舟:《区域战略管理的创新与实践——论长江三角洲世界第六城市群规划》,《中国行政管理》2004 年第 9 期。

[12]纪晓岚:《长江三角洲区域发展战略研究》,华东理工大学出版社 2006 年版。

[13]黎伟挺主编:《浙江崛起》,浙江人民出版社 2003 年版。

[14]刘迎秋主编:《中国梦与浙江实践·总报告卷》,社会科学文献出版社 2015 年版。

[15]茅玉芬:《台州撤地建市 20 年(1994—2014)》,吉林大学出版社 2014 年版。

[16]潘家华:《中国梦与浙江实践·生态卷》,社会科学文献出版社 2015 年版。

[17]潘家玮、郭占恒等:《大道之行:深入实施"八八战略"》,浙江人民出版社 2006 年版。

[18]潘家玮、毛光烈、夏阿国主编:《海洋:浙江的未来》,浙江科学技术出版社 2003 年版。

[19]裴长洪主编:《中国梦与浙江实践·经济卷》,社会科学文献出版社 2015 年版。

[20]史晋川、汪炜、钱滔等:《民营经济与制度创新:台州现象研究》,浙江大学出版社 2014 年版。

[21]王东祥:《推进欠发达地区实现跨越式发展》,《浙江经济》2005 年第 3 期。

[22]习近平:《干在实处 走在前列——推进浙江新发展的思考与实践》,中共中央党校出版社 2006 年版。

[23]习近平:《坚决夺取抗台救灾斗争的全面胜利》,《今日浙江》2004 年第 16 期。

[24]《习近平谈治国理政》(第一卷),外文出版社 2018 年版。

[25]《习近平谈治国理政》(第二卷),外文出版社 2017 年版。

[26]《习近平谈治国理政》(第三卷),外文出版社 2020 年版。

[27]习近平:《之江新语》,浙江人民出版社 2007 年版。

[28]徐永恩编著:《天台山和合文化通论》,中国文史出版社 2015

年版。

[29]谢地坤主编：《中国梦与浙江实践·文化卷》，社会科学文献出版社2015年版。

[30]杨供法、王延婷：《天台山和合文化当代价值研究》，浙江人民出版社2020年版。

[31]姚少平主编：《山呼海应新跨越——浙江省山海协作工程纪实》，浙江人民出版社2005年版。

[32]叶海燕编：《潮起台州湾——台州改革开放40年研究》，浙江人民出版社2018年版。

[33]叶慧：《高质量推进区域协调发展　做好"共创共享　合作共赢"这篇大文章——浙江深入实施山海协作工程综述》，《今日浙江》2018年第11期。

[34]叶慧：《"山海协作"力促我省区域协调发展》，《今日浙江》2009年第18期。

[35]于晓飞：《2021年浙江制造业发展展望——迈向全球先进制造业基地新征程》，《浙江经济》2021年第1期。

[36]《与时俱进的浙江精神》，《浙江日报》2006年2月5日。

[37]张燕：《天台山和合文化史》，浙江人民出版社2020年版。

[38]浙江干部培训教材编审指导委员会编：《"八八战略"与中国特色社会主义在浙江的实践》，浙江人民出版社2020年版。

[39]浙江省发展和改革委员会编：《城市化：统筹城乡新发展》，浙江大学出版社2004年版。

[40]浙江省社会科学院课题组编著：《践行"八八战略"　建设"六个浙江"》，社会科学文献出版社2018年版。

[41]中共台州市委宣传部编：《大陈岛垦荒精神论文集》，浙江人民出版社2019年版。

[42]中共台州市委宣传部编著：《永恒的丰碑——大陈岛垦荒精神通读》，浙江人民出版社2021年版。

［43］中共浙江省委党校编著：《伟大思想从何而来？》，中共中央党校出版社 2019 年版。

［44］中共中央党史和文献研究院编：《十九大以来重要文献选编》，中央文献出版社 2019 年版。

［45］中共中央文献研究室编：《十六大以来重要文献选编》，人民出版社 2007 年版。

［46］中共中央宣传部编：《习近平新时代中国特色社会主义思想三十讲》，学习出版社 2018 年版。

［47］中央党校采访实录编辑室：《习近平在浙江》（上），中共中央党校出版社 2021 年版。

［48］中央党校采访实录编辑室：《习近平在浙江》（下），中共中央党校出版社 2021 年版。

后　记

按照浙江省习近平新时代中国特色社会主义思想研究中心、浙江省社会科学界联合会的统一部署,中共台州市委宣传部、台州市社会科学界联合会成立课题组,组织编写了本书。回顾 21 世纪头 20 年台州的发展,是一部生动的"八八战略"在地方的实践史,也是实践反哺理论(实践成果丰富理论素材)的创新史。梳理这段历程,有助于我们更好地理解习近平新时代中国特色社会主义思想,更好地推进台州高质量发展。

本书由河海大学博士生导师、台州学院"三台学者"资深教授孙其昂担任统稿人,台州学院盛跃明负责全书提纲起草和文字统稿工作,参加写作的人员来自市委政策研究室、市委党校、市港航口岸和渔业局以及台州学院、浙江万里学院等单位。课题得到了市委宣传部、市社科联、市委党史研究室、市委政研室、市政府研究室等部门的支持和帮助,收到了不少宝贵的修改意见。在此一并表示衷心的感谢!

全书除导论和展望部分,共分 9 章。导论概述总体情况,展望进行了理论提升,各章主题依据习近平同志的指示批示以及台州的特色拟定,具体分工如下:导论、第五章,盛跃明;第一章,卢立伟、刘际陆;第二章,卢昌彩;第三章,董智勇、冯荣;第四章,李传喜;第六章,胡晓鹤;第七章,周良奎、曹卫明、李满;第八章,邓志敏;第九章,寇政文;展望,周霖。封面图片由梁慧敏拍摄。本书在研究、编写过程中参阅了大量公开出版的有关著作、期刊和台州市委、市政府及各部门的有关资料,但限于篇幅未能一一列出,在此一并表示诚挚的谢意。

由于著者水平有限,本书尚有不尽完善之处,恳请读者批评指正。

作 者

2023 年 6 月